HERNANDES DIAS LOPES
PREGAÇÃO EXPOSITIVA

Sua importância para o crescimento da igreja

©2008 por Hernandes Dias Lopes

1ª edição: agosto de 2008
9ª reimpressão: maio de 2021

REVISÃO
Regina Aranha
Sônia Lula Almeida

CAPA
Douglas Lucas

DIAGRAMAÇÃO
Sandra Reis Oliveira

EDITOR
Aldo Menezes

COORDENADOR DE PRODUÇÃO
Mauro Terrengui

IMPRESSÃO E ACABAMENTO
Imprensa da Fé

As opiniões, as interpretações e os conceitos emitidos nesta obra são de responsabilidade do autor e não refletem necessariamente o ponto de vista da Hagnos.

Todos os direitos desta edição reservados à
EDITORA HAGNOS LTDA.
Av. Jacinto Júlio, 27
04815-160 — São Paulo, SP
Tel.: (11) 5668-5668

E-mail: hagnos@hagnos.com.br
Home page: www.hagnos.com.br

Dados Internacionais de Catalogação na Publicação (CIP)
Câmara Brasileira do Livro, SP, Brasil

Lopes, Hernandes Dias

Pregação expositiva: sua importância para o crescimento da igreja / Hernandes Dias Lopes. — São Paulo: Hagnos, 2008.

ISBN 978-85-7742-032-2

1. Exposição (retórica) 2. Igreja: crescimento 3. Pregação 4. Sermões I. Título

08-04483   CDD 251

Índices para catálogo sistemático:
1. Pregação expositiva: cristianismo; 251

Editora associada à:

DEDICATÓRIA

Dedico este livro a Udemilta (Tinha), minha querida e dedicada esposa, e aos meus preciosos filhos, Thiago e Mariana, pelo apoio e encorajamento no ministério da pregação da Palavra.

SUMÁRIO

PREFÁCIO	7
CAPÍTULO 1: A NECESSIDADE DA PREGAÇÃO EXPOSITIVA	11
CAPÍTULO 2: A HISTÓRIA DA PREGAÇÃO EXPOSITIVA	21
Pregação expositiva no Antigo Testamento	21
Pregação expositiva no Novo Testamento	28
Pregação expositiva no ministério dos reformadores	47
Pregação expositiva no ministério dos puritanos	54
Pregação expositiva do século XVIII ao século XX	59
CAPÍTULO 3: O CONTEÚDO DA PREGAÇÃO EXPOSITIVA	71
A supremacia das Escrituras	71
A autoria divina	72
Conteúdo inerrante	75
A influência das Escrituras na História	79
O conteúdo único da pregação	81
A primazia da pregação	87
CAPÍTULO 4: O PROPÓSITO DA PREGAÇÃO EXPOSITIVA	97
O que a pregação expositiva não tem como propósito	98
O que a pregação expositiva tem como propósito	102
A exaltação de Jesus Cristo	109
O poder do Espírito Santo	116
Em benefício dos homens	123

PREGAÇÃO EXPOSITIVA
SUA IMPORTÂNCIA PARA O CRESCIMENTO DA IGREJA

CAPÍTULO 5: O ESTILO DA PREGAÇÃO EXPOSITIVA	135
O sermão tópico	137
O sermão textual	139
O sermão expositivo	141
Analisando o texto do sermão	154
Exemplos de pregação expositiva	161
CAPÍTULO 6: A VIDA DO PREGADOR	167
Pregadores rasos e secos pregam sermões sem poder para ouvintes sonolentos	167
A vida do ministro é a vida do seu ministério	171
Fome por Deus	181
Fome pela Palavra de Deus — o estudo do pregador	195
Unção — a ação do Espírito Santo	201
Lógica em fogo — paixão	207
CAPÍTULO 7: O RESULTADO DA PREGAÇÃO EXPOSITIVA	211
O crescimento saudável da igreja em um contexto influenciado pelo movimento de crescimento da igreja	213
A pregação expositiva como um dos fatores mais importantes no crescimento da igreja	218
A pregação expositiva é um instrumento vital para o crescimento da igreja no Brasil	228
O crescimento numérico não é um fim em si mesmo	229
CONCLUSÕES E RECOMENDAÇÕES	233
REFERÊNCIAS BIBLIOGRÁFICAS	239
NOTAS	259

PREFÁCIO

RAY STEDMAN ESTAVA CERTO quando escreveu: "A maior contribuição que a Igreja pode dar ao mundo de hoje, a uma geração atribulada e amedrontada, é retornar à pregação consistente e relevante da Palavra de Deus". Durante toda a história da igreja, o povo de Deus sempre foi bombardeado em duas áreas doutrinárias: a Pessoa de Deus e a Palavra de Deus. O livro de Gênesis começa com uma ênfase consistente sobre a Pessoa de Deus e sobre a sua Palavra.

Os profetas vétero-testamentários foram expositores e pregadores da Lei do Senhor. O Senhor Jesus Cristo ensinou, exemplificou e deu ordens ao seu povo: "pregai o evangelho a toda criatura" (Mc 16.15), "fazei discípulos de todas as nações [...] ensinando-os a guardar todas as coisas que vos tenho ordenado" (Mt 28.19,20).

O Senhor da igreja sempre "apelou" para a exposição das Escrituras: "Ó néscios e tardos de coração para crer tudo o que os profetas disseram! Porventura não convinha que o Cristo padecesse e entrasse na sua glória? E, começando por Moisés, discorrendo por todos os

Profetas, expunha-lhes o que a seu respeito constava em todas as Escrituras" (Lc 24.25-27). Mais tarde Cleópas e seu companheiro disseram: "Porventura, não nos ardia o coração, quando ele, pelo caminho, nos falava, quando nos expunha as Escrituras?" (Lc 24.32).

Os apóstolos usaram a exposição das Escrituras. No dia de Pentecostes, Pedro no poder do Espírito Santo pregou a Palavra, explicando, à luz do texto sagrado, o que estava acontecendo, desafiando seus ouvintes ao arrependimento. Paulo também foi muito claro. "A fé vem pela pregação, e a pregação, pela palavra de Cristo" (Rm 10.17).

Fomos regenerados "mediante a palavra de Deus, a qual vive e é permanente" (1Pe 1.23) e crescemos na salvação através da Palavra de Deus (1Pe 2.2,3).

Tentativas de diminuir o lugar e o papel da pregação expositiva existem tanto nos meios liberais quanto evangélicos. Por exemplo, houve um período no século passado em que o movimento do "crescimento da igreja" chegou a duvidar do valor e efeito da pregação expositiva para o crescimento da igreja. Estavam certos? Claro que não. Em 1996, uma das primeiras pesquisas científicas sobre crescimento de igrejas foi publicado nos Estados Unidos por Thom Rainer. Para surpresa dos seguidores do movimento de "crescimento da igreja," a pregação expositiva foi apontada como o fator número um para o crescimento da igreja entre as 576 igrejas batistas pesquisadas.

O dr. Hernandes Dias Lopes, que foi um dos meus alunos de doutorado no Reformed Theological Seminary em Jackson, Mississippi, EUA, expositor bíblico experiente, traz ao público esta obra sobre pregação expositiva. Sempre me impressionou a seriedade e a disciplina como conduz sua vida e ministério. Seu compromisso com a pregação expositiva levou-o a pesquisar exaustivamente o tema. Seu conhecimento bibliográfico sobre o assunto é impressionante. Após pesquisa intensa, disciplinada e minuciosa sobre o tema, escreveu e defendeu, de forma brilhante, sua tese de doutorado na área da exposição bíblica. Ele, agora, compartilha suas descobertas, seus conhecimentos e compromissos com você, leitor.

Oro para que este livro sirva de encorajamento a todos os pregadores da palavra de Deus.

Dr. Elias dos Santos Medeiros

Capítulo 1

A NECESSIDADE DA PREGAÇÃO EXPOSITIVA

TENHO UM AMOR INTENSO PELA PREGAÇÃO. Entreguei minha vida, tempo, coração e alma à pregação da Palavra de Deus. Durante vinte anos de ministério, viajei para o Canadá, para várias partes dos Estados Unidos e por todo o Brasil e conversei com centenas de pastores, líderes e leigos sobre a pregação. Deus deu a mim o privilégio de pregar em muitas conferências, congressos e cruzadas a mais de quatrocentas igrejas de diferentes denominações. Como resultado, estou convencido de que a igreja evangélica necessita desesperadamente de uma pregação revitalizada.

Um grande número de pastores demonstra cansaço *no* trabalho e parece estar cansado *do* trabalho[1]. Muitos estão excessivamente desanimados para estudo e o prepararo para pregar com nova vitalidade. A maioria deles perdeu o idealismo de servir ao Senhor de todo coração e, como resultado, impedem o crescimento da igreja. De fato, muitos pastores e membros de igreja entraram em profunda letargia espiritual. Um reavivamento no púlpito e nos bancos é absolutamente necessário.

Gene Edwards Veith, comentando sobre a realidade das igrejas americanas, afirma:

> Embora vivamos na era das *megaigrejas* e do Movimento de Crescimento da Igreja, a porcentagem de americanos que freqüentam a igreja é quase a mesma dos anos 80, e a membresia protestante praticamente declinou.[2]

Muitos pastores, infelizmente, abandonaram o compromisso com a fé verdadeira. A vida de alguns deles é seca, fraca, carente de entusiasmo, de piedade e de poder do Espírito Santo. No entanto, existem, é claro, muitos pastores e membros que trabalham com grande zelo para a glória de Deus e para o crescimento da igreja.

Há dois grandes riscos no processo de crescimento de uma igreja. Primeiro, muitos pastores buscam o crescimento da igreja em detrimento dos princípios bíblicos. Esse ponto de vista não tem, obviamente, base bíblica. Trata-se de uma abordagem pragmática. A verdade não pode ser sacrificada com o intuito de atrair pessoas. Deus não se impressiona com números na igreja; ele quer pessoas convertidas e transformadas, indivíduos que sejam verdadeiros discípulos de Jesus (Jo 6.66-69; Mt 28.19,20). Um dos maiores problemas do Movimento de Crescimento da Igreja é a ênfase no crescimento numérico. Esse crescimento não pode ser almejado à custa do crescimento sadio.

Segundo, existem muitos pastores e líderes conservadores conformados com fidelidade sem produtividade. Essa posição também não expressa a perspectiva bíblica.

A autoridade absoluta e infalível das Escrituras, nesta época de pluralismo, relativismo e subjetivismo, precisa ser reafirmada:

> A pregação evangélica deve refletir nossa convicção de que a Palavra de Deus é infalível e inerrante. Muitas vezes, isso não acontece. De fato, há uma tendência perceptível no evangelismo

contemporâneo de afastar-se da pregação bíblica e desviar-se para uma abordagem centrada na experiência, na pragmática e na pregação tópica no púlpito.[3]

As igrejas que mantêm uma visão mais elevada das Escrituras possuem maior probabilidade de crescer do que as outras.[4]

A volta à prática da pregação expositiva em um período marcado pela superficialidade no púlpito e pelo analfabetismo bíblico nos bancos das igrejas é necessidade urgente. Uma pregação em que o sentido da passagem bíblica é apresentado exatamente de acordo com o propósito de Deus é a exposição mais lógica da infalibilidade e inerrância da Bíblia.

A pregação expositiva é um dos melhores instrumentos para produzir o crescimento sadio da igreja. Uma pesquisa realizada por Thom Rainer em 576 igrejas batistas nos Estados Unidos revelou que a pregação como método para a exposição eficaz do evangelho, era preferida por mais de 90% dos entrevistados! Nenhuma outra metodologia comparou-se a esta. Nas igrejas com freqüência acima de 1.500 membros ou abaixo de 100 membros, 100% das respostas citaram a pregação como o fator mais importante no crescimento de sua congregação.

O crescimento qualitativo e quantitativo da igreja geralmente corrige os quatro problemas mais graves enfrentados pela igreja do Brasil e de todo o mundo.

1) A influência de ensinos carismáticos e místicos. Muitos pastores usam a Bíblia *contra* a própria verdade. Eles buscam experiências, *não* a verdade. Em conseqüência disso, muitos movimentos estranhos são aceitos na igreja. Alguns deles incluem o ensino da teologia da prosperidade, da confissão positiva, do movimento da batalha espiritual, dos espíritos territoriais, das novas profecias, visões e revelações. Tudo isso é um subproduto da era pós-moderna em alguns aspectos. O pragmatismo infiltrou-se na igreja. As pessoas não escolhem a igreja por causa de uma necessidade espiritual, mas para satisfazer outras necessidades.

Em vez de procurar uma igreja que ensine a Palavra de Deus, algumas vezes buscamos uma igreja que 'supra nossas necessidades'. A igreja não existe para prover 'serviços' aos membros; ao contrário, ela deve desafiar os membros a que se envolvam no 'serviço' a Deus e a seus semelhantes. Quando pensamos como consumidores, colocamo-nos em primeiro lugar, escolhendo o que corresponde melhor aos nossos desejos. O cristianismo é uma questão de verdade, de submissão ao Deus santo e justo, cuja autoridade sobre nós é absoluta e que, de forma alguma, está sujeito às nossas preferências de consumo. O cristianismo não deve ser manchado pelo consumismo.[5]

2) A influência do liberalismo ou a negação da infalibilidade das Escrituras resulta em pôr a razão humana acima das Escrituras. O liberalismo teológico produz o relativismo ético que matou e mata muitas igrejas em todo o mundo.

3) A influência da ortodoxia morta é outro problema. Isto é fidelidade sem produtividade. Muitos pastores pregam mensagens conservadoras, mas são como Geazi: o cajado profético em suas mãos não pode ressuscitar os mortos. Como escreve E. M. Bounds, "Homens mortos pregam sermões mortos, e os sermões mortos matam". De fato, um sermão sem o poder do Espírito Santo faz endurecer o coração. Muitos pregadores ortodoxos anunciam a letra da lei, não seu espírito. A Palavra de Deus é espírito e vida (Jo 6.63); ela é viva e eficaz (Hb 4.12); é o poder de Deus para a salvação de todo aquele que crê (Rm 1.16).

4) A superficialidade no púlpito. Muitos pastores oferecem sopa rala para o povo de Deus, não alimento sólido e consistente. Não estudam a Bíblia a fundo. Não gastam tempo pesquisando as riquezas insondáveis de Cristo. Falham na vida de oração e pregam sem paixão, sem unção ou poder. O resultado evidentemente é o pequeno crescimento da igreja.

Conselhos práticos dados aos pregadores contemporâneos podem ajudá-los a compreender que a pregação expositiva é a melhor maneira de pregar fielmente a Palavra de Deus.

Muitos livros sobre pregação foram escritos, mas poucos enfatizam a pregação para o crescimento da igreja. Embora pregação e crescimento da igreja tenham uma relação íntima, muitos autores não observam essa proximidade. Mais uma vez, Thom Rainer contribui com a conclusão de sua pesquisa reforçando a abordagem deste texto:

> As metodologias para o crescimento da igreja oferecem certa fascinação e tentação. Com os instrumentos, programas e ministérios corretos, o crescimento certamente será alcançado, conforme afirma o argumento. Nossa pesquisa mostra, no entanto, que absolutamente nada tem maior importância para o crescimento evangelístico do que a pregação da Palavra. Tal pregação supõe confiança nas Escrituras, intencionalidade no evangelismo e poder que vem de Deus mediante a vida de oração do pastor e a oração intercessora de outros.
>
> Portanto, por que o papel da pregação para o crescimento evangelístico tem sido tristemente negligenciado? Inúmeros livros sobre pregação foram escritos, mas poucos abordam a questão da pregação como ferramenta para o crescimento. Da mesma forma, os livros sobre o crescimento da igreja raramente mencionam o papel da pregação. Esse é um tópico há muito tempo discutido, e uma resposta possível talvez seja que a pregação não oferece novidade em sua metodologia. Ela é tão provada e verdadeira quanto o sermão de Pedro em Pentecostes.
>
> A relação entre as duas disciplinas é um reservatório ainda não utilizado para estudo.
>
> De fato, oro para que alguém amplie esta faceta importante do nosso estudo. A primazia do púlpito para o crescimento evangelístico é um tópico digno de ser pesquisado nos anos vindouros.[6]

Você lerá, agora, um exame da correlação entre pregação expositiva e crescimento da igreja. Esta análise é importante porque leva a igreja a repensar a primazia da pregação; a literatura sobre o Movimento de Crescimento da Igreja enfatizou outros métodos, em vez da pregação, e também há a necessidade de um reavivamento no púlpito. A ausência de pregação expositiva e a influência da filosofia pós-moderna destruíram a confiança de muitos na supremacia da Escritura. Como resultado, muitos pregadores abandonaram seu compromisso com a Palavra de Deus. Todavia, antes que a pregação seja restaurada, o pregador deve ser reavivado. O homem é o vaso ou instrumento usado por Deus para alcançar as pessoas.

E, por fim, há necessidade de uma volta aos métodos *bíblicos*, em detrimento dos *pragmáticos*, para induzir o crescimento da igreja.

Isto porque as pessoas não procuram pela verdade, mas por aquilo que funciona. Não estão interessadas no que é certo, mas no que produz resultados imediatos. Não buscam princípios, mas vantagens. Desse modo, muitos pastores pregam o que o povo quer ouvir. Para tais pastores, a coisa mais importante não é explicar a Palavra de Deus, mas descobrir o que as pessoas querem ouvir. A mensagem é alterada, por não estar centrada em Deus, mas no homem. As exigências do mercado determinam o que o pastor deve pregar. Assim, os pastores tornam-se servos dos homens, mas não servos de Cristo (Gl 1.10).

Algo que agrava o problema é a pouca ênfase dada pelos seminários à pregação expositiva. A grade curricular da maioria dos seminários conservadores está mais empenhada em reforçar a apologética do que a exposição. O estudante é ensinado a *defender*, em vez de *pregar* a Palavra; a *responder* às teorias críticas sobre a Bíblia, em vez de *conhecer* a própria Bíblia. Os cursos de homilética enfatizam sermões tópicos ou textuais, sem dar a devida importância à pregação expositiva.

É lamentável que muitos estudantes deixem o seminário sem o devido preparo para a exposição da Palavra de Deus. Eles não sabem como preparar, planejar ou implementar mensagens expositivas.

Um púlpito fraco produz uma igreja fraca. A igreja sem vitalidade espiritual não consegue crescer.

A fraca biblioteca pessoal dos pastores dificulta ainda mais a boa pregação expositiva. As razões para essa situação são três: falta de recursos financeiros, falta de entusiasmo pelo estudo e, ainda, falta de prazer pela leitura.

É absolutamente impossível pregar sermões expositivos sem que haja um estudo sistemático, metódico e intenso. Os púlpitos necessitam desesperadamente de melhor conteúdo.

> Pregar a verdade de Deus exige sacrifício, estudo e esforço. Os seus diamantes não ficam expostos na superfície para serem colhidos como flores. Sua riqueza só é descoberta mediante trabalho preparatório árduo, intelectual e espiritual.[7]

Outro fator agravante: muitos pastores estão sobrecarregados com atividades eclesiásticas. Eles passam a maior parte do tempo envolvidos na manutenção e organização de suas igrejas, negligenciando uma busca mais efetiva das verdades sublimes das Escrituras.

Outros pastores não têm tempo para concentrar-se na oração e no estudo bíblico, ou pensam que não têm. Portanto, esses pastores estão em desacordo com os ensinamentos das Escrituras (At 6.4). A pregação tornou-se, assim, uma tarefa secundária no ministério. Em conseqüência disso, a igreja não está experimentando um crescimento sadio.

E a situação é pior do que se pensa. Há falta de espiritualidade profunda na vida dos pastores. A maioria deles não cultiva a piedade; não tem intimidade com Deus. Esses pastores estão secos como o deserto. Tornaram-se profissionais da religião. Perderam o amor, a visão e paixão pelo Senhor e o reino. Suas mensagens ficaram sem vida, maçantes, insípidas e tediosas. Cansar o povo de Deus com a Escritura é um pecado terrível. Um pregador frio e seco é uma grande tragédia.

O pregador sem o poder do Espírito Santo presta um desserviço ao reino de Deus. Quando o fogo do Espírito é apagado no púlpito, a igreja torna-se indiferente à Palavra de Deus, e os incrédulos não são alcançados.

Outro ponto do problema é a falsa dicotomia entre liturgia e pregação. O púlpito está perdendo a centralidade. A pregação não é prioridade nas liturgias modernas. A tendência pós-moderna não é a de tolerar mensagens consistentes. As pessoas querem alimento rápido e leve. Portanto, os púlpitos contemporâneos tornaram-se "fast foods" espirituais. O povo não recebe alimento sólido porque existe a idéia falsa de que o homem pós-moderno não tolera mensagens de trinta a quarenta minutos de exposição bíblica consistente. John M. Frame afirma, corretamente: "Na adoração, a edificação (1Co 14.26) é mais importante do que a simples reunião".[8]

Ainda quero citar mais dois aspectos da questão antes de prosseguir: Existem, no ministério, pastores não convertidos e não chamados que pregam sobre a vida eterna a outros, embora não a possuam. O ministro não convertido é outra grande tragédia.

E o povo de Deus perece por falta de conhecimento (Os 4.6). Superficialidade e inconsistência são as marcas desta era pós-moderna. A ignorância da Escritura é a porta de entrada para muitas heresias perniciosas. Estamos vivendo em uma época pluralista e sincretista. As vozes humanas confundiram o povo de Deus, o qual passa a não conhecer a verdadeira voz do Senhor através da Escritura.

O que quero dizer com pregação expositiva? Há outros estilos de pregação, como a tópica e a textual. Todavia, independentemente do estilo — tópica, textual, ou *lectio continua* —, a pregação pode ter caráter expositivo desde que tenha o compromisso de explicar o texto da Escritura, segundo o seu significado histórico, contextual e interpretativo, transmitindo aos ouvintes contemporâneos a clara mensagem da Palavra de Deus com aplicação pertinente. Seria perfeitamente possível classificar a pregação expositiva como pregação expositiva textual, pregação expositiva tópica e pregação expositiva *lectio continua*.

> A pregação expositiva é, antes de tudo, pregação bíblica. Não é pregar sobre a Bíblia, mas pregar a Bíblia. As palavras ditas pelo Senhor são o *alfa* e o *ômega* da pregação expositiva. Ela começa e termina na Bíblia e tudo que se interpõe tem origem na Bíblia. Em outras palavras, a pregação expositiva é a pregação centrada na Bíblia.[9]

A pregação expositiva refere-se à prática usada pelo povo de Deus há séculos. Seu fundamento está alicerçado nas Escrituras. A maioria dos pregadores famosos na história da igreja pregou mensagens expositivas. A mensagem de Deus é que deve ser pregada, não os pensamentos do homem.

> O pregador cria o sermão, *não* a mensagem. Ele proclama e explica a mensagem que recebeu. Sua mensagem não é original, ela lhe é dada (2Co 5.19). O sermão não é a palavra do pregador, é a Palavra de Deus.[10]

Embora Deus possa usar outros métodos de pregação, segundo a Bíblia e a história da igreja, a pregação expositiva é a melhor forma de pregar, com autoridade e poder, a Palavra de Deus. A Escritura não erra, é infalível e suficiente. É espada, martelo e fogo. É eficaz para executar o propósito de Deus.

A fidelidade e a esterilidade não podem viver juntas sem grandes conflitos. A igreja sadia deve crescer. O ponto não é como crescer, mas sim, quais os impedimentos para que cresça. Concordo com Rick Warren, quando ele afirma: "Pergunta errada: o que fará nossa igreja crescer? Pergunta certa: O que está impedindo nossa igreja de crescer?".[11] A igreja é um organismo vivo. Ela é o corpo de Cristo, e um corpo saudável cresce.

Capítulo 2

A HISTÓRIA DA PREGAÇÃO EXPOSITIVA

A MAIORIA DOS PREGADORES famosos da história usou a exposição bíblica. A pregação expositiva parece ser o melhor estilo de pregar as Escrituras e o melhor meio de proclamar a Palavra de Deus de modo integral e fiel.[12]

PREGAÇÃO EXPOSITIVA NO ANTIGO TESTAMENTO

As sementes da pregação expositiva podem ser vistas no Antigo Testamento. Os profetas, acima de tudo, foram pregadores. "O profeta era a boca de Deus, através de quem Deus transmitia sua palavra ao homem. [...] O profeta não proclamava suas próprias palavras em seu nome, mas as palavras de Deus em nome de Deus".[13]

Para compreender o desenvolvimento da pregação expositiva devemos compreender, porém, o que ela significa.

"Exposição" quer dizer trazer à luz o que existe. A palavra exposição deriva-se do termo latino *expositio*, que significa "divulgar, publicar" ou "tornar acessível". O sermão expositivo é um sermão que extrai uma mensagem da Escritura, tornando-a acessível aos ouvintes contemporâneos. As raízes da pregação expositiva estão firmemente arraigadas na Escritura.

A pregação expositiva, segundo a literatura, não é uma inovação dos especialistas em homilética, mas a volta às origens bíblicas. Para aprendê-la, a pessoa precisa, antes de tudo, observá-la nas Escrituras. A Bíblia prescreve o conteúdo singular e o modelo supremo para a pregação. James Stitzinger diz: "A pregação na Bíblia tem duas formas básicas: pregação revelatória e pregação explanatória. Não existem mais mensagens novas e diretas de Deus" (Gl 1.8-9). John Stott diz que o pregador cristão não é um profeta e afirma:

> Nenhuma revelação original é dada a ele; sua tarefa é explicar a revelação que foi dada uma vez por todas. Ele não é inspirado pelo Espírito no sentido em que foram os profetas. É verdade que quem quer que fale é instruído a fazê-lo como alguém que pronuncia oráculos de Deus. [...] A última ocorrência na Bíblia da fórmula,'veio a Palavra de Deus', refere-se a João Batista (Lc 3.2). Ele foi um verdadeiro profeta.[14]

Portanto, nossa tarefa consiste em explicar a Palavra escrita de Deus. Devemos pregar a Palavra de Deus, só a Palavra de Deus, e toda a Palavra de Deus.

Os profetas eram pregadores poderosos. O termo hebraico *nabhi* significa alguém que põe para fora, anuncia, proclama. O profeta tanto prevê como anuncia. "Ele fica diante do povo, porque ficou diante de Deus".[15]

Eles explicaram e aplicaram enfaticamente a Palavra de Deus ao povo de Deus. A epístola de Judas reconhece que Enoque, da sétima geração a partir de Adão, profetizou. Noé é chamado de "pregador da justiça" (2Pe 2.5). Deus usou instrumentos diferentes para comunicar a sua Palavra, como o profeta que transmitia a palavra divina do

Senhor, o sacerdote que transmitia a lei e o sábio que oferecia conselhos (Jr 18.18).

Sementes da pregação expositiva no ministério de Moisés

O livro de Deuteronômio, na verdade, é uma série de sermões de Moisés.[16] Em *Deuteronomy in the Bible Student's Comentary* (Deuteronômio no comentário da Bíblia do estudante), J. Ridderbos mostra que "as reminiscências e as exortações dão ao livro o caráter de um sermão". De fato, no livro de Deuteronômio há uma série de discursos chamando o povo de Deus para a renovação da aliança. Moisés define o propósito da leitura da Palavra de Deus:

> Ordenou-lhes Moisés, dizendo: Ao fim de cada sete anos, precisamente no ano da remissão, na Festa dos Tabernáculos, quando todo o Israel vier a comparecer perante o Senhor, teu Deus, no lugar que este escolher, lerás esta lei diante de todo o Israel. Ajuntai o povo, os homens, as mulheres, os meninos e o estrangeiro que está dentro da vossa cidade, para que ouçam, e aprendam, e temam o Senhor, vosso Deus, e cuidem de cumprir todas as palavras desta lei (Dt 31.10-12).

Segundo Moisés, o propósito de ler a Lei de Deus é aprender sobre o Senhor e ouvir e temer a ele cuidando de cumprir todas as palavras da lei. David Deuel afirma que o objetivo supremo da pregação expositiva é ouvir e temer ao Senhor, aprender sobre ele e fazer o que está escrito. Moisés não leu somente a lei, mas também a ensinou e aplicou-a a Israel.

> Agora, pois, ó Israel, ouve os estatutos e os juízos que eu vos ensino, para os cumprirdes, para que vivais, e entreis, e possuais a terra que o Senhor, Deus de vossos pais, vos dá [...] para que guardeis os mandamentos do Senhor, vosso Deus, que eu vos mando (Dt 4.1,2).

Ler, explicar e aplicar a Palavra de Deus é a essência da pregação expositiva.

Em Deuteronômio 6.1-25, Moisés inclui as mesmas ênfases. A lei de Deus deve ser lida, explicada e aplicada. Alguns princípios ficam claros nesse texto da Escritura:

1. O que ensinar? A lei de Deus.
2. Como ensinar? Pelo exemplo, por palavras e ilustrações.
3. Quando ensinar? Sempre: sentado, andando, deitado, ao levantar.
4. Onde ensinar? Em casa, andando, trabalhando e quando parado.
5. A quem ensinar? A nossos filhos.
6. Por que ensinar? Para levar os filhos a amar ao Senhor Deus.

Quando o livro de Deuteronômio foi descoberto no templo, na época do rei Josias, ele tornou-se um instrumento poderoso para conduzir o povo à presença de Deus.

David Larsen comenta:

> A redescoberta desse livro perdido nos dias do jovem rei Josias, bem como sua leitura e interpretação pela profetisa Hulda, levaram a um dos mais notáveis despertamentos espirituais na história do povo de Deus da Antiguidade (cf. 2Cr 34.14ss).[17]

Sinais da pregação expositiva em outros autores bíblicos

Josué pregou e explicou a Palavra de Deus a Israel (Js 23.2-26; 24.2-27). Samuel também ensinou a Palavra de Deus a Israel, chamando o povo ao arrependimento (1Sm 7.2-17). Os salmos de Davi revelam Deus em sua majestade de forma poética. Os provérbios de Salomão oferecem-nos igualmente um rico tesouro de instruções práticas. Ele foi chamado de "o pregador" (Ec 1.1). James F. Stitzinger afirma:

Várias passagens, em que a explicação era o foco e propósito das mensagens, incluem a ordem de Josias para consertar e reformar a casa do Senhor (2Rs 2.2-23); o estudo e ensino da lei por Esdras (Ed 7.10); os comentários de Neemias sobre a lei (Ne 8.1-8); e a explicação da visão de Daniel sobre as setenta semanas (Dn 9). Os profetas que se referiram a seu próprio trabalho como instrução do povo de Deus são: Samuel (1Sm 12.23), Isaías (Is 30.9), Jeremias (Jr 32.33), e Malaquias (Ml 2.9).[18]

A pregação expositiva no ministério de Esdras

O melhor exemplo que temos no Antigo Testamento sobre a pregação expositiva talvez seja o de Esdras. Ele era um expositor por excelência. David C. Deuel comenta:

> Esdras introduz muitos princípios básicos mediante os quais a 'Grande Sinagoga' e sua pregação se desenvolveram. Séculos mais tarde, a igreja primitiva tomou o exemplo de parte da forma de governo, ordem de adoração e até de pregação da sinagoga. Se o judaísmo seguiu o padrão estabelecido por Esdras e se a igreja extraiu muitas de suas práticas do judaísmo, é possível que a pregação expositiva tenha desfrutado uma sucessão contínua de 'ocupantes do púlpito' a partir desse período inicial. Esdras personifica um exemplo primitivo e inspirador para os expositores de todas as eras. A Escritura nunca afirma explicitamente que Esdras foi o primeiro e autêntico expositor, que o método expositivo de Esdras foi seguido por uma sucessão 'contínua' de pregadores, ou que Esdras dá uma idéia completa do que o expositor deveria ser e fazer.[19]

Esdras poderia ser um modelo para todo pregador expositivo em dois aspectos fundamentais. Primeiro, seu compromisso com a Palavra de Deus: "Porque Esdras tinha disposto o coração para buscar a Lei do Senhor, e para a cumprir, e para ensinar em Israel os seus estatutos e os seus juízos" (Ed 7.10). A exposição, mais do que os outros estilos de pregação, exige a preparação. Esdras dedicou-se ao estudo da lei de Deus, ao obedecer a ela e ao seu ensino.

Essa seqüência não pode ser alterada, e o expositor da Bíblia deve estudar a Escritura com grande zelo e fervor. Seu chamado supremo é pregar a Palavra de Deus. Portanto, ele precisa conhecê-la. No entanto, o expositor necessita também obedecer aos mandamentos divinos. Sua vida é a vida da sua pregação. Não basta ser um professor intelectual, ou um pregador erudito. Sua vida deve ser digna do Senhor. Assim como o cirurgião não pode operar com as mãos sujas, o pregador não pode subir ao púlpito com a vida maculada (Zc 3.1-10). O pregador precisa ensinar a Palavra de Deus; ele não precisa da opinião dos teólogos ou das suas próprias. Em sua vida e ministério, Esdras demonstrou ter compromisso com a Palavra de Deus (7.10), confiança em Deus (7.6,9,27), profunda dependência de Deus (8.15,21,32) e identificação com o povo de Deus (9.3-15). Desse modo, os resultados obtidos por ele foram excelentes (10.1,2,4,9-12).

Segundo, Esdras é um modelo para os pregadores expositivos por seu exemplo como expositor (Ne 8.1-8). "Ele era tanto sacerdote como escriba, mas é principalmente lembrado como 'expositor' da Palavra de Deus para a comunidade dos fiéis".[20] Era fiel à orientação de Moisés (Dt 31.11,12). Entretanto, muitos dos sacerdotes de Deus falharam em sua responsabilidade de ler e ensinar a Palavra de Deus a Israel (Ml 2.7-9). Deus diz por intermédio do profeta Oséias:

> O meu povo está sendo destruído, porque lhe falta o conhecimento. Porque tu, sacerdote, rejeitaste o conhecimento, também eu te rejeitarei, para que não sejas sacerdote diante de mim; visto que te esqueceste da lei do teu Deus, também eu me esquecerei de teus filhos (Os 4.6).

Por outro lado, Israel, na maior parte do tempo, não deu atenção à Palavra de Deus, desobedecendo às suas ordens (Os 11.2,7; 13.9; 14.1; Is 53.1; Jr 2.27). Como resultado dessa infidelidade, eles se tornaram escravos e ficaram cativos na Babilônia durante setenta anos (Jr 52.28).

Após o exílio na Babilônia, Deus restaurou o seu povo e usou Esdras para chamar Israel a uma renovação da aliança. David C. Deuel comenta:

> Assim como Deus havia preparado e comissionado Moisés para ser o legislador do primeiro Êxodo, ele preparou e comissionou Esdras para ser o restaurador da lei para o segundo êxodo do povo de Israel.[21]

"Durante o cativeiro de setenta anos na Babilônia, o povo judeu, distante do templo, criou a sinagoga. Ela se tornou um fator importante e decisivo no aperfeiçoamento da prática da pregação expositiva. Sem acesso a um santuário central, os judeus reuniam-se em pequenos grupos para adoração e instrução. Os prédios das sinagogas começaram a proliferar em toda a Diáspora".[22] A sinagoga foi crucial para o cristianismo.

Encontramos no Novo Testamento 34 referências a sinagogas. Jesus e os apóstolos pregaram regularmente nas sinagogas (Lc 4.16-20; At 13.14,15). O elo entre a pregação do Antigo e do Novo Testamentos foi o encontrado nas sinagogas. O templo em Jerusalém destinava-se a oferecer sacrifícios, mas as sinagogas destinavam-se a ouvir a Palavra de Deus. A adoração do templo era, portanto, "centrada na oferta", mas a da sinagoga era, principalmente, "centrada na pregação".

Em Neemias 8.1-8, Esdras e os levitas seguiram claramente os passos da pregação expositiva. Primeiro, leram a lei. "Leram no livro, na Lei de Deus, claramente, dando explicações, de maneira que entendessem o que se lia" (Ne 8.8).

Muitos expositores bem-intencionados infelizmente lêem muitas vezes a Escritura como se a leitura fosse qualitativamente inferior, ou pelo menos secundária ao sermão. A parte mais importante do sermão é a leitura da Escritura. Ela é a fonte da mensagem. O texto é o fundamento do sermão. O sermão é o texto explicado. "Os comentários de interpretação só servem para enfatizar a leitura", afirma Deuel.

Segundo, expuseram o livro:

> "Leram no livro, na Lei de Deus, claramente, dando explicações, de maneira que entendessem o que se lia" (Ne 8.8). Esdras e outros explicaram o texto para o povo, esclarecendo o conteúdo da lei. É da máxima importância enfatizar que eles expuseram só o que leram no livro da lei e basearam a exposição no que aprenderam mediante o estudo cuidadoso.[23]

Finalmente, aplicaram a lei de Deus. "Porque todo o povo chorava, ouvindo as palavras da Lei" (Ne 8.9). A mensagem da lei mudou a vida dessas pessoas (Ne 8.12-18; 9.1-3; 9.38-10.1-39; 13.30,31). A verdadeira pregação tem forte aplicação e resultados gloriosos. Quando a Palavra de Deus é proclamada com integridade, autoridade e poder, os frutos geralmente aparecem. Essa realidade é vista na antiga e na nova dispensação.

PREGAÇÃO EXPOSITIVA NO NOVO TESTAMENTO

O Novo Testamento, como o Antigo, dá forte ênfase à pregação. Os apóstolos eram, acima de tudo, pregadores e dedicavam-se ao ministério da Palavra de Deus e à oração. Os apóstolos decidiram: "e, quanto a nós, nos consagraremos à oração e ao ministério da palavra" (At 6.4). Não só a liderança da igreja primitiva cuidou da pregação, como também os que criam em Jesus. A Bíblia diz:

> Naquele dia, levantou-se grande perseguição contra a igreja em Jerusalém; e todos, exceto os apóstolos, foram dispersos pelas

regiões da Judéia e Samaria [...] Entrementes, os que foram dispersos iam por toda parte pregando a palavra (At 8.1,4).

John A. Broadus diz que a pregação é uma característica do cristianismo. O povo de Deus é centrado na Bíblia. Tanto o Novo quanto o Antigo Testamentos enfatizam à pregação:

> Estudos cuidadosos dos documentos indicam 221 referências à pregação no Novo Testamento. O vocabulário grego para descrever a pregação abrange 37 verbos diferentes.[24]

Pierre Marcel, comentando sobre a suprema importância da pregação na vida da igreja, afirma que "a pregação é a função central, primária e decisiva da igreja".

A pregação expositiva no ministério de João Batista

"João Batista tem sido chamado de a dobradiça dos dois Testamentos. Ele é o elo e a ponte entre eles. Como os profetas destemidos do Antigo Testamento, João veio para declarar a Palavra de Deus. Sua mensagem, como a dos profetas que o antecederam, é explicada deste modo: 'veio a palavra de Deus a João, filho de Zacarias, no deserto' (Lc 3.2)"[25] João Batista pregou em uma época difícil. Havia uma crise moral (Lc 3.1), social (Lc 3.11), econômica (Lc 3.10-14), política (Lc 3.1,14) e espiritual (Lc 3.2,8) naqueles dias.

João Batista tomou o livro de Isaías, explicou o texto e aplicou-o ao povo, apresentando-lhes Jesus Cristo.

> Naqueles dias, apareceu João Batista pregando no deserto da Judéia e dizia: "Arrependei-vos, porque está próximo o reino dos céus". Porque este é o referido por intermédio do profeta Isaías: "Voz do que clama no deserto: Preparai o caminho do Senhor, endireitai as suas veredas" (Mt 3.1-3).

A Bíblia diz que o povo saiu para vê-lo de Jerusalém e de toda a região da Judéia (Mt 3.5). A poderosa mensagem de João produziu enormes resultados."e eram por ele batizados no rio Jordão, confessando os seus pecados" (Mt 3.6). João Batista não pregava no templo, nem em lugares sofisticados, mas no deserto. Mesmo assim, grandes multidões iam até ele só para ouvi-lo, e muitos foram transformados por meio da sua mensagem (Lc 3.10-14; Mt 3.5,6). Quando a Palavra de Deus é proclamada e explicada fielmente, sob a unção do Espírito Santo, vidas serão sempre transformadas ou condenadas (2Co 2.14,15).

A pregação expositiva no ministério de Jesus

Há uma "ligação entre a Palavra Viva (Jesus Cristo), a Palavra escrita (as Escrituras) e a Palavra pregada".[26] John Broadus afirma que: "a pregação era central no ministério de Jesus!"

Acima de tudo, Jesus Cristo é o exemplo supremo da pregação expositiva. John Stott comenta: "O fundador do cristianismo foi o primeiro dos seus pregadores".[27] Jesus foi o supremo intérprete e expositor das Escrituras. Ele mesmo é a Palavra encarnada, o mensageiro e o conteúdo da sua mensagem. É o profeta e o conteúdo da sua profecia. Foi o sumo sacerdote e o Cordeiro de Deus que tira o pecado do mundo. David Larsen diz com razão: "Ninguém jamais reproduzirá o seu ministério por causa da imparidade de quem ele é e do que veio fazer".[28]

Jesus começou o seu ministério pregando uma mensagem expositiva em Isaías 61.1,2.

> Então, lhe deram o livro do profeta Isaías, e, abrindo o livro, achou o lugar onde estava escrito: O Espírito do Senhor está sobre mim, pelo que me ungiu para evangelizar os pobres; enviou-me para proclamar libertação aos cativos e restauração da vista aos cegos, para pôr em liberdade os oprimidos, e apregoar o ano aceitável do Senhor. Tendo fechado o livro [...] Então, passou

Jesus a dizer-lhes: Hoje, se cumpriu a Escritura que acabais de ouvir (Lc 4.17-21).

Neste sermão Jesus usou os três elementos básicos da pregação expositiva: *ler, explicar e aplicar.*

Jesus recebeu a unção do Espírito Santo para pregar (Lc 4.18). Ensinar e pregar são componentes básicos do ministério de Cristo (Mt 4.23). Pregar as boas-novas aos pobres (evangelizar) é uma das provas da autenticidade do seu ministério (Mt 11.5). Uma sinopse sucinta da pregação de Jesus é encontrada no evangelho de Marcos (Mc 1.14,15).

Jesus sempre teve um conceito elevado das Escrituras. No glorioso Sermão do Monte, ele revelou absoluta confiança no Antigo Testamento (Mt 5.17-19). Jesus disse que a Palavra de Deus é a verdade (Jo 17.17). Ele demonstrou que a Palavra de Deus é poderosa (Lc 8.11). Disse também aos saduceus: "Errais, não conhecendo as Escrituras nem o poder de Deus" (Mt 22.29). "Jesus desenvolveu um conjunto de ensinamentos (Mc 4.2) que, em essência, representam o cumprimento do Antigo Testamento em sua pessoa, vida, feitos, morte sacrificial e ressurreição".[29] Soon Woo Hong afirma corretamente: "Jesus era muito diferente dos rabinos contemporâneos. Ele não só 'fazia' o que ensinava, como também seus ensinamentos tinham autoridade divina. Os profetas do Antigo Testamento haviam proclamado: 'Assim diz o Senhor...', ao passo que Jesus proclamou: "Eu vos digo...".[30]

Segundo Lucas, Jesus explicou a Escritura aos discípulos no caminho de Emaús. "E, começando por Moisés, discorrendo por todos os Profetas, expunha-lhes o que a seu respeito constava em todas as Escrituras" (Lc 24.27).

O resultado da mensagem expositiva de Jesus foi enorme. A exposição das Escrituras produz corações fervorosos (Lc 24.32). De fato, Jesus Cristo é o pregador acima de todos os outros pregadores e, na sua mensagem majestosa e poderosa, temos o protótipo do que toda pregação deve ser.[31]

A pregação expositiva no ministério de Pedro

Deus derramou o seu Espírito, cumprindo sua promessa, na festa de Pentecostes (Jl 2.28,29; Is 44.3-5; Ez 36.35; Lc 24.48; At 1.4,5,8). Grandes milagres ocorreram nesse glorioso dia: "Um som como de vento impetuoso veio do céu, línguas como que de fogo pousaram sobre cada um deles e todos começaram a falar em outras línguas" (At 2.1-4). Contudo, nem mesmo um milagre poderia produzir transformação naquelas pessoas.

Ao contrário, muitos interpretaram esse tremendo fenômeno com preconceito e discriminação: "Estavam, pois, atônitos e se admiravam, dizendo: Vede! Não são, porventura, galileus todos esses que aí estão falando?" (At 2.7). Alguns observaram com ceticismo: "Todos, atônitos e perplexos, interpelavam uns aos outros: Que quer isto dizer?" (At 2.12). Outros, porém, resistiram ao fenômeno celestial com sarcasmo. Zombaram deles e disseram, "Estão embriagados!" (At 2.13).

Milagres provocam impacto, não mudanças interiores. Os milagres chamam a atenção das pessoas, mas não produzem transformação. Eles podem abrir portas para a pregação do evangelho, mas não são o evangelho. O grande número de conversões não aconteceu até que Pedro entregasse sua poderosa mensagem. Quando Pedro pregou e explicou as Escrituras, a grande multidão sentiu-se grandemente tocada pelo poder de Deus. A mensagem produziu uma grande comoção em seus corações e quase três mil pessoas receberam Jesus e foram batizadas (At 2.41).

Ao expor alguns textos do Antigo Testamento, Pedro anunciou Jesus, aplicando a Escritura aos ouvintes. O sermão de Pedro era cristocêntrico em sua essência. Seu sermão podia ser dividido em quatro pontos:

Primeiro, a morte de Cristo. A cruz não foi um acidente, mas um plano eterno de Deus (At 2.23; 3.18; 4.28; 13.29). Pedro disse: este homem "entregue pelo determinado desígnio e presciência de Deus, vós o matastes, crucificando-o por mãos de iníquos" (At 2.23). A cruz foi a exaltação de Jesus (Jo 17.1). Ele foi para a cruz como o rei vai para o trono.

Segundo, a ressurreição de Cristo. Pedro afirmou: "Ao qual, porém, Deus ressuscitou, rompendo os grilhões da morte; porquanto não era possível fosse ele retido por ela [...] A este Jesus Deus ressuscitou, do que todos nós somos testemunhas" (At 2.24,32). Jesus venceu a morte. Ele vive.

Terceiro, a exaltação de Cristo. Pedro declarou: "Exaltado, pois, à destra de Deus, tendo recebido do Pai a promessa do Espírito Santo, derramou isto que vedes e ouvis" (At 2.33). Jesus voltou ao céu e está à destra de Deus Pai. Ele reina.

Quarto, o senhorio de Cristo. Pedro enfatizou: "Esteja absolutamente certa, pois, toda a casa de Israel, de que a este Jesus, que vós crucificastes, Deus o fez Senhor e Cristo" (At 2.36). Portanto, Jesus tem toda autoridade no céu e na terra.

O sermão de Pedro foi eficaz em seu propósito. "Ouvindo eles estas coisas, compungiu-se-lhes o coração e perguntaram a Pedro e aos demais apóstolos: Que faremos, irmãos?" (At 2.37). Essa mensagem ousada e poderosa explodiu como dinamite no coração deles. Pedro mostrou-lhes o pecado cometido. Eles haviam matado Jesus (At 2.23). A mensagem de Pedro produziu forte comoção.

O sermão de Pedro, em termos de exigências, foi claro. Pedro replicou: "Arrependei-vos, e cada um de vós seja batizado em nome de Jesus Cristo" (At 2.38). Sermão não é divertimento. É impossível oferecer salvação sem arrependimento. Aquelas pessoas eram muito religiosas, mas precisavam de profunda transformação. Era necessário que crescessem no Senhor Jesus Cristo.

O sermão de Pedro foi específico em relação à sua promessa. Ele disse: " [...] Para remissão dos vossos pecados, e recebereis o dom do Espírito Santo" (At 2.38). Depois do arrependimento vêm o perdão, a redenção e a salvação.

Finalmente, o sermão de Pedro teve um resultado vitorioso. "Então, os que lhe aceitaram a palavra foram batizados, havendo um acréscimo naquele dia de quase três mil pessoas" (Atos 2.41). Essa pregação expositiva, cuja essência era Jesus, anunciada sob a unção e o poder do Espírito Santo, produziu grande resultado para a glória de Deus e a expansão de sua igreja.

Jesus sempre foi o grande tema dos sermões de Pedro. O livro de Atos lista outros sermões de Pedro: At 3.12-26; 4.8-12,19,20; 5.29-32; 10.34-43; 11.5-17; 15.7-11. De fato, Jesus foi também o centro da mensagem dos profetas do Antigo Testamento. Jesus é o conteúdo da pregação de toda a Bíblia.

Após o evento de Pentecostes os apóstolos deram prioridade ao ministério da pregação. John Stott resume brevemente a pregação apostólica no Novo Testamento:

> O fato de os apóstolos terem dado prioridade ao ministério da pregação após o dia de Pentecostes é especificamente declarado em Atos 6.4. Eles resistiram à tentação de se envolverem em outras formas de serviço, a fim de se dedicarem "à oração e ao ministério da palavra". Para isto Jesus os chamara. No livro de Atos nós os observamos fazendo isso, primeiro Pedro e os outros apóstolos de Jerusalém "com intrepidez, anunciavam a palavra de Deus" (4.31), e depois Paulo, o herói de Lucas, em suas três viagens missionárias, até que Lucas o deixa em Roma, quando já estava em prisão domiciliar, todavia "pregando o reino de Deus, e, com toda intrepidez, sem impedimento algum, ensinava as cousas referentes ao Senhor Jesus Cristo" (28.31).[32]

A pregação expositiva no ministério de Estêvão

De acordo com o registro bíblico, Estêvão era pregador, mas foi escolhido para servir às mesas. Esse homem viveu poderosamente e foi o primeiro mártir do cristianismo. Sua vida foi plena. Ele era cheio do Espírito Santo (At 6.3,5; 7.55), de sabedoria (At 6.3,10), de fé, de graça (At 6.8), de poder (At 7.2-53), de paz (At 7.54-59), de palavra (At 7.2-53) e de espírito de perdão (At 7.60), além de ter tido uma vida irrepreensível (At 6.11-15). Seus feitos foram irrefutáveis (At 6.8) e suas palavras irresistíveis (At 6.10).

O livro dos Atos dos Apóstolos registrou um único sermão de Estêvão, mas ele é suficiente para mostrar seu compromisso com a pregação expositiva. Estêvão pregou um sermão histórico e narrativo, interpretando vários textos do Antigo Testamento, apresentando Jesus Cristo por meio deles. Ele explicou os textos do Antigo Testamento e aplicou-os aos ouvintes.

A pregação expositiva no ministério de Paulo

O apóstolo Paulo foi indiscutivelmente o maior pregador na história da cristandade. Começou a pregar imediatamente após a sua conversão (At 9.19-21). Foi um defensor da fé cristã contra as heresias, um ousado proclamador do evangelho, um conquistador poderoso de almas e um plantador profícuo de igrejas. Sua vida produziu profundo impacto no mundo. Suas cartas inspiradas têm abençoado imensamente o povo de Deus.

A fim de cumprir seu ministério, enfrentou conflitos, cadeias e muitos problemas e tribulações. Foi perseguido, preso, açoitado e apedrejado. Suportou pobreza, desprezo e abandono. Para cumprir seu ministério, viajou por todo o Império Romano, foi missionário além fronteiras, cruzou desertos, navegou por mares bravios, pregou a Palavra de Deus em muitas cidades, povoados, templos, sinagogas, praças, ilhas, praias, escolas, tribunais e prisões. Pregou a grandes multidões, a pessoas livres e escravas, a vassalos e reis, a sábios e a iletrados, a judeus e gentios. Pregou sempre com grande entusiasmo, com saúde ou enfermo, como prisioneiro ou liberto, amado ou odiado, aplaudido ou apedrejado, na abundância e na pobreza. Fez três viagens missionárias pregando o evangelho e plantando igrejas para a glória de Deus e para a expansão do reino de Deus.

Paulo era poderoso expositor das Escrituras. Podemos ver vários aspectos da sua dedicação à pregação expositiva que produz o crescimento da igreja.

Em primeiro lugar, Paulo tinha um conceito elevado das Escrituras como a Palavra inspirada de Deus. Ele disse: "Toda a Escritura é inspirada por Deus e útil para o ensino, para a repreensão, para a correção, para a educação na justiça, a fim de que o homem de Deus seja perfeito e perfeitamente habilitado para toda boa obra" (2Tm 3.16,17). Todos os pregadores expositivos devem ter conhecimento sólido da inerrância, infalibilidade e supremacia das Escrituras.

Segundo, Paulo tinha profunda convicção de que existe um só evangelho a ser pregado. Ele disse: "Mas, ainda que nós ou mesmo um anjo vindo do céu vos pregue evangelho que vá além do que vos temos pregado, seja anátema" (Gl 1.8). O pregador expositor deve reconhecer a absoluta integridade das Escrituras. A mensagem de Paulo era cristocêntrica (1Co 1.23; 15.1-3). "Paulo não pregava *como* Jesus, ele *pregava Jesus*".[33] Os grandes temas da pregação de Paulo eram: a cruz de Cristo, a ressurreição de Cristo e o senhorio de Cristo.

Terceiro, Paulo tinha um conceito elevado da pregação. "A pregação do apóstolo Paulo vinha antes dos seus escritos. A leitura pessoal e privada das Escrituras não basta. Essa palavra deve ser falada".[34] Ele se dedicou exclusivamente à pregação (At 18.5).

O apóstolo Paulo deu-nos muitas razões para provar o seu alto conceito da pregação: ele cria que o evangelho é o poder de Deus para a salvação de todos os que crêem em Jesus (Rm 1.16). A pregação é o instrumento usado por Deus para alcançar os perdidos (Rm 10.17; 1Co 1.17; Jo 17.20). Paulo disse: "Visto como, na sabedoria de Deus, o mundo não o conheceu por sua própria sabedoria, aprouve a Deus salvar os que crêem pela loucura da pregação" (1Co 1.21). Assim, pregar o evangelho é tanto um grande privilégio (Ef 3.8; Rm 1.15) como um pesado fardo (1Co 9.16; Rm 1.14). Paulo deu ordens expressas a seu filho, Timóteo, para *pregar a Palavra* (2Tm 4.2), *ensinar e recomendar estas coisas* (1Tm 6.2) e *exortar* (1Tm 6.17). A pregação era o instrumento usado pelo Espírito Santo para alcançar os perdidos. Nesse sentido a pregação participa da onipotência de Deus.[35]

Quarto, Paulo tinha uma forte convicção sobre a total necessidade de dependência do poder do Espírito Santo para pregar eficazmente o evangelho. "A pregação da Palavra e a ação do Espírito Santo andam juntas e, como regra geral, o Espírito não age em separado da Palavra".[36] Martyn Lloyd-Jones declara:

> Se não há poder não há pregação. A verdadeira pregação, afinal de contas, é uma atividade de Deus. Não se trata apenas de pronunciamentos humanos; é Deus fazendo uso do homem. Este está sendo usado por Deus. Está sob a influência do Espírito Santo; é o que Paulo chama em 1Coríntios 2 de "pregação em demonstração do poder do Espírito". Este é o elemento essencial da verdadeira pregação.[37]

A pregação expositiva de Paulo à igreja dos tessalonicenses, pelo poder do Espírito Santo, produziu resultados gloriosos (1Ts 1.2-10). Paulo disse: "Porque o nosso evangelho não chegou até vós tão-somente em palavra, mas, sobretudo, em poder, no Espírito Santo e em plena convicção" (1Ts 1.5). Eles, depois, receberam a mensagem de Paulo como a verdadeira mensagem de Deus.

Segundo o apóstolo:

> Outra razão ainda temos para, incessantemente, dar graças a Deus: é que, tendo vós recebido a palavra que de nós ouvistes, que é de Deus, acolhestes não como palavra de homens, e sim como, em verdade é, a palavra de Deus, a qual, com efeito, está operando eficazmente em vós, os que credes (1Ts 2.13).

Da mesma forma ele disse à igreja de Corinto:

> A minha palavra e a minha pregação não consistiram em linguagem persuasiva de sabedoria, mas em demonstração do Espírito e de poder, para que a vossa fé não se apoiasse em sabedoria humana, e sim no poder de Deus. (1Co 2.4,5)

Paulo era um pregador de coração quebrantado. Martyn Lloyd-Jones afirma sobre ele:

> O apóstolo Paulo era um enorme intelecto, uma das mentes mais dominantes de todos os séculos; contudo ele freqüentemente chorava ao falar e pregar. Era muitas vezes movido às lágrimas.[38]

É importante enfatizar que os apóstolos não só expuseram as Escrituras do Antigo Testamento, como também foram autores da nova Escritura revelatória sobre a qual fazemos nossa exposição. Nesse sentido, John Stott diz que o pregador cristão não é um apóstolo. Ele alerta:

> É incorreto referir-se a Hudson Taylor como apóstolo da China, a Judson, apóstolo da Birmânia, como nos referiríamos a Paulo como apóstolo dos gentios. Um estudo recente confirmou que os apóstolos foram únicos. [...] A designação "apóstolo" deve ser reservada para Os Doze e para Paulo, que foram especialmente comissionados e investidos de autoridade por Jesus. Esses homens achavam-se em uma categoria especial. Não têm sucessores.[39]

Paulo, como pregador expositor, era sensível ao seu público. Ele pregou e ensinou a crentes e descrentes (At 20.20,21,26,27).

Amava a todos. "Amar a pregação é uma coisa, amar aqueles a quem pregamos é bem diferente".[40] Paulo disse: "Por esta razão, tudo suporto por causa dos eleitos, para que também eles obtenham a salvação que está em Cristo Jesus, com eterna glória" (2Tm 2.10). Paulo usou diversos métodos para ganhar um maior número de pessoas para Jesus (1Co 9.19-23). Quando pregou em uma sinagoga, para judeus helenistas, ele usou a história de Israel a fim de falar-lhes sobre Jesus (At 13.14-41): Paulo apresentou Jesus como Salvador (13.23), como Rei (13.22) e como filho (13.33). Contudo, quando pregou a intelectuais gregos, sua abordagem foi diferente. Ele falou de Deus como Criador, Sustentador, Senhor e Juiz (At 17.16-34).

No papel de pregador, Paulo foi usado por Deus para iniciar várias igrejas. Roland Allen, ao comentar sobre a influência do ministério de Paulo, mostra que ele não foi só pregador e missionário, mas também o maior plantador de igrejas da História:

> Em menos de dez anos, Paulo estabeleceu a igreja em quatro províncias do império: Galácia, Macedônia, Acaia e Ásia. Antes de 47 d.C., não havia igrejas nessas províncias; em 57 d.C., Paulo pôde falar como se o seu trabalho já estivesse feito. [...] Esse é um fato realmente espantoso. Igrejas serem estabelecidas de forma tão rápida e sólida — parece quase incrível para nós que estamos hoje acostumados a dificuldades, incertezas, fracassos, relapsos desastrosos de nosso trabalho missionário. Muitos missionários em épocas mais recentes tiveram um número maior de convertidos do que Paulo; muitos pregaram em uma área mais ampla do que ele pregou mas nenhum estabeleceu tantas igrejas.[41]

Pregação expositiva na Bíblia

Concluindo sobre a pregação expositiva na Bíblia, é importante observar que ela é bem documentada tanto no Antigo como no Novo Testamentos. Concordo plenamente com James F. Stitzinger quando diz: "toda pregação deve ser expositiva, caso deva conformar-se ao padrão das Escrituras".[42]

PREGAÇÃO EXPOSITIVA
SUA IMPORTÂNCIA PARA O CRESCIMENTO DA IGREJA

O impacto da pregação expositiva na igreja primitiva foi tremendo. Foi um dos instrumentos mais importantes do cristianismo para penetrar o mundo romano.[43] Produziu um crescimento fenomenal, tanto qualitativo quanto quantitativo, da igreja. O livro de Atos registrou com transparência o crescimento numérico da igreja primitiva (At 1.14; 2.42,47; 4.4; 5.14; 6.1,7; 8.6; 9.31; 12.24; 16.5; 17.2-4; 17.11,12; 31.20). Todavia o livro de Atos dos Apóstolos não conta a história inteira. Nesse mesmo sentido, J. Herbert Kane afirma:

> Há indícios nas epístolas de Paulo de que o evangelho foi muito mais divulgado do que o descrito por Lucas. Ele afirma que o evangelho "foi pregado a toda criatura debaixo do céu" (Cl 1.23); que a fé da igreja romana foi "proclamada em todo o mundo" (Rm 1.8); que a fé demonstrada pelos crentes tessalonicenses "se divulgou por toda parte" (1Ts 1.8).[44]

No livro de Atos o crescimento da igreja é crescimento da pregação (At 6.7; 12.24; 19.20). Deus honra a sua Palavra. Quando a palavra de Deus é exposta fielmente, sob a unção e o poder do Espírito Santo, ela produz resultados incríveis. O Senhor disse: "Assim será a palavra que sair da minha boca: não voltará para mim vazia, mas fará o que me apraz e prosperará naquilo para que a designei" (Is 55.11). Portanto, "pregação poderosa, ungida pelo Espírito Santo, é o que torna a pregação eficaz, apta para produzir convertidos, criar igrejas, edificar igrejas e promover o crescimento de igrejas".[45]

Com relação ao crescimento sólido da primeira igreja, Adrian Hastings declara:

> No primeiro século da sua existência, o cristianismo evoluiu de um grupo obscuro de galileus judeus até tornar-se a religião de milhares, a maioria deles não-judeus, no mundo mais amplo do leste do Mediterrâneo.[46]

A pregação expositiva no ministério dos pais da igreja

Tertuliano, aparentemente, foi o primeiro a dar o nome de sermão ao discurso cristão, e Orígenes, o primeiro a usar a pregação expositiva. Edward Gibbon, em sua história clássica do Império Romano, observa que o costume de pregar constitui uma parte considerável da devoção cristã, encontrada em todo o Império Romano.[47] A falta de pregação expositiva no período pós-apostólico é evidência da rápida deterioração do cristianismo primitivo.[48] James F. Stitzinger define claramente essa situação:

> Uma das principais causas da deterioração foi a importação da filosofia grega para o pensamento cristão pelos pais da igreja. [...] Os três produtos da mente grega eram a metafísica abstrata (filosofia), a lógica (os princípios do raciocínio) e a retórica (o estudo da literatura e da expressão literária). [...] Uma indicação importante dessa adaptação foi o fato de deixarem de lado a pregação, o ensino e o ministério da Palavra. Em seu lugar, entrou a "arte do sermão", mais envolvida com a retórica do que com a verdade.[49]

A forma do sermão tornou-se mais importante do que seu conteúdo. A pregação expositiva perdeu assim seu grande sentido.

"Os primeiros quatrocentos anos da igreja produziram muitos pregadores, mas poucos verdadeiros expositores".[50] Muitos deles, como Justino Mártir e Tertuliano foram apologetas. A *Primeira apologia* de Justino Mártir, foi dirigida ao imperador, defendendo o cristianismo contra as interpretações erradas e argumentando ser ele verdadeiro, porque o Cristo que havia morrido e ressuscitado era a personificação da verdade e o Salvador da humanidade.[51]

Durante o desenvolvimento pós-bíblico da adoração cristã, o método de ler e explicar as Escrituras tomou várias formas. Sabemos de fontes secundárias que as Escrituras eram lidas todo Dia do Senhor. Justino

Mártir, em meados do século II, afirmou que as memórias dos apóstolos e os escritos dos profetas eram lidas conforme o tempo permitia. Quando o leitor terminava, o presidente então falava, advertindo e exortando o povo a seguir o nobre ensino e exemplos.[52] No século IV, as *Apostolic Constitutions* (Constituições Apostólicas) registraram que quatro lições das Escrituras — a saber: a Lei, os Profetas, os Evangelhos e as Epístolas — eram lidas todos os domingos. Sabemos que sermões eram pregados, mas não sabemos qual estratégia de preparo era seguida.

O pai latino, Tertuliano, escreveu *Apologia* a fim de esclarecer os cristãos das falsas acusações e demonstrar a injustiça das perseguições que tinham de suportar.[53] Outros, como Cipriano e Orígenes, viram três níveis de sentido na Escritura: (1) sentido literal, terreno, sensual, carnal – o sentido menor – o corpo; (2) sentido moral, religioso, doutrinário, prático – mais importante – a alma; e (3) sentido espiritual, celestial, alegórico, místico, especulativo – o maior – o espírito[54].

Sua alegorização infelizmente foi prejudicial para a verdadeira exegese bíblica e reduziu o interesse na exposição entre seus seguidores da *Alexandrian School* (Escola Alexandrina).[55]

A pregação expositiva no ministério de João Crisóstomo

O século IV produziu grandes pregadores como Basílio, Gregório de Nazianzeno, Gregório de Nissa, Ambrósio, João Crisóstomo e Agostinho.

Crisóstomo e Agostinho foram os mais famosos pregadores expositivos entre o período apostólico e a Reforma. Crisóstomo, em especial, chefiou a Escola de Interpretação de Antioquia, e esta rejeitou a abordagem alegórica da Escola Alexandrina. João Crisóstomo praticava a exegese literal, gramatical e histórica na tradição de Antioquia, em lugar da tradição alegórica de Alexandria.

João Crisóstomo (347-407 d.C.) pregou durante doze anos na Catedral de Antioquia antes de tornar-se bispo de Constantinopla em 398 d.C. Foi o maior pregador da igreja grega. O papa Pio X referiu-se a ele como o santo patrono dos pregadores cristãos. Clarence E. MaCartney considerou João Crisóstomo, o boca de ouro, como o mais famoso pregador da história do cristianismo depois dos apóstolos. John Broadus escreve:

> Admita o que quiser, critique o que quiser, mas o fato de Crisóstomo nunca ter tido quem o superasse permanece, e duvida-se que ele tenha tido um igual na história da pregação.[56]

Ele era um poderoso expositor das Escrituras. David Larsen também declara o seguinte a seu respeito:

> Ele praticamente decorou as Escrituras e pregava, de forma sistemática e consecutiva, livro após livro da Bíblia. Condenava a oratória vazia, mas usava as mais finas habilidades retóricas da época ao abrir a Palavra de Deus.[57]

Crisóstomo geralmente é considerado — com justiça — o maior orador do púlpito da igreja grega. Não há quem se iguale a ele ou quem seja semelhante a ele entre os pais latinos. Ele, até hoje, é um modelo para todo pregador.

Em forte contraste com seus contemporâneos, Crisóstomo pregava exposições versículo por versículo e palavra por palavra sobre muitos livros da Bíblia. Embora não escrevesse sobre pregação, esse patriarca com língua de ouro, influenciou a pregação pelo exemplo. A maioria dos sermões existentes de Crisóstomo seguiu o método *lectio continua* de exposição.

David Larsen diz sobre ele:

> Sua dedicação ao texto levou-o a produzir comentários expondo versículo por versículo, e ele pregava sistematicamente livros

inteiros da Bíblia, entre eles Gênesis (75 sermões), Salmos (144), Mateus (90), João (88) e várias epístolas de Paulo (244). Suas 54 mensagens sobre Atos constituem o que pode ser o primeiro verdadeiro comentário desse livro. Ele geralmente pregava por uma hora.[58]

Crisóstomo compôs também *lectio selecta sermons* para dias especiais como o Natal, Epifânia, Páscoa, Ascensão e aniversários da morte dos mártires.

João Calvino, em seu prefácio para uma primeira edição dos sermões de Crisóstomo, disse que ele excedeu os outros pais da igreja ao buscar o verdadeiro sentido do texto bíblico. "Crisóstomo compreendeu que o sermão é uma verdadeira exposição da Palavra de Deus".[59] Thomas Carroll descreve claramente seu compromisso com as Escrituras:

> Para Crisóstomo, pregar era essencialmente a interpretação de um texto da Escritura e sua aplicação a uma congregação específica. A exegese é, portanto, o ponto de partida da sua pregação, como a exortação é a sua conclusão.[60]

John Stott descreve quatro características principais da pregação desse pai da igreja:

> Primeiro, a pregação era bíblica. Ele não só pregava sistematicamente passando por vários livros, como também seus sermões eram cheios de citações e alusões bíblicas. Segundo, sua interpretação das Escrituras era simples e direta. Crisóstomo seguia a Escola de Antioquia de "exegese literal", em contraste com as fantasiosas alegorias alexandrinas. Terceiro, suas aplicações morais eram práticas e realistas. Hoje, ao ler seus sermões, podemos facilmente imaginar a pompa da corte imperial, os luxos da aristocracia,

as corridas selvagens no hipódromo; de fato, toda a vida de uma cidade oriental no final do século IV. Quarto, era destemido em suas condenações. Ele foi, na verdade, "um mártir do púlpito", pois a sua pregação fiel veio a ser a causa principal do seu exílio.[61]

A pregação expositiva no ministério de Agostinho

Segundo a literatura, Agostinho (354-430) foi o maior pregador da Igreja Ocidental. "Santo Agostinho é um dos maiores nomes na história da igreja cristã".[62] Harnack chamou-o de "incomparavelmente o maior homem da igreja entre Paulo e Lutero", e Souter afirmou sobre ele: "o maior homem que escreveu em latim".

"Ele estudou retórica em Cartago. Mais tarde, em Milão, deixou-se influenciar por Ambrósio. Foi feito sacerdote em 391. Continuou como bispo de Hipona até sua morte, em 430. Agostinho foi o primeiro teórico da homilética. Seu livro *De Doctrina Christiana* foi o primeiro livro didático sobre o assunto. O quarto tomo da *De Doctrina Christiana* trata exclusivamente da arte da pregação. Agostinho foca a mensagem fundamental do cristianismo, como decodificá-la e, finalmente, como comunicá-la a outros".[63] Esse manual foi o texto principal usado para a pregação durante toda a Idade Média.

"Seus sermões eram exposições dos livros bíblicos, mais notavelmente os Salmos e o Quarto Evangelho. Agostinho pregou tanto sermões *lectio selecta* como *lectio continua*. Todos falados diretamente ao povo, insistindo sobre a necessidade de examinar suas vidas à luz do evangelho e de conformá-las a ele. Não pregou para impressionar o povo, mas para levá-los para o céu".[64]

"Agostinho é considerado um dos maiores teólogos de todos os tempos. O que chamamos de calvinismo é a doutrina de Paulo desenvolvida por Agostinho e sistematizada por Calvino".[65] David Larsen escreve: "ele pode ser chamado com justiça o pai da teologia sistemática". É igualmente conhecido por suas controvérsias com os donatistas e pelagianos, por seu tratado sobre a Trindade e sua grande defesa do cristianismo, em a *Cidade de Deus*. David W. Kerr diz o seguinte a respeito dele:

> Agostinho havia combatido os maniqueístas, os donatistas e os pelagianos no interesse da integridade bíblica. Ele escrevera 230 livros. Foi a fonte da qual beberam Lutero, Calvino e Jansênio. Mas era, acima de tudo, um pregador consumado. O foco da sua vida e ministério era a Palavra de Deus.[66]

"Agostinho, acima de tudo, era um pregador notável e um exegeta que moldou certos aspectos da pregação tanto em seus dias como hoje".[67] "Agostinho é conhecido no Ocidente como, possivelmente, o maior orador do cristianismo entre Paulo e Martinho Lutero".[68]

"Agostinho pregou sem manuscrito ou notas. Acredita-se que pregou cerca de 8 mil sermões. Cerca de 685 de seus sermões foram preservados. Sua pregação era altamente doutrinária. Podia até chorar no púlpito. O conteúdo para Agostinho era mais importante que a forma. O conteúdo é o fundamento, mas o expositor cristão deve combinar sabedoria com eloqüência.

Ele acreditava, como Cícero, que o propósito do orador é "ensinar, agradar, comover [...], mas ensinar, entre esses aspectos, é o essencial". Em outras palavras, Agostinho enfatizava os objetivos da pregação como: a) *docere* (ensinar), b) *delectare* (agradar, alegrar), e c) *flectare* (influenciar). Desse modo, o fundamento para as reflexões intelectuais, emocionais e intencionais é posto pela pregação".[69] Em *Doctrina Christiana* Agostinho reforça a necessidade de orar e salienta a importância de uma vida perseverante.

Spurgeon chamou Agostinho de "pedreira que todo pregador já escavou". "O antigo provérbio diz: 'Um sermão sem Agostinho é como uma carne cozida sem toicinho'."[70]

Adrian Hastings afirma sobre ele:

Agostinho era *sui generis*, um teólogo, filósofo, pregador e escritor de cartas cujo trabalho eclipsa inteiramente o de qualquer outro que tivesse escrito em latim na sua época.[71]

PREGAÇÃO EXPOSITIVA NO MINISTÉRIO DOS REFORMADORES

Deus sempre teve um remanescente fiel na História. Depois de um longo período de apostasia, o Senhor Todo-poderoso levantou vários líderes no período da pré-Reforma comprometidos com a pregação expositiva. Entre eles achava-se John Wycliffe (1330-1384), que se preocupava profundamente com a divulgação da Palavra de Deus. Wycliffe acusou a pregação de seus contemporâneos, declarando que todos os sermões que não tratassem das Escrituras deviam ser rejeitados. Outros, como John Huss (1373-1415) e Girolamo Savonarola (1452-98), tornaram-se estudiosos e pregadores das Escrituras. Todos foram perseguidos por causa da pregação, mas Huss e Savonarola foram mortos pela igreja.

Foi sobre o alicerce da centralidade da Bíblia que a Reforma foi construída. Um dos grandes pilares da Reforma é a *Sola Scriptura* — a supremacia da Bíblia sobre a tradição e os sacramentos. A autoridade da igreja deve estar submetida à das Escrituras.

A Reforma foi a volta à Palavra de Deus. Os reformadores compreendiam que a Escritura é a Palavra de Deus. Na verdade, "a reforma envolveu um grande reavivamento da pregação".[72] Em conseqüência, deu grande ênfase à pregação expositiva. David Larsen diz que a primazia da pregação da Palavra se tornaria uma das marcas identificadoras da Reforma. [...] O protestantismo foi um movimento no qual o púlpito era literalmente mais elevado do que o altar.[73] A Reforma Protestante trouxe a *lectio continua* de volta a um lugar de proeminência na adoração da igreja. Old argumenta:

> Uma das características mais proeminentes da adoração da igreja reformada sempre foi a pregação de livros bíblicos, isto é,

pregar um livro inteiro da Bíblia ou uma seção importante de um livro da Bíblia, começando no início e continuando, capítulo por capítulo, ou até versículo por versículo, de maneira que toda a mensagem do escrito sagrado seja apresentada de modo contínuo durante uma série de semanas ou meses.[74]

Ulrich Zwinglio (1484-1531) era dedicado à pregação expositiva. "Ele começava com o evangelho de Mateus e o pregava inteiro, versículo por versículo, dia após dia, durante o ano todo". Continuou esse caminho da reforma em seu ministério de pregação, pregando a Bíblia,versículo por versículo, um livro de cada vez.

Concentrarei meus comentários sobre a fase da Reforma em apenas dois reformadores, Martinho Lutero e João Calvino, os expositores mais importantes do período. Tanto Lutero quanto Calvino foram pregadores infatigáveis, e seus exemplos foram contagiantes.

A pregação expositiva no ministério de Martinho Lutero

Martinho Lutero (1483-1546) foi "um gênio, e todo o seu trabalho — ensinar, pregar, debater, preparar panfletos, tradução e composição de hinos — mostra essa marca".[75] Poucas pessoas influenciaram mais a História do que Martinho Lutero. Ele demonstrou igualmente profundo compromisso com a Escritura. Em sua famosa réplica diante da Dieta de Worms, Lutero afirmou: "Minha consciência é cativa da Palavra de Deus". Mais tarde disse: "Eu simplesmente ensinei, preguei, escrevi a Palavra de Deus; nada fiz além disso. [...] A Palavra fez tudo". Lutero concordou com Agostinho: "Tudo contido nas Escrituras deve ser absolutamente aceito".

Martinho Lutero revelou o alto conceito que tinha das Escrituras e da pregação quando declarou:

> Como a saúde do cristão e da igreja depende da Palavra de Deus, a pregação e o ensino dela é tanto "a parte mais importante do

serviço divino" quanto "o mais elevado e único dever e obrigação" de todo bispo, pastor e pregador.[76]

De fato, Lutero considerava a pregação o trabalho mais importante do mundo. A pregação, para ele, era o meio de salvação, por não ser uma simples atividade humana, mas a própria Palavra de Deus proclamando a si mesma mediante o pregador.[77]

Lutero cria que a Palavra de Deus manifesta-se de três maneiras: Deus Filho (a Palavra encarnada), a Bíblia (a Palavra escrita) e a pregação (a Palavra proclamada). Em vista da relação íntima entre o Filho e a Bíblia, Lutero acreditava que todo o propósito da Escritura era revelar Cristo.

Lutero era um poderoso expositor das Escrituras e cria que o texto devia controlar o sermão. Pregar fazia parte integrante de seus deveres. Ele começou pregando no monastério e continuou na universidade, freqüentemente, na *Town Church* e, às vezes, na estrada ou em viagens marcadas. Calcula-se que tenha pregado entre 4 mil e 10 mil vezes. James F. Stitzinger diz:

> Lutero provou ser um expositor ao produzir comentários sobre Gênesis, Salmos, Romanos, Gálatas, Hebreus, 2Pedro e Judas, assim como sermões sobre os Evangelhos e Epístolas.[78]

Mais da metade dos 4 mil sermões – ou mais – pregados por Lutero foram preservados e publicados. Embora não fosse o pastor da igreja, mas apenas um entre os muitos que ali pregavam, foi um dos pregadores mais freqüentes e, certamente, o que tinha mais autoridade. Ele costumava pregar até quatro vezes aos domingos. Salientava a importância da pregação para os simples. Lutero também enfatizava a preparação espiritual do pregador, insistindo em que orar bem é estudar bem.

A pregação expositiva no ministério de Calvino

O expositor mais importante da Reforma foi João Calvino. Como homilético, Calvino considerava a pregação a explicação das Escrituras. As palavras das Escrituras são a fonte do conteúdo da pregação.

Segundo Calvino, as Escrituras não precisam conformar-se à pregação; a pregação é que deve conformar-se às Escrituras. A posição humilde da pregação, como derivada e subordinada, representa exatamente sua glória. Como intérprete, Calvino explicava o texto, buscando seu sentido natural, verdadeiro e bíblico. "Calvino considerava que a principal tarefa do pregador era expor as Escrituras Sagradas, as quais são, por assim dizer, a voz do próprio Deus".[79] "Calvino compreendia que o pregador deve ser um exegeta do texto. Como Lutero, ele abandonou a hermenêutica medieval e suplicou: 'Não usem alegorias fantasiosas'. O pregador é o servo da mensagem".[80]

"Calvino conhecia os idiomas originais das Escrituras. Quando pregava sobre o Antigo Testamento, traduzia o texto diretamente do hebraico. Quando pregava sobre o Novo Testamento, pregava com base no grego original. Tinha, portanto, um Antigo Testamento hebraico ou um Novo Testamento grego à sua frente e pregava sem quaisquer anotações".[81]

Parker, ao considerar a pregação de Calvino, afirma:

> Domingo após domingo, dia após dia, Calvino subia as escadas do púlpito. Ali ele guiava pacientemente a congregação, versículo por versículo, livro após livro da Bíblia. O que o levava a pregar e a pregar como fazia? O impulso ou compulsão de pregar era teológico. Calvino pregava porque cria. Pregava como fazia por acreditar no que fazia.[82]

Lerony Nixon comenta sobre a grandeza de Calvino: "Ele fez as exposições mais competentes, sólidas e claras das Escrituras jamais vistas em um espaço de mil anos, e a maioria dos reformadores trabalhou nessa mesma direção".[83] João Calvino não só explicou as Escrituras, como também as aplicou. "A pregação expositiva consiste na explanação e na aplicação de uma passagem da Escritura. Sem explicação não é expositiva; sem aplicação não é pregação".[84] "Assim como Calvino explicava a Escritura palavra por palavra, ele a aplicava frase por frase à vida e à experiência da sua congregação".[85] Cada um dos sermões de Calvino durava cerca de uma hora. Ele usava linguagem simples e direta. Apreciava o estudo de palavras, mas nunca citava o hebraico ou o grego no sermão. Calvino usava as palavras com arte. Fazia uso das expressões do povo. Tinha facilidade na leitura e sabia como fazê-los ouvir. Clarence E. MaCartney revela claramente sua grande influência:

> Depois de Martinho Lutero, Calvino é a figura mais importante na história do protestantismo. Aos vinte e sete anos, ele publicou a famosa obra *Institutas*, um tratado teológico profundo. Em 1536, Calvino visitou Genebra e foi persuadido por Farrel, o reformador suíço, a juntar-se aos protestantes dessa cidade. Calvino fez de Genebra a luz radiante e brilhante do mundo protestante. A cidade tornou-se o refúgio dos protestantes perseguidos de todas as partes da Europa, e Calvino, o pai e conselheiro espiritual das igrejas na França, Holanda e Grã-Bretanha. Ele era a mente que coordenava as igrejas protestantes no terreno da educação, do governo civil, da teologia e da organização eclesiástica. Sua influência era sentida em todo o mundo. O calvinismo, um sistema de teologia, tomou dele o nome e ainda domina grandes porções do mundo protestante.[86]

"Calvino enfatizou o fato de a primeira e principal marca da verdadeira igreja ser a pregação fiel da Palavra"[87]. Diz ele: "Onde vemos a Palavra de Deus pregada e ouvida com pureza, existe ali, sem dúvida alguma, uma igreja de Deus".

David Larsen explica sobre o grande compromisso da pregação expositiva de Calvino:

> Durante os quatro anos que Calvino passou em Strasburgo, quando pastoreou a igreja francesa, ele pregava quase todos os dias e duas vezes aos domingos. Até sua morte, o púlpito foi o cerne do seu ministério. Ao ser chamado de volta a Genebra, em 1541, retomou a exposição no versículo seguinte de onde havia parado. O hábito de pregar duas vezes aos domingos e em semanas alternadas em um culto noturno diário continuou em Genebra. Ele pregava de improviso, isto é, sem um manuscrito. Um estenógrafo pago registrava os seus sermões. Ele, consecutivamente, passava de livro para livro.[88]

"Como ministro titular em Genebra, Calvino pregou duas vezes aos domingos e todos os dias da semana em semanas alternadas de 1549 até sua morte em 1564. Pregou mais de dois mil sermões só sobre o Antigo Testamento. Passou um ano fazendo a exposição de Jó e três anos em Isaías".[89] Sob a administração de Calvino, Genebra tinha uma alimentação rica no âmbito da pregação: as duas igrejas maiores recebiam três sermões, e a terceira tinha dois aos domingos, havendo também sermões às segundas, quartas e sextas-feiras. Calcula-se que Calvino pregou uma média de 290 sermões por ano. No entanto, muitos desses sermões se perderam. Só 800 foram publicados durante a vida do pregador e só pouco menos de 1,1 mil estão em edições eruditas modernas. Calcula-se que mais de 1 mil deles desapareceram.

Beza afirmou sobre a pregação de Calvino: "Cada palavra pesava uma libra". Calvino seguiu o método de pregação *lectio continua*. Ele ensinava geralmente três a seis versículos de cada vez. Esse sistema produziu, por exemplo, 134 sermões sobre Gênesis, 200 sobre Deuteronômio, 159 sobre Jó, 176 sobre 1 e 2Coríntios e 43 sobre Gálatas.

Em mais de vinte anos como pregador em Genebra, Calvino deve ter pregado quase toda a Bíblia. Ele parece ter omitido apenas alguns livros.

Ronald S.Wallace comenta sobre a grande influência de Calvino por meio da pregação:

> A tarefa de pregar regularmente a Palavra levou-o finalmente ao centro do movimento da Reforma em sua batalha pela alma da Europa, pois foi mais mediante a sua pregação do que por qualquer outro aspecto do seu trabalho que ele exerceu a extraordinária influência que todos reconhecem ter tido.[90]

Temos pouca informação sobre como João Calvino aprendeu a pregar. Foi com João Crisóstomo — que Calvino julgava um teólogo inferior a Agostinho, mas um exegeta melhor —, que Calvino e outros aprenderam muito sobre pregação.

Calvino entendia a pregação como a vontade de Deus para a igreja, um sacramento da sua presença salvadora e um trabalho tanto humano quanto divino. A Palavra de Deus pregada é o cetro pelo qual Cristo estabelece continuamente seu domínio ímpar e espiritual sobre a mente e o coração do seu povo. O púlpito é o trono de Deus, do qual ele quer governar nossa alma.

O ministério de pregação expositiva de João Calvino teve influência profunda e ampla em Genebra e em todo o mundo. Genebra transformou-se em retrato vivo do reino dos céus na terra. A influência de Calvino no século XVI não se deveu apenas graças aos seus escritos, conselhos e ensinamentos, mas também ao que Genebra se tornou sob a sua influência. Estudantes chegavam de todas as partes do mundo para estudar e ser treinados para o ministério do evangelho. A própria Genebra tornou-se uma expressão de grande importância, atraindo as pessoas. Ronald Wallace declara ainda:

> Calvino estava convencido de que devia ser permitido que o desafio e o poder do evangelho purificassem, regenerassem e guiassem não só o coração humano, mas também todo aspecto da vida social na terra: assuntos de família, educação, economia e política. Cristo não buscou apenas um altar no coração humano para o seu ministério sacerdotal, mas também um trono no centro de toda a humanidade para seu ministério real.[91]

João Calvino influenciou muitos de seus contemporâneos, incluindo Henry Bullinger (1504-1575) e John Knox (1513-1572). Knox declarou ter sido chamado para instruir por meio da língua e da voz naqueles dias tristemente corruptos, em vez de compor livros para as gerações futuras.

PREGAÇÃO EXPOSITIVA NO MINISTÉRIO DOS PURITANOS

Os puritanos são os herdeiros legítimos da Reforma. O puritanismo foi um movimento da Reforma na Igreja da Inglaterra que iniciou no século XVI e floresceu no século XVII, mas ainda se projeta até os nossos dias. Nem todos os puritanos foram cortados da mesma peça de tecido. Havia puritanos anglicanos e separatistas; hiper-calvinistas e arminianos; moderados e radicais. O puritanismo foi um movimento de renovação e incentivou as gerações a voltar-se para Deus. Tinha como centro a pregação da Palavra de Deus. Martyn Lloyd-Jones afirma que John Knox foi o fundador do puritanismo.

Os puritanos viveram numa era turbulenta e fortaleceram-se debaixo de terríveis opressões, perseguições e martírio. Eles criam na soberania de Deus, na supremacia das Escrituras e na primazia da pregação. Seu estilo de vida era superlativo. Os puritanos foram a geração mais culta de todos os tempos. Legaram à igreja a maior biblioteca teológica da história. Na Inglaterra, buscaram a pureza com respeito a doutrina, liturgia, governo e vida. Foi por isso que receberam o nome de "puritanos". Acima de tudo, viviam para a glória de Deus. Receberam diferentes nomes: na

França foram chamados de huguenotes; na Holanda, reformados; na Escócia, presbiterianos; e na Inglaterra, puritanos.

"A era pós-Reforma produziu uma série de expositores importantes, vários deles puritanos".[93] Fica absolutamente claro que os puritanos eram grandes pregadores."O clero puritano era formado primeiro de pregadores, e todas as outras coisas vinham em segundo lugar"[94]. Eles receberam uma rica herança de seus ancestrais.

Martyn Lloyd-Jones descreve essa valiosa história:

> Os puritanos primavam pela pregação. Sua visão da pregação [...] era governada pela teologia. John Wycliffe foi um grande pregador, e seus seguidores, os lolardos, costumavam viajar por todo o país pregando ao ar livre e em outros lugares. Se considerar John Wycliffe como "a estrela da manhã" da Reforma, verá que, no seu caso, seu despertamento pelo Espírito levou a uma grande ênfase na pregação. Esta foi sempre a principal característica de um período de reforma e reavivamento. Martinho Lutero foi preeminentemente um grande pregador, assim como João Calvino. Não nos esqueçamos disso. Esses homens foram, acima de tudo, pregadores regulares e grandes pregadores. Não é possível pensar em John Knox na Escócia, nem por um momento, sem pensar em sua esplêndida pregação. O mesmo aplica-se a Zwinglio na Suíça.[95]

Os puritanos criam, em primeiro lugar, na suprema autoridade das Escrituras como a Palavra de Deus. John Eliott disse: "os escritos da Bíblia são as próprias palavras de Deus".[96] Os puritanos criam que a pregação era a melhor maneira de ensinar a Verdade. Nehemiah Rogers dizia que: "o texto é a Palavra de Deus resumida; a pregação é a Palavra de Deus ampliada". De fato, a história do cristianismo é a história da pregação. Para os puritanos, a pregação era central e a coisa mais importante de todas. "O sermão puritano era um trabalho de arte",[97] mas era também transmitido no poder do Espírito Santo. Thomas Watson, em uma referência à atividade de Deus mediante a pregação da Palavra e do ministério do Espírito Santo, declarou: "Os ministros batem à porta do coração dos homens, o Espírito vem com a chave e abre essa porta".[98]

Thomas Cartwright, puritano e pai do presbiterianismo na Inglaterra, declarou:

> A Palavra de Deus só é vital na sua operação quando aplicada aos corações e às consciências dos crentes por meio de consolação e repreensão. Assim como o fogo atiçado produz mais calor, a Palavra, por assim dizer, soprada pela pregação, arde mais nos ouvintes do que quando é lida. A verdadeira função da pregação não é dar informação, é dar mais calor, dar vida a ela, dar poder, fazer com que os ouvintes a compreendam. O pregador no púlpito não deve apenas transmitir conhecimento e informação às pessoas. Deve inspirá-las, entusiasmá-las, encorajá-las e fazê-las sair dando glória ao Espírito.[99]

John Owen (1616-1683), chamado de teólogo sistemático do puritanismo e de "Calvino da Inglaterra", um dos maiores pregadores puritanos, definiu a finalidade a que toda pregação deveria servir. Segundo Owen, a pregação deveria promover três propósitos: a conversão das almas dos homens a Deus; a edificação dos convertidos; e propiciar o aumento da luz, do conhecimento, da piedade, do rigor e da produtividade de conversação nos membros da comunidade de fé.

Os puritanos colocam o púlpito no centro do templo, mostrando a centralidade e primazia da pregação. Por que os puritanos consideraram a pregação tão central? Primeiramente, porque a verdadeira pregação é a exposição da Palavra de Deus. Não se trata de uma simples exposição do dogma ou do ensino da igreja. Defenderam também que o sermão é mais importante do que os sacramentos ou quaisquer cerimônias, sendo, até mesmo, mais importante do que a liturgia. Além disso, argumentaram que a pregação é a maneira bíblica de promover a santidade.

Os puritanos foram pregadores expositivos, enquanto os anglicanos eram oradores. Bruck Bickel afirma que:

> A queixa principal que os puritanos tinham contra os sermões anglicanos era a de não serem evangélicos em seu conteúdo. A igreja anglicana produziu, durante a era puritana, diversos pregadores eloqüentes, mas foram, principalmente, reconhecidos como oradores, em vez de pregadores.[100]

Horton Davies descreveu os sermões anglicanos como discursos sobre a excelente "Constituição da sua igreja", a "Obediência passiva", uma "Exclamação contra o Cisma", um "Discurso sobre moral" ou apenas uma exclamação contra tais vícios, como a própria luz da natureza condena.[101]

Alguns pregadores puritanos importantes, como Joseph Hall (1574-1656), Thomas Goodwin (1600-1680), Richard Baxter (1615-1691) e John Owen (1616-1683) demonstraram grande habilidade como expositores: não puseram a doutrina acima da Palavra — não começaram com doutrina e depois encontraram um texto que se ajustasse a ela — ao contrário, começando pela Palavra encontravam a doutrina no texto.

William Perkins (1558-1602) escreveu *A arte de profetizar*, publicado primeiro em latim, em 1592, e depois em inglês, em 1606. E esse livro foi o primeiro manual desse tipo para pregadores da Igreja da Inglaterra. Perkins disse que havia quatro princípios que deveriam guiar e controlar o pregador: 1) ler o texto claramente nas Escrituras canônicas; 2) explicar seu sentido, depois de lido, de acordo com as Escrituras; 3) reunir alguns pontos de doutrina proveitosos, extraídos do sentido natural da passagem; e 4) aplicar as doutrinas explicadas à vida e à prática da congregação em palavras simples e diretas. O âmago da questão é este: pregar a Cristo, por Cristo, para o louvor de Cristo.

Os puritanos pregavam com grande ardor e sentido de urgência. Richard Baxter (1615-1691), talvez o mais conhecido de todos os pregadores puritanos, afirmou certa vez: "Preguei como se nunca mais fosse pregar novamente, como um moribundo a outro moribundo".[102] "Eles, algumas vezes, pregaram durante várias horas de cada vez, crendo que nenhuma grande verdade bíblica pode ser apresentada em menos de uma ou duas horas".[103]

Os puritanos foram unânimes em dizer que a principal tarefa do pastor era pregar. Os ministros puritanos pregavam em qualquer lugar de três a cinco sermões por semana, além de ensinar o catecismo. John Owen acreditava que "o primeiro e principal dever do pastor é alimentar o rebanho por meio da pregação diligente da Palavra".[104] Richard Sibbes alegou igualmente que a pregação "é o dom dos dons. Deus o considera assim, Cristo o considera assim, e nós devemos também considerá-lo desse modo".[105]

Leland Ryken afirma ainda: "Um dos aspectos mais atraentes da pregação puritana era sua ênfase na aplicação prática da doutrina à vida".[106] Para os puritanos, a aplicação é a vida da pregação. Thomas Manton declarou: "Os que praticam a Palavra são os melhores ouvintes".[107] O objetivo do pregador puritano era tornar seus ouvintes melhores cristãos. Os puritanos consideravam o evangelho o remédio para a alma. Em conseqüência disso, davam grande ênfase à aplicação. Ralph Turnbull chama atenção para a aplicação nos sermões de Jonathan Edwards comparando a quantidade de páginas – o que se traduz em tempo – dedicadas à aplicação. Veja:

1. A soberania de Deus: doze páginas de exposição, três páginas de aplicação;
2. Os pecadores nas mãos de um Deus irado: quatro páginas de exposição, cinco páginas de aplicação;

3. A excelência de Cristo: treze páginas de exposição, nove páginas de aplicação;
4. Advertência aos professores: cinco páginas de exposição, cinco páginas de aplicação;
5. Os santos verdadeiros quando ausentes do corpo estão presentes com o Senhor: treze páginas de exposição, três páginas de aplicação;
6. A verdadeira excelência do ministro do evangelho: nove páginas de exposição, quatro páginas de aplicação;
7. Sermão de despedida: nove páginas de exposição, dez páginas de aplicação.[108]

PREGAÇÃO EXPOSITIVA DO SÉCULO XVIII AO SÉCULO XX

Segundo a literatura, a pregação recebeu forte ênfase nesse período, especialmente nos séculos XVIII e XIX.

Pregação expositiva no século XVIII

O século XVIII foi um campo fértil que produziu vários pregadores poderosos. John Eadie (1810–1876) é conhecido por seus comentários resultantes de seu notável ministério de pregação. Alexander Carson (1776–1844) foi freqüentemente considerado um mestre da pregação expositiva, alguém da mesma estatura de Alexander MaClaren. Na Inglaterra, John Wesley e George Whitefield foram os pregadores mais famosos. John Stott afirma:

> Embora John Wesley tenha ficado mais conhecido do público do que seu contemporâneo mais moço George Whitefield, (provavelmente por causa da conhecida denominação cristã que leva o nome de Wesley), Whitefield foi, certamente, o pregador mais poderoso. Na Grã-Bretanha e na América (que visitou sete vezes), dentro e fora de casa, ele fez em média vinte sermões por semana durante 34 anos. Eloqüente, zeloso, dogmático,

fervoroso, ele enriquecia sua pregação com metáforas vívidas, ilustrações simples e gestos dramáticos.[109]

No País de Gales, Howell Harris e William Williams foram não só grandes pregadores, como também reavivalistas poderosos.

Jonathan Edwards foi a maior figura do puritanismo. Martyn Lloyd-Jones diz a respeito dele: "O puritanismo alcançou sua plena floração na vida e no ministério de Jonatham Edwards".[110] Richard Lovelace fala dele como "a mente mais elevada produzida na América do Norte, assim como o teólogo do reavivamento".[111] David Larsen declara: "É geralmente reconhecido que Jonathan Edwards foi o mais poderoso e eficaz pregador já ouvido nos Estados Unidos".[112] Era filósofo, teólogo e reavivalista, assim como pregador poderoso. Quando Edwards pregou "Pecadores nas mãos de um Deus irado", em Enfield, em 8 de julho de 1741, os ouvintes choraram tão alto que o sermão mal podia ser ouvido. Em terrível agonia, alguns se contorceram no carpete, outros tentaram subir nos pilares da igreja para não escorregarem para o inferno. Tanto negros como índios foram tocados pelo reavivamento. Ao todo, converteram-se quatrocentas pessoas.

A pregação teve grande influência na conversão de muitos pecadores, transformando famílias e comunidades. De fato,"a pregação moldou as famílias e comunidades da Nova Inglaterra".[113] John Piper em seus livros, *God's Passion for His Glory* e *The Supremacy of God in Preaching* (A Paixão de Deus por sua glória e a supremacia de Deus na pregação) afirmou que a glória de Deus foi a primeira preocupação de Edwards em tudo que pregou e escreveu.

Pregação expositiva no século XIX

O século XIX experimentou grandes despertamentos na Inglaterra, na Escócia, no País de Gales e na América do Norte. No entanto, por outro lado, a igreja sofreu uma grande perseguição ideológica. Nacionalismo, evolucionismo, materialismo e liberalismo teológico produziram grande devastação na igreja. O Iluminismo, com seu ponto de vista centrado no homem, considerou a razão humana e juiz supremo de tudo, rejeitou os milagres, a revelação e as doutrinas sobrenaturais, como a encarnação e a redenção.

John Stott define claramente a situação:

> Durante todo o século XIX, apesar dos ataques da alta crítica contra a Bíblia (associados com o nome de Julius Wellhausen, seus contemporâneos e sucessores) e apesar das teorias evolucionistas de Charles Darwin, o púlpito manteve seu prestígio na Inglaterra. As pessoas corriam para ouvir os grandes pregadores da época e liam, com interesse, os sermões impressos.[114]

Apesar da situação dramática, o século XIX foi uma época rica de grandes e poderosos pregadores; produziu vários e importantes expositores bíblicos na Grã-Bretanha e na América do Norte, tais como James H. Thornwell (1812-1862) e John A. Broadus (1827-1895). Broadus foi chamado de "príncipe dos pregadores". Outros do mesmo período foram John Charles Ryle (1816-1900), Charles J. Vaughan (1816-1897), Alexander Maclaren (1826-1910), Joseph Parker (1830-1902) e Charles Haddon Spurgeon (1834-1892). O período termina com a fundação do *Expository Times*, em 1889, por James Hastings. Hastings foi editor de vários dicionários, enciclopédias e conjuntos de comentários que, juntamente com o *Times*, fomentaram a pregação expositiva. William Robertson Nicoll (1851-1923) foi expositor bíblico e também publicou um jornal chamado *The Expositor*. Publicado entre 1886-1923, promoveu igualmente a exposição das Escrituras.

Deus usou muitos pregadores famosos no século XIX na Inglaterra, como John Henry Newman (1801-1890), William Wilberforce (1759-1833), Frederick William Robertson (1816-1853) e John Charles Ryle (1816-1900).

Deus levantou vários outros grandes pregadores na Escócia, como os irmãos Robert (1764-1842) e James Haldane (1764-1851); três irmãos Bonar: John (1803-1891), Horatius (1808-1889) e Andrew Bonar (1810-1892); Robert Murray McCheyne (1813-1843), William C.Burns, Thomas Chalmers (1780-1847), Andrew Thompson (1779-1831), John Duncan (1796-1870) e Edward Irving (1792-1834).

Do mesmo modo, grandes pregadores foram usados por Deus na América do Norte nesse século, como Archibald Alexander (1772-1851) Lyman Beecher (1775-1863), Asahel Nettleton (1783-1844), Gardiner Spring (1785-1872), Charles Grandison Finney (1792-1875), Phoebe Palmer (1807-1874), Dwight Lyman Moody (1837-1899), Horace Bushnell (1802-1876), Henry Ward Beecher (1813-1887), Phillips Brooks (1824-1893), William M. Taylor (1829-1895), Alexander Campbell (1788-1866) e John A. Broadus (1827-1895).

Vários expositores do século XIX foram notáveis. Alexander Maclaren ganhou fama internacional como expositor. Depois de 1869, ele pregou a mais de duas mil pessoas todas as semanas, em Manchester. Começou na obscuridade e pregou durante 63 anos. Ele leu por dia, durante toda a sua vida, um capítulo da Bíblia hebraica e da grega. Os 32 volumes de sermões de Maclaren, assim como suas contribuições para a *Expositor's Bible* são, até hoje, altamente consideradas.

Charles H. Spurgeon é o pregador mais famoso do século XIX. Foi um verdadeiro fenômeno do púlpito. James Stitzinger diz a seu respeito:

> Spurgeon é altamente respeitado como pregador e expositor. Ele pregou mais de 3.560 sermões que abrangem os 63 volumes do *Metropolitan Tabernacle Pulpit* publicado entre 1855 e 1917. [...] Spurgeon considerava Whitefield um herói e modelo de pregação, embora este último fosse mais tópico e teológico do que expositivo. O trabalho realmente expositivo de Spurgeon foi o seu *Treasury of David* (Tesouro de Davi), no qual ofereceu

cuidadosa exposição, versículo por versículo, juntamente com sugestões aos pregadores.[115]

Spurgeon foi, na realidade, o pregador mais popular do século XIX no mundo de fala inglesa. Ele não só pregou para congregações maiores do que qualquer outro ministro na América ou Inglaterra, como também seus sermões dominicais apareciam no exemplar do dia seguinte de uma cadeia de jornais norte-americanos e australianos. De fato, ele foi uma das últimas celebridades do púlpito da Inglaterra; muito admirado e freqüentemente imitado. Foi uma glória para o púlpito batista.

Pregação expositiva no século XX

O século XX não produziu muitos grandes pregadores expositivos, embora alguns deles fossem e continuem sendo pregadores poderosos. James F. Stitzinger declara:

> O século XX produziu poucos expositores bíblicos de importância, alguns dos quais foram notáveis: Harry Allan Ironside (1876-1951), Donald Grey Barnhouse (1895-1960), James M. Gray (1881-1935),William Bell Riley (1861-1947), Wallie Amos Criswell (1909-), James Denny (1856-1917), George Campbell Morgan (1863-1945), William Graham Scroggie (1877-1958), D. Martyn Lloyd-Jones (1899-1981), John Robert Walmsley Stott (1921-) e James Montgomery Boice (1938-2000).[116]

O século XX foi inicialmente marcado por grande entusiasmo. O homem achava-se no apogeu das suas conquistas. A ciência avançava a passos largos e fazia grandes descobertas. A prosperidade de muitas nações era proclamada com profundo orgulho. O humanismo estava em ascendência. Todavia, duas guerras sangrentas destruíram a esperança de um paraíso na terra, edificado por mãos humanas.

Duas guerras mundiais revelaram a monstruosidade dos seres humanos que não temiam a Deus. Nesse período turbulento de bancarrota da credibilidade humana, a Palavra de Deus permaneceu sólida como mensagem única e digna de confiança para produzir transformação. Interpretando essa situação, John Stott cita Karl Barth:

> É simplesmente um clichê de que não há nada mais importante, mais urgente, mais útil, mais redentor, mais salutar, como também que não há nada, do ponto de vista do céu e da terra, mais relevante para a situação real, do que falar e ouvir a Palavra de Deus no poder originário e regulador da sua verdade, na sua sinceridade que tudo erradica e tudo reconcilia, na luz que lança não só sobre o tempo e sobre as confusões do tempo, mas também para além dos limites, em direção ao brilho da eternidade, revelando o tempo e a eternidade através um do outro e em cada um — a Palavra, o Logos, o Deus Vivo.[117]

Dietrich Bonhoeffer (1906-1945), teólogo alemão e pregador, foi martirizado pelos nazistas na prisão de Flossenburgo a 9 de abril de 1945, poucos dias antes do final da Segunda Guerra Mundial. Bonhoeffer ressaltou fortemente a importância central da pregação. Ele diz:

> O mundo existe com todas as suas palavras por causa da Palavra proclamada. No sermão, lança-se o fundamento para um novo mundo. Nele a palavra original torna-se audível. Não é possível fugir nem se afastar da palavra dita no sermão; nada nos livra da necessidade desse testemunho, nem sequer o culto ou a liturgia. O pregador deve estar seguro de que Cristo entra na congregação mediante essas palavras da Escritura por ele proclamadas.[118]

Bonhoeffer foi um pregador expositor que deu grande contribuição para a teologia da proclamação. Ele acreditava que sem a emancipação mediante a pregação o mundo seria escravizado por sua nova religião secular; uma religião de "leis, ideologia e ídolos estranhos".[119]

John Stott analisa que, "embora a Segunda Guerra Mundial acelerasse o processo da secularização na Europa, ela não apagou a pregação".[120]

William Edwin Sangster (1900-1960) foi um pregador britânico metodista e um dos pregadores mais importantes do século XX. Sangster proclamou com sublime eloqüência a absoluta relevância da pregação:

> Chamado para pregar! Comissionado por Deus para ensinar a Palavra! Um arauto do grande Rei! Uma testemunha do Evangelho Eterno! Poderia qualquer ministério ser mais elevado e santo? Para essa suprema tarefa, Deus enviou Seu Filho unigênito. [...] Pregar as Boas-Novas de Jesus Cristo é a atividade mais elevada, mais santa a que o homem pode entregar-se: uma tarefa que os anjos talvez invejem e por causa da qual os arcanjos poderiam esquecer a corte do céu.[121]

Andrew Blackwood (1882-1966) foi o conhecedor de homilética mais famoso e mais largamente publicado na América no século XX. Ele era chamado de "sr. Homilética", sendo também excelente pregador. É considerado um expoente da pregação expositiva. Blackwood ensinou Teologia Bíblica no Seminário Presbiteriano de Louisville (1925-1930), Homilética e Teologia Prática no Seminário Teológico Princeton (1930-1950) e Homilética na Escola de Teologia da Universidade Temple (1950-1958). Publicou vários livros importantes sobre pregação. Blackwood diz o seguinte sobre a suprema relevância da pregação: "a pregação deveria estar no mesmo nível que o trabalho mais nobre da terra"[122].

Frederick Brotherton Meyer (1847-1929) foi um dos maiores pregadores do século e grande expoente da pregação expositiva.

Compreendeu que a pregação expositiva trazia renovação ao pecador e seria capaz de construir uma igreja forte e saudável. Definiu a pregação expositiva como "o tratamento consecutivo de um livro ou porção ampliada da Escritura".[123] Meyer pregou cerca de 16 mil sermões e vendeu mais de 2,5 milhões de livros. Suas maravilhosas biografias bíblicas representam sua melhor forma de pregação. Dois volumes sobre Êxodo e dois volumes sobre João são de qualidade excelente. Produziu também estudos valiosos sobre Hebreus e Zacarias.

Archibald Thomas Robertson (1863-1934) foi também outro grande pregador expositivo que escreveu 45 livros e pregou com o Novo Testamento grego na mão. Foi um dos maiores de sua época. Pregar era parte vital do seu ministério.

George Campbell Morgan (1863-1945) foi um poderoso expositor da Palavra de Deus. Ele é chamado de Príncipe dos Expositores, o maior pregador expositivo de seu tempo. Sua exposição baseava-se em uma exegese cuidadosa vista à luz de toda a Bíblia. "A pregação é a proclamação da Palavra, a verdade como a verdade foi revelada".[124] Morgan pregou cerca de 25 mil sermões até sua morte, aos 81 anos. Publicou mais de 60 livros, quase todos sobre as Escrituras, e muitos deles incluíam seus sermões expositivos. Ele acreditava que "o trabalho supremo do ministro cristão [é] a pregação".[125]

O sucessor de Campbell Morgan na Capela de Westminster, em Londres, foi David Martyn Lloyd-Jones (1899-1981), que se tornou um dos mais conhecidos expositores bíblicos do século XX, entre vários outros. David Larsen diz a seu respeito:

> Lloyd-Jones gostava de pregar; e a circulação de seus sermões impressos e em áudio não tem paralelos em nossos dias. Sua série de vários volumes sobre Romanos marcou época; seus oito volumes de pregações sobre o livro de Efésios, feitas nas manhãs

de domingo, são igualmente impressionantes. Os sermões sobre *Spiritual Depression* (Depressão Espiritual) e ajudaram e influenciaram milhares.

Os estudos expositivos extraídos do Salmo 73 sob o título *Faith on Trial* (A fé sob provas) são espetaculares. Seus sermões de domingo sobre *The Kingdom of God* (O reino de Deus) durante o profundo escândalo mostram a surpreendente relevância da Palavra para a situação contemporânea.[126]

Martyn Lloyd-Jones deu suprema importância à pregação expositiva. Ele dedicou-se a esse tipo de pregação, afirmando que "toda pregação deve ser expositiva".[127] Sobre ele, escreve John Stott:

> Ele exerceu um ministério extremamente influente na Capela de Westminster, em Londres. Sempre presente no púlpito aos domingos (exceto nas férias), sua mensagem alcançava os cantos mais longínquos da terra. [...] Sua mente agudamente analítica, seu discernimento penetrante do coração humano e a chama ardente do País de Gales, que ele tinha, combinaram para fazer dele o pregador britânico mais poderoso dos anos cinqüenta e sessenta.[128]

Martyn Lloyd-Jones revela seu alto conceito da pregação:

> A tarefa de pregar é o chamado mais alto, maior e mais glorioso que alguém pode receber. Se você quiser adicionar algo a essa tarefa, eu diria, sem hesitação, que a necessidade mais urgente na igreja cristã hoje é a pregação autêntica; por ser a necessidade maior e mais urgente da igreja, é também evidentemente a maior necessidade do mundo. [...] Não há nada como a pregação. Ela é a mais elevada tarefa deste mundo, a mais emocionante, a mais empolgante, a mais compensadora e a mais maravilhosa.[129]

John R.W. Stott é um dos escritores cristãos mais prolíficos do século XX. É também um dos pregadores expositivos mais conhecidos. Exerceu grande influência sobre muitos pregadores contemporâneos. Stott, analisando a falta de pregação expositiva hoje, diz:

> A verdadeira pregação cristã (ou seja, pregação 'bíblica' ou 'expositiva') é extremamente rara na igreja de hoje. Jovens zelosos, em muitos países, estão buscando por ela, mas não conseguem encontrá-la. Por quê? A principal razão deve ser a falta de convicção da sua importância.[130]

Seu conceito da pregação é bem claro:

> Toda pregação cristã autêntica é pregação expositiva. Ela se refere ao conteúdo do sermão (verdade bíblica) em lugar de seu estilo (um comentário fluente). Explicar as Escrituras é extrair do texto o que está nele contido e expô-lo. O expositor abre o que parece fechado, torna claro o que é obscuro, desembaraça o que está amarrado e revela o que se encontra empacotado. O oposto da exposição é a 'imposição'; que significa impor ao texto o que não existe nele.[131]

Outro forte pregador expositivo é John MacArthur Jr. — um dos pastores e escritores reformados mais importantes da atualidade. Seus livros ajudaram a igreja contemporânea a voltar-se para a teologia reformada e a pregação expositiva. Ele comenta o seguinte, a respeito desse tipo de pregação:

> A pregação expositiva é um gênero declarativo no qual a inerrância encontra sua expressão lógica, e a igreja tem sua vida e poder. Afirma simplesmente que a inerrância exige a exposição como o único método de pregação que preserva a pureza das

Escrituras e cumpre o propósito para o qual Deus nos deu a sua Palavra.[132]

W.A. Criswell é outro pregador expositivo poderoso do século XX; é pastor da Primeira Igreja Batista em Dallas. Passou dezessete anos e oito meses pregando de Gênesis a Apocalipse, e sua igreja cresceu muito por causa da sua pregação.

W. A. Criswell, expressando a sua grande preferência pela pregação expositiva, declara:

> O melhor de todos os sermões é um sermão expositivo. Este é, sem dúvida, o melhor meio de edificar uma maravilhosa congregação: pregar expositivamente. Há uma vantagem nesse tipo de pregação para o próprio pregador. Ele aprende, cresce em seu íntimo, e a mensagem que lê na Bíblia torna-se para ele carne e sangue. Há também vantagens eternas para a congregação: ela aprende a amar a Bíblia, aprende a mensagem de Deus e passa a familiarizar-se com as Sagradas Escrituras. Uma das tragédias dos dias modernos é que a Bíblia tornou-se geralmente um livro fechado para o povo, as pessoas não sabem o que ela contém. Quão pouco de toda a riqueza das Escrituras é apresentado no púlpito. O método de pregação expositiva é um dos mais excelentes do mundo.[133]

Existem muitos outros pregadores expositivos no século XX, como Ray Stedman, Charles Swindoll, Warren Wiersbe, Jerry Vines, Stephen Olford e John Piper, entre outros. É impossível mencioná-los todos nesta obra.

Em suma, a história da igreja cristã mostra que sempre que a Palavra de Deus foi pregada e explicada fielmente sob o poder e unção do Espírito Santo resultados abundantes surgiram. A primeira igreja experimentou um crescimento numérico fenomenal por meio da pregação expositiva dos apóstolos. Deus honra a sua Palavra. Ela é poderosa (Hb 4.12; Rm 1.16). Ela cresce por si mesma (Mc 4.26-29). Não voltará a Deus vazia (Is 55.11).

A história está repleta de exemplos dos resultados gloriosos da pregação expositiva que conduziu a igreja ao crescimento. Onde a Palavra de Deus foi pregada com perseverança, fidelidade e poder, a igreja cresceu. Isso aconteceu na era apostólica, no período dos pais da igreja e, especialmente, no século IV, com João Crisóstomo e Agostinho, os dois pregadores mais famosos entre os apóstolos e entre os reformadores.

Durante a Reforma, com a volta da exposição das Escrituras, houve grande despertamento, e multidões foram transformadas pelo poder do Espírito Santo mediante a pregação expositiva, e esta se tornou sua característica inconfundível. Lutero e Calvino foram expositores poderosos da Bíblia. Os enormes resultados obtidos por eles são largamente conhecidos. O púlpito puritano alcançou grandes alturas com esse tipo de pregação. Eles experimentaram uma gloriosa manifestação do poder do Espírito Santo e muitos aceitaram Jesus.

Para concluir, acredito que o triunfo do cristianismo e o crescimento da igreja ocorreram quando houve uma forte presença da pregação expositiva.

Quando a pregação se mostrou forte na igreja cristã, a igreja fortaleceu-se; quando foi fraca, a igreja foi enfraquecida. A pregação não é, na verdade, o único fator, mas é um fator óbvio e essencial.[134]

Capítulo 3

O CONTEÚDO DA PREGAÇÃO EXPOSITIVA

A SUPREMACIA DA ESCRITURA e a primazia da pregação são indispensáveis ao crescimento saudável da igreja. A Escritura é o conteúdo da pregação, e a pregação é o instrumento para proclamar a Escritura. John Stott, citando James I. Packer, diz que o modelo mais satisfatório para descrever a doutrina da Escritura é: "A Bíblia é Deus pregando".[135] A Bíblia é um livro único. A unicidade da Palavra de Deus segue-se à unidade de Deus. Bryan Chapel afirma que: "A Palavra de Deus é poderosa porque ele escolheu estar presente nela e operar por meio dela".[136]

A SUPREMACIA DAS ESCRITURAS

A Bíblia Sagrada é a biblioteca do Espírito Santo. Ela tem 66 livros, todos eles inspirados pelo Espírito Santo (2Tm 3.16,17; 2Pe 1.21). É o maior compêndio literário da História. É uma carta pessoal de Deus ao seu povo; é a regra suprema de doutrina e de vida, de fé e prática (2Tm 3.16,17). É a voz de Deus em linguagem humana. É o relicário de todo o conselho de Deus. "Só a Escritura é a autoridade final da crença religiosa".[137]

A Bíblia é a escola do Espírito Santo em que o homem aprende tudo que é necessário e prático para ter uma vida abundante. É o livro por excelência, inspirado por Deus, escrito por homens, concebido no céu, nascido na terra, odiado pelo inferno, pregado pela igreja, perseguido pelo mundo e crido pelos eleitos de Deus.

A Bíblia não só contém a Palavra de Deus, como também *é* a Palavra de Deus (Jo 17.17). Seu autor é divino; seu conteúdo, infalível; sua mensagem, eficaz; sua influência, universal; seu poder irresistível. A Bíblia, no mundo, é o livro mais publicado, distribuído, lido e comentado. É o maior *best-seller*. Homens perversos esforçaram-se para destruí-la, queimá-la, escondê-la ou atacá-la, mas a Palavra de Deus triunfou sobre todas as perseguições. Ela ganhou todas as batalhas por ser a eterna e infalível Palavra de Deus. É a ferramenta que destruiu a oposição do inferno. É o fogo que destruiu a insensatez dos falsos argumentos humanos. É a espada do Espírito que nos deu grandes vitórias na guerra espiritual. Como declara Leland Ryken:

> A Escritura é o padrão de autoridade para examinar a verdade religiosa. É a pedra de toque que experimentou todas as doutrinas, o juiz e determinador de todas as perguntas e controvérsias em religião, a regra segundo a qual devemos crer.[138]

A supremacia da Escritura pode ser confirmada pelos seguintes aspectos: autoria divina, conteúdo infalível, influência na história e conteúdo único de pregação.

A AUTORIA DIVINA

A Bíblia é revelação divina, não resultado de investigação humana. Sua origem não é terrena, mas celestial; sua origem está em Deus, não no homem. O apóstolo Paulo escreve: "Toda a Escritura é inspirada por Deus e útil para o ensino, para a repreensão, para a correção, para a educação na justiça" (2Tm 3.16). Com esse mesmo intuito, o apóstolo Pedro afirma: "porque nunca jamais qualquer profecia foi dada por vontade humana; entretanto, homens falaram da parte de Deus, movidos pelo Espírito Santo" (2Pe 1.21). Davi, por sua vez, declarou: "O Espírito do SENHOR fala por meu intermédio, e a sua palavra está na minha língua" (2Sm 23.2). No sermão de Pedro no dia de Pentecostes, ele testemunhou que Davi falou por inspiração divina (At 1.16). A Bíblia foi o livro único citado por Jesus, não para produzir uma discussão, mas para resolver todas as questões (Mt 4.4,7,10; 19.4-6,8,9; 22.29).

Quando ouvimos ou lemos a Palavra de Deus, temos um encontro com o próprio Deus. A Palavra de Deus é inseparável de Deus. Sua Palavra realiza atos divinos: criação (Sl 33.6), providência (Sl 148); juízo (Jo 12.48) e salvação (Rm 1.16; Tg 1.21). Tudo que Deus faz ele o faz mediante a Palavra. Sua Palavra contém atributos divinos: ela é eterna (Sl 119.89,160), onipotente (Is 55.11) e perfeita (Sl 18.7, 8). O apóstolo João identifica a Palavra de Deus com o próprio Deus (Jo 1.1). Extraímos, portanto, duas implicações: primeira, onde está a Palavra de Deus, Deus ali também está. Ouvir a Palavra de Deus é encontrar-se com o próprio Deus. Segunda, onde Deus está a Palavra ali também está; não devemos procurar uma experiência com Deus que ignore ou transcenda a sua Palavra.

Não é o homem que torna a Bíblia importante; ela é importante em si mesma. É a palavra do Deus onipotente. A Bíblia é absoluta, suficiente, completa, cabal, infalível e inerrante. Como aconteceu com Lutero, a nossa consciência também deve ser cativa da Escritura.

John Owen, um dos maiores teólogos da Inglaterra no século XVII, disse: "Toda a autoridade da Escritura depende apenas da origem divina. A Escritura recebe toda a autoridade do seu autor". Se Deus é o autor da Escritura, ela não pode mentir, deve ser isenta de erro e infalível. Jesus diz em João 10.35: "A Escritura não pode falhar".

John Wesley usou uma forte lógica para provar a origem divina e a inspiração da Bíblia.

> A Bíblia foi concebida por uma das três fontes: (1) por homens bons ou anjos; (2) por homens maus ou demônios; (3) ou por Deus. Primeiro, a Bíblia não poderia ter sido concebida por homens bons nem por anjos, porque ambos não poderiam escrever um livro em que mentissem em cada página escrita em que houvesse as palavras: "Assim diz o Senhor", sabendo perfeitamente que o Senhor nada dissera e que todas as coisas tivessem sido inventadas por eles. Segundo, a Bíblia não poderia ter sido concebida por homens maus ou demônios, porque não poderiam escrever um livro que ordena a prática de todos os bons conselhos, proíbe pecados e descreve o castigo eterno de todos os incrédulos. Portanto, concluo que a Bíblia foi concebida por Deus e revelada aos homens.[139]

A Bíblia triunfou contra todas as adversidades porque Deus é o seu autor. Isaías escreveu: "Seca-se a erva, e cai a sua flor, mas a palavra de nosso Deus permanece eternamente" (Is 40.8). Jesus confirma a infalibilidade da sua Palavra, "Passará o céu e a terra, porém as minhas palavras não passarão" (Mt 24.35). A Bíblia é a bigorna que destruiu os martelos dos céticos.

De 361 a 363 d.C., Juliano, o apóstata, imperador de Roma, tentou reacender o fogo nos altares pagãos e destruir o cristianismo. Ele queria a volta do paganismo. Ordenou, portanto, que todas as cópias das Escrituras fossem queimadas e promoveu uma sangrenta perseguição contra os cristãos. Em 363, estava em guerra com os persas, mas havia muitos cristãos em seu exército. Um deles estava sendo objeto de zombaria e açoites dos soldados pagãos: eles o atiraram no chão, cuspiram nele e disseram: "Fale agora, onde está o seu carpinteiro?" Ele respondeu: "Está ocupado, fazendo um caixão para o seu imperador".

Meses mais tarde, o imperador Juliano sofreu um golpe fatal e, às portas da morte, tomou nas mãos o sangue que corria do seu corpo e gritou em alta voz: "Você venceu, ó Galileu".[140]

Voltaire, o patrono dos ateus, lutou contra a Bíblia e o cristianismo no século XVIII. Ele afirmou que num período de cem anos o cristianismo desapareceria. Todavia, Voltaire morreu louco em 1778. Seu prognóstico não ocorreu. Pelo contrário, 25 anos depois da sua morte, a Sociedade Bíblica Inglesa foi fundada, e sua casa tornou-se um ponto de distribuição da Escritura.[141]

A enxada e a pá dos arqueólogos reprovam a falsa sapiência dos que lutaram contra a infalibilidade da Escritura. Em 1880, o General Lew Wallace resolveu escrever um livro para provar que o cristianismo estava errado, que a Bíblia era falível e que Jesus era apenas um simples homem. Após pesquisas detalhadas e extensas, o General Lew reconheceu que a Bíblia é verdadeira e que Jesus é o Filho de Deus. Ele se curvou diante de Jesus e entregou-lhe o seu coração, confessando-o como Senhor. Depois disso, escreveu *Ben-Hur*, uma grande apologia do cristianismo.

Conteúdo inerrante

As Sagradas Escrituras são sempre atuais. Jesus diz que a Palavra de Deus é a verdade (Jo 17.17). Ao referir-se ao Antigo Testamento, Jesus afirmou: "Porque em verdade vos digo: até que o céu e a terra passem, nem um 'i' ou um 'til' jamais passará da Lei, até que tudo se cumpra" (Mt 5.18). "A palavra de nosso Deus permanece eternamente" (Is 40.8). Embora a cultura, a ciência, a filosofia, a política e a religião mudem a cada dia, a Palavra de Deus permanece para sempre. Ela é imutável como o seu autor. Olford cita Ray Stedman:

> Todos sabem que qualquer livro de ciências com mais de dez anos fica totalmente obsoleto. As teorias econômicas mudam como as marés, sobem e descem com as médias da Dow-Jones

[Uma das bolsas dos EUA]. As regras da educação são cíclicas e variam entre extremos de permissividade e controle estrito. Os programas políticos, todos prometendo prosperidade ilimitada, aparecem em todo ano eleitoral. Em forte contraste, a Palavra de Deus permanece inalterada e imutável. Sempre relevante, sempre atual, sempre perceptiva e penetrante — eternamente exata![142]

Embora a Palavra de Deus tenha mais de três mil anos, ela é mais atual e confiável do que o jornal diário. Sua mensagem nunca fica antiquada, seu conteúdo nunca muda. A Bíblia é infalível.

A inerrância da Escritura produz confiança na pregação, assim como uma forte convicção de um ministério triunfante. Os pregadores não são chamados para proclamar as palavras dos homens, as filosofias do mundo, as decisões de concílios, os dogmas da igreja, os sonhos, as visões e as revelações de profetas modernos, mas a infalível e poderosa Palavra de Deus (Is 53.11; Rm 1.16; 1Tm 4.2). John Stott declara:

A Escritura é muito mais do que uma coleção de documentos antigos, nos quais as palavras de Deus são preservadas. Ela não é uma espécie de museu no qual a Palavra de Deus é exibida em vitrines, como relíquia ou fóssil. Ao contrário, é palavra viva para pessoas vivas, do Deus vivo; mensagem contemporânea para o mundo contemporâneo.[143]

Edward Morris também declarou:

O princípio formal da reforma foi a supremacia da Escritura, distinta da tradição patrística, dos decretos de concílios, ou dos ensinos imperativos da igreja mediante seu chefe papal.[144]

Há pelo menos três argumentos que corroboram para provar a inerrância das Escrituras:

A unidade na diversidade

Quarenta autores diferentes, em um período de aproximadamente 1.500 anos, foram usados por Deus para registrar de modo infalível todo o conteúdo da revelação divina. Deus usou homens de diversos lugares e diversas culturas. Alguns eram cultos como Moisés, Salomão e Paulo. Outros viviam em palácios como Isaías e Daniel (Dn 1.19). Mas outros eram iletrados como Amós e Pedro. Esses homens escreveram para diferentes pessoas, em diferentes eras, em diferentes linguagens, mas com absoluta concordância e harmonia. Certamente ela é absolutamente singular.

O cumprimento das profecias

A Bíblia não só é um livro histórico, mas também profético. Deus anuncia o fim desde o começo (Is 43.9,10). Só Deus pode fazer isso (Is 41.21-23). As profecias bíblicas não são vagas, mas predições específicas. A história tem testemunhado a infalibilidade das profecias bíblicas. Cada profecia sobre Jesus — seu nascimento, vida, milagres, morte e ressurreição — foi cumprida com exatidão. O autor da Bíblia é Deus de eternidade a eternidade. Ele vê o futuro num eterno agora. Para ele, o passado, o presente e o futuro são o mesmo. Ele é eterno.

Instrumento de transformação

Quando lemos a Bíblia, somos lidos por ela:

> Enquanto interpretamos a Escritura, ela nos interpreta. Esquadrinhamos o texto, e o texto nos esquadrinha, expondo as nossas crenças, experiências e segredos. Poderíamos dizer que é a Escritura que se aplica a nós.[145]

Quando lemos a Bíblia somos por ela transformados. O que a Bíblia diz, Deus diz. A Bíblia é a voz de Deus, e essa voz é poderosa

(Sl 29.4-9). A Bíblia produz vida porque a Palavra de Deus é espírito e vida (Jo 6.63). Miríades de pessoas de todas as nações alcançaram nova vida em Jesus por meio da instrumentalidade da própria Escritura.

Poder eficaz

O apóstolo Paulo revela em sua carta a Timóteo a eficácia da Escritura (2Tm 3.16-17). O prefácio da *Bíblia de Genebra* é um resumo apto da grande importância da Bíblia:

> Ela é a luz para os nossos caminhos, a chave para o reino dos céus, nosso consolo na aflição, nosso escudo e espada contra Satanás, a escola de toda sabedoria, o espelho em que contemplamos a face de Deus, o testemunho do seu favor, e o único alimento e nutrição de nossas almas.[146]

São muitas as figuras que descrevem a eficácia das Escrituras. A Bíblia é como um espelho (Tg 1.23). Ela nos permite ver quem realmente somos. É como uma semente que traz vida espiritual (Mc 4.14).

É água que limpa e refresca (Ef 5.26). É uma lâmpada que nos guia, dando-nos direção (Sl 119.105). É uma espada que trespassa a alma (Ef 6.17). É leite (1Pe 2.2), pão (Am 8.11; Dt 8.3; Mt 4.4), carne (Hb 5.11-14) e mel (Sl 19.10). Ela alimenta, fortalece e sustenta a vida. A Bíblia é um martelo (Jr 23.28): derruba e edifica. A Bíblia é fogo (Jr 23.28): julga e purifica.

A Escritura afirma que ela mesma traz fé e alegria, fortalece, dá esperança, luz, e entendimento, mostra a vontade de Deus, edifica, produz fruto, convence do pecado, converte a alma, purifica a consciência, confirma o direito (Sl 119). Encontramos Jesus por meio da Bíblia (Jo 5.39,40; 5.32,46; Gl 3.24). A exposição da Escritura faz arder o coração (Lc 24.32; Jr 23.28). A Bíblia habilita completamente o homem de Deus (2Tm 3.16,17).

A influência das Escrituras na História

A Bíblia é o livro mais importante da História. Ela influenciou mais gerações do que qualquer outro. Há livros que pertencem a um povo, uma era, um estágio do desenvolvimento humano; a Bíblia pertence a todos os povos, a todas as eras e a todos os estágios de crescimento, quer de um indivíduo quer de uma raça — unindo a todos e soldando-os em um todo vitalizado e vitalizante. A Bíblia, por sua eminência, é o livro da humanidade. O grande propósito da Bíblia não é acrescentar conhecimento, mas mudar vidas (2Tm 3.16,17; Rm 1.16; Jo 5.39).

A Bíblia é a luz de Deus que ilumina as nações. Toda nação que foi construída sobre o fundamento da Escritura prosperou. Onde há luz as trevas não prevalecem. Onde a verdade triunfa o misticismo e a ignorância espiritual não prosperam. Toda nação que se alimentou do leite da Palavra de Deus experimentou grande desenvolvimento; ao passo que os que não deram ouvidos à Palavra de Deus afundaram em profundo obscurantismo.

Quando a luz da Palavra de Deus se espalha, o analfabetismo não prospera. A realidade social muda e as pessoas tornam-se livres. As nações construídas sobre a verdade, mas que hoje se afastaram, abandonaram o ensino fiel da Escritura (Jr 2.11-13). Os povos, ou serão governados pela Bíblia, ou pela baioneta.[147]

Um ateu chegou às ilhas Figi pregando a evolução para um grupo cristão. Com arrogância, ele exaltou a sua ciência e zombou das Escrituras e da fé dos nativos. Imediatamente, o chefe da tribo lhe disse: "Está vendo esse forno velho? Nele assávamos seres humanos para comer. Se não fosse a transformação realizada em nós pela Escritura, hoje você seria o nosso jantar". A Bíblia operou tal transformação naquelas pessoas que o turista arrogante foi convidado a jantar em vez de ser jantado.

As conquistas sociais resultam da influência da Escritura. Vale repetir: Ronald Wallace diz que Calvino estava convencido de que se deve permitir que o desafio e o poder do evangelho purifiquem, regenerem e dirijam não só o coração humano, mas também cada aspecto da vida social na terra: assuntos familiares, educação, economia e política.

Cristo procurou não só um altar no coração humano para o seu ministério sacerdotal, como também um trono no centro da vida humana para seu ministério real. A libertação do cativeiro, a libertação e dignidade da mulher, a dignidade e valorização das crianças, as reformas sociais e o desenvolvimento da ciência foram alcançados mediante a poderosa influência das Escrituras. A Palavra de Deus produz uma conversão interior (Tg 1.18,21) e uma transformação social (At 19.30; 1Co 6.9-11; Jo 8.32).

Wallace, descrevendo o ministério de Calvino em Genebra declarou:

> Depois de menos de vinte anos de trabalho, planejamento, oração, pregação, conflito, mal-entendidos, sofrimento, colaboração, educação, ajuda aos necessitados, conselho e assistência política, Genebra tornou-se uma sociedade piedosa, a principal e perfeita escola de Cristo desde os apóstolos. [...] De Genebra, Calvino influenciou todo o mundo cristão de várias formas. As pessoas procuravam-no para aconselhamento e a cidade tornou-se um abrigo para os refugiados da perseguição em outras partes. Estudantes de todo o mundo iam para essa cidade para estudar e ser treinados para o ministério do evangelho. A influência de Calvino no século XVI não foi, porém, graças apenas a seus escritos, conselhos e ensino, mas também ao que a própria Genebra veio a ser sob a sua influência. Genebra tornou-se um fato de grande importância. Ela atraía as pessoas. Estas enviavam seus filhos para que pudessem ficar sob a influência do lugar. Passavam a crer que seria possível obter algo semelhante onde viviam e trabalhavam.[148]

A Palavra de Deus produziu os grandes reavivamentos da História desde o Antigo Testamento até hoje. O ponto culminante da Reforma foi a restauração da centralidade da Escritura.

O conteúdo único da pregação

Não devemos pregar *sobre* a Bíblia, mas pregar *a* Bíblia. O mandamento apostólico é: "prega *a* palavra" (2Tm 4.2). Devemos proclamar *Sola Scriptura* e *Tota Scriptura*. A Escritura é a fonte do sermão. A mensagem deve ser extraída do texto bíblico, sem impor idéias humanas ao texto. Devemos abordá-lo exegeticamente, não *"eixegeticamente"*, como afirma John Stott: "O oposto da exposição é a 'imposição', que significa impor ao texto o que ele não contém".

No salmo 19, Davi descreveu a revelação escrita de Deus, o conteúdo a ser pregado. Ele afirma verdades extraordinárias sobre a Escritura. Primeiro, as características singulares da Escritura: ela é perfeita (v. 7), digna de confiança (v. 7), reta (v. 8), pura (v. 8) e eterna (v. 9). Segundo, os efeitos da Escritura: restaura a alma (v. 7), dá sabedoria aos simples, alegra o coração (v. 8), ilumina os olhos (v. 8). Terceiro, o valor da Escritura: é mais desejável que as riquezas e melhor do que o alimento (v. 10). Quarto, o poder da Escritura: ela expõe os pecados ocultos (v. 12), revela o orgulho (v. 13) e produz desejos elevados (v. 14).

A falta de crescimento sadio de algumas igrejas protestantes hoje em dia é uma conseqüência direta da ausência da centralidade das Escrituras no púlpito. Muitas igrejas no Brasil, nos Estados Unidos e em todo o mundo negligenciaram o compromisso com a supremacia da Escritura. Em vista disso, três tendências fizeram-se sentir, das quais passamos a tratar.

1) Liberalismo teológico

O liberalismo teológico é fruto do racionalismo. A razão humana é elevada acima da Escritura. No século XVIII, a razão foi entronizada como a deusa na Catedral de Notre Dame, em Paris. O homem tornou-se o centro e a medida de todas as coisas. A apostasia cresceu rapidamente e espalhou-se por todas as igrejas e seminários do mundo inteiro. A inspiração e a infalibilidade das Escrituras foram negadas. Os milagres foram também negados.

Teólogos incrédulos começaram a ensinar nos seminários e pastores não convertidos subiram aos púlpitos, atacando a veracidade da Palavra de Deus. Uma falsa erudição veio a ser proclamada, mostrando que todos nós, filhos da ciência moderna, devemos remover os mitos do Novo Testamento. Rudolf Bultmann negou o Jesus histórico. O liberalismo teológico produziu incredulidade, confusão e apostasia. Ele matou diversas igrejas. As igrejas minadas pelo liberalismo perderam muitos de seus membros. As igrejas liberais, sem exceção, acham-se em declínio maciço.

Na Europa, nos Estados Unidos e no Canadá há um grande número de templos vazios. Muitas igrejas na América do Norte estão mortas. "Onde não há profecia o povo perece". Na Europa e na América do Norte alguns templos protestantes foram transformados em museus. Os efeitos do liberalismo são perniciosos. De fato, o liberalismo é um veneno do inferno que deve ser combatido com poderosa ênfase.

W.A. Criswell afirma que "nenhum liberal jamais construiu uma grande igreja, conseguiu um grande reavivamento ou ganhou uma cidade para o Senhor. Esses indivíduos sustentam-se mediante o trabalho e o sacrifício dos que pagaram o preço do serviço devotado antes deles. Sua mensagem, que julgam nova e moderna, é tão velha quanto a primeira mentira:'É assim que Deus disse?...' (Gn 3.1).Vivem em um outro mundo e pregam outro evangelho que não é na realidade um evangelho, mas uma trágica perversão da verdade".[149]

O pluralismo religioso nega a singularidade da Escritura e, conseqüentemente, a singularidade de Jesus Cristo como Salvador e Senhor. Carson diz que a maior mentira em nossa sociedade é que cada um pode ter a sua opinião.[150] O que é verdade para você, pode não ser para mim.

Uma decisão da Suprema Corte dos Estados Unidos, em 1947, escrita pelo magistrado Hugh Black, estabeleceu que nem o governo federal nem o estadual podiam "fazer leis que ajudassem uma religião, ajudassem todas as religiões ou dessem preferência a uma religião sobre outra". A tendência do pluralismo religioso é conceder a todas as outras religiões a mesma presunção da verdade que você dá à sua religião, como se todas as religiões fossem criadas iguais. Nos Estados Unidos é proibido orar em nome de Jesus nas escolas públicas. No Exército americano, cada religião tem seu próprio capelão. Cada religião tem a sua própria verdade. O liberalismo teológico não possui uma mensagem vital a ser pregada. Onde ele prevalece a igreja morre.

2) *Pragmatismo e misticismo religioso*

Quando os homens se esquecem do Senhor, os falsos ensinamentos prosperam. Muitas igrejas abandonaram a suficiência da Escritura e a substituíram por doutrinas erradas. As perguntas pragmáticas (o que funciona? O que é prático?) dominam as discussões contemporâneas, dos concílios nacionais aos conselhos das igrejas. Algumas igrejas que experimentaram crescimento numérico infelizmente mudaram a mensagem para a que o povo prefere. A mensagem torna-se centrada no homem. O pragmatismo, não a teologia, tem governado a abordagem de muitos pregadores. A ciência social tem dirigido mais o ministério do que as Escrituras. "Muitas igrejas vão bem na quantidade e mal na qualidade"[151].

Gene Edward Veith, citando Charles Colson, conta a respeito de uma igreja evangélica que decidiu crescer em número. Ele diz que o pastor contratou primeiro uma pesquisa de mercado e descobriu que muitos se sentiam repelidos pelo termo "batista". A pesquisa mostrou que as pessoas queriam facilidade de acesso, de modo que a igreja construiu um novo prédio distante da auto-estrada. O templo tinha tetos com vigas, lareiras de pedra e nenhuma cruz ou outros símbolos religiosos que pudessem fazer as pessoas se sentir desconfortáveis. Depois, o pastor resolveu não mais usar linguagem teológica. "Se usarmos as palavras 'redenção ou conversão'", raciocinou ele, "pensarão que estamos nos referindo a títulos". Deixou então de falar do inferno e da condenação e mudou para temas mais positivos. É claro que a igreja cresceu. "O espírito é pôr as pessoas acima da doutrina" — comentou um membro entusiasmado. A igreja aceita totalmente as pessoas como são, sem qualquer tipo de "faça ou não faça". Ao abandonar a doutrina e a autoridade moral e ao ajustar os ensinamentos de acordo com as exigências do mercado, a igreja embarcou em uma peregrinação para o pós-modernismo. "Igreja calorosa", "igreja verdadeira" e consumismo na igreja diluem a mensagem, mudam o caráter da igreja, pervertem o evangelho e negam a autoridade da igreja.[152]

Os parâmetros que governam a igreja mudaram. Gene Edward Veith Jr. descreve corretamente essa situação:

> Temos uma geração pouco interessada em argumentos racionais, pensamento linear, sistemas teológicos; e mais interessada em encontrar o sobrenatural. Em conseqüência, os freqüentadores operam com um paradigma diferente de espiritualidade. O velho paradigma ensinava que, se você receber a instrução certa, experimentará Deus. O novo paradigma diz que, se você experimentar Deus, receberá a instrução certa.[153]

Muitas igrejas, especialmente no Brasil, mascatearam a Palavra de Deus. O evangelho tornou-se um produto comercial, uma fonte de lucro. Diversos pregadores estão mais interessados em dinheiro do que no destino eterno das almas. Parece, às vezes, que a maior motivação para pregar é elevar o orçamento da igreja. Alguns pregadores estão construindo um império econômico usando o evangelho como mercadoria.

Outros pregadores não pregam a Palavra de Deus, mas sonhos, visões e revelações subjetivas. Essa forma de misticismo cresceu muito no Brasil. Os pregadores lêem a Bíblia, mas não a interpretam segundo as regras da hermenêutica. Eles não analisam a Bíblia em seu contexto histórico e exegético. Não orientam os crentes com a Palavra escrita de

Deus, mas mediante revelações subjetivas e extrabíblicas. Desse modo, os líderes religiosos, algumas vezes, manipulam os crentes.

Muitas pessoas dependem dos líderes espirituais — por pensarem que esses líderes são iluminados e receberam mensagens diretas de Deus. Desobedecer a eles seria resistir ao próprio Deus. As pessoas, portanto, são mantidas sob forte controle. Tais líderes, embora tenham aparência de piedade, estão substituindo a Palavra de Deus pelo engano de seus próprios corações. Estão oferecendo palha ao povo, em vez do pão vivo. Estão caindo em terrível condenação (Ap 22.18,19; Jr 23.16-32).

O profeta Oséias disse em nome de Deus: "O meu povo está sendo destruído, porque lhe falta o conhecimento" (Os 4.6). Quando a igreja se esquece da suficiência da Escritura, ela busca novidade espiritual para preencher o espaço. Isso abre uma porta para toda espécie de heresias e experiências humanas. Muitas novidades têm entrado atualmente na igreja, como: teologia da prosperidade, movimento de guerra espiritual e espíritos territoriais, confissão positiva e G-12 — um movimento heterodoxo que produziu confusão e divisão em algumas igrejas evangélicas na América Latina — e outras.

3) Ortodoxia morta

Já preguei em muitas igrejas evangélicas por todo o país e verifiquei que, em muitos púlpitos brasileiros, embora as mensagens sejam ortodoxas, os resultados são poucos. Por quê? Os pregadores são frios. Pregam sermões bem organizados, mas sem poder. Têm ortodoxia, mas não espiritualidade. Os pregadores são o maior impedimento para o crescimento da igreja. O maior problema da obra é o obreiro. Muitos pregadores não estão comprometidos com a santidade. A Palavra de Deus não arde em seu coração.

Como resultado, os sermões são enfadonhos e tediosos. Um sermão sem unção endurece o coração. Muitos pregadores sabem a respeito de Deus, mas não conhecem a Deus. Eles conhecem a verdade, mas não *vivem* a verdade. Têm conhecimento, mas não unção. Têm luz em sua mente, mas não fogo em seu íntimo. "O pregador deve queimar e brilhar. Ele deve ter calor no coração e luz na mente".[154]

A vida devocional dos pregadores é muito pobre. O ministério não é uma motivação forte para uma vida devocional profunda. Muitos ministros não oram, não choram, não têm o coração quebrantado nem amam ardentemente ao Senhor e seu povo. "Sem oração o pregador cria morte, não vida".[155] Muitos pregadores possuem eloqüência humana, mas não intimidade com Deus. Eles conhecem as Escrituras, mas não o poder de Deus. Como os fariseus, são rigorosos nas mensagens públicas, mas permissivos em relação ao pecado na vida privada.

A vida do pregador deve ser a vida do seu ministério. Cervants disse: "Prega bem quem vive bem". E.M. Bounds afirmou: "Homens mortos pregam sermões mortos, e os sermões mortos matam". A ortodoxia e a espiritualidade não podem ser separadas. Paulo disse a Timóteo: "Observe de perto a sua vida e a doutrina. Persevere nelas, porque se fizer isso salvará tanto a si mesmo como a seus ouvintes" (1Tm 4.16). A Palavra de Deus deve ser pregada sob a unção e o poder do Espírito Santo. A condição espiritual da igreja contemporânea no Brasil e em todo o mundo revela haver necessidade de um profundo reavivamento no púlpito. Quando alguém perguntou a Dwight Moody como começar um reavivamento na igreja, ele respondeu: "Acenda uma fogueira no púlpito". Se tiver de haver um crescimento sadio na igreja, a Bíblia deve ser pregada integral, fiel e constantemente. Thom Rainer mostra sabiamente que a Escritura é o principal instrumento usado por Deus para levar a igreja ao crescimento:

> A Bíblia está voltando a ser o manual-chave para o crescimento da igreja. Os pastores estão acordando para o fato de que o crescimento evangelístico em longo prazo só pode ter lugar quando as pessoas são orientadas, ensinadas e educadas na Palavra de Deus.[156]

A primazia da pregação

As Sagradas Escrituras são o conteúdo da pregação expositiva, e esta é a maneira mais eficaz de proclamar as Escrituras. A supremacia da Escritura e a primazia da pregação são inseparáveis. Na verdade, a pregação bíblica é o fator mais importante para o crescimento sadio da igreja. A pregação é o ministério mais elevado da igreja e a mais profunda necessidade do mundo.

Infelizmente, "nosso mundo é cheio de palavras, mas conhece pouco a Palavra que vem de Deus".[157] Carl Sanders comenta, e a história prova, que a igreja pode existir sem prédios, sem liturgias e até sem credos, mas não pode existir sem a pregação da Palavra. A pregação tem um poder como nenhum outro da igreja. Além disso, a pregação alcança mais pessoas do que qualquer outra coisa que o pregador possa fazer, quer seja ensinar, quer seja visitar, quer seja administrar, quer seja aconselhar. Chegou o tempo de restaurar a pregação ao seu lugar de direito, sua posição principal no trabalho do ministério. Há poder na pregação! O poder do Espírito é o poder da Palavra. Enquanto a Palavra é proclamada, o Espírito ocupa-se trabalhando na mente e no coração do ouvinte.

"A pregação é a comunicação oral da verdade bíblica pelo Espírito Santo, por intermédio de uma personalidade humana, para um determinado público, com a intenção de provocar uma reação positiva".[158] Assim, os pensamentos do homem, a exposição das idéias de um grande estudioso, a discussão de um livro, a análise de eventos ou problemas atuais, histórias comoventes, anedotas engenhosas ou ilustrações poderosas, até mesmo a citação de alguns versículos bíblicos aqui e ali, não são pregação bíblica. Sem conteúdo sólido e bíblico, não existe absolutamente pregação. A pregação bíblica deve receber a primazia na igreja porque Deus a ordenou. Ela é o instrumento que Deus usa para chamar os eleitos. A pregação edifica a igreja.

A pregação deve, portanto, ser centrada na Escritura. Charles W. Koller:

PREGAÇÃO EXPOSITIVA
SUA IMPORTÂNCIA PARA O CRESCIMENTO DA IGREJA

Toda a pregação repousa sobre esta afirmação básica: "Assim diz o Senhor". Essa afirmação ocorre aproximadamente duas mil vezes nas Escrituras. Quando o pregador comunica fielmente a Palavra de Deus, ele fala com autoridade.[159]

A condição ímpar da Escritura é absolutamente essencial para o pregador. Se Deus não tivesse falado, o pregador não teria nada a dizer. Mas ele falou, e a sua Palavra precisa ser compartilhada. Portanto, a pregação deve receber a primazia. Robert G. Rayburn, presidente e fundador do Covenant Theological Seminary e professor de Homilética de 1956 a 1984, declarou: "Cristo é o único Rei dos seus estudos, mas a homilética é a rainha". Martyn Lloyd-Jones, um dos pregadores mais famosos do século XX, afirmou:

> O trabalho da pregação é o chamado mais elevado, o maior e o mais glorioso para o qual alguém pode ser convocado. A necessidade mais urgente da igreja cristã hoje é a verdadeira pregação; e por ser a maior e mais urgente necessidade da igreja, é também evidentemente a maior necessidade do mundo.[160]

A pregação está no centro do cristianismo. Desde o início do ministério de Jesus até hoje, os grandes temas bíblicos e teológicos da fé cristã foram proclamados fervorosamente pelos pregadores. Pierre Marcel enfatiza com grande clareza esse ponto:

> Pregar a Palavra de Deus não é uma invenção da igreja, mas uma comissão recebida por ela. A igreja não pode, portanto, validar essa comissão. Por tê-la recebido, ela só pode repeti-la, obedecer a ela e demonstrar a sua obediência. Pregar é a função central, primeira e decisiva da igreja.[161]

A pregação é parte essencial e um aspecto distinto do cristianismo. Mais que isso: "A pregação é indispensável ao cristianismo"[162]. Os períodos decadentes na história da igreja foram sempre aqueles em que a pregação havia declinado. Dabney afirma: "A aproximação da Idade Média foi marcada por um declínio na pregação. A grande Reforma foi, porém, um reavivamento enfático da pregação do evangelho".[163] Forsyth, nesse mesmo sentido, declara: "O cristianismo fica em pé ou cai com a pregação, porque esta é a declaração do evangelho". O destino do cristianismo protestante está certamente preso à ascensão ou à queda da pregação eficaz. John Broadus confirma: "Nos séculos posteriores aos primeiros triunfos do evangelho, a qualidade da pregação e o espírito e a vida da igreja avançaram ou declinaram juntos".[164]

A pregação ocupou durante a história uma posição elevada. O próprio Deus foi o primeiro pregador no jardim do Éden (Gn 3.9-19). A natureza criada por Deus prega todos os dias uma eloqüente mensagem, não aos ouvidos, mas aos olhos (Sl 19.1-6; Rm 1.20). Profetas, sacerdotes e apóstolos eram essencialmente pregadores. No ministério de Jesus, a pregação era central (Mt 4.23). Peter Lewis comenta que "a pregação foi a principal obra que Cristo, o supremo pastor, foi enviado a fazer em seu ministério".

Haddon Robinson diz que para os autores do Novo Testamento a pregação significava o evento mediante o qual Deus trabalha. A pregação era o instrumento mais importante usado por Deus na igreja primitiva, no período da Reforma, na era dos puritanos e nos grandes reavivamentos ao longo da história. Ela é o instrumento dado por Deus para salvar os perdidos (1Co 1.21) e para edificar os crentes (2Tm 4.2). Martyn Lloyd-Jones disse:

> Não é possível ler a história da igreja, mesmo superficialmente, sem descobrir que a pregação sempre ocupou uma posição central e predominante na vida da igreja, especialmente no protestantismo.[165]

"A Palavra de Deus escrita foi dada para tornar-se a Palavra pregada. A Palavra de Deus é revelada aos homens na forma escrita (Escritura), na forma humana (Cristo) e na forma falada (pregação).

Uma visão reformada da pregação reflete claramente a convicção sobre a preeminência e importância da pregação. A Palavra de Deus nunca é mais viva do que quando é pregada fielmente".[166] John M. Frame, descrevendo a relevância da pregação, declarou:

> É pela pregação da Palavra que Deus geralmente leva as pessoas a crer em Jesus. A Segunda Confissão Helvética afirma que: "a pregação da Palavra de Deus é a palavra de Deus". Essa declaração não deveria ser usada pelos pregadores para defender sua própria infalibilidade! Ao contrário, isso quer dizer que, à medida que o pregador proclama corretamente a palavra, suas palavras são de Deus. A Palavra de Deus não se torna inferior ao que é, simplesmente por ser colocada nos lábios de um ser humano. Quando ouvimos a verdadeira pregação da Palavra, somos confrontados com o poder, com a autoridade e a presença impressionante de Deus.[167]

David Buttrick, um grande pregador, enfatiza também a primazia da pregação:

> Em nossa pregação, Cristo continua a falar à igreja e, por meio desta, ao mundo. A pregação cristã não apenas revela, como também continua o trabalho de Cristo ao chamar, livrar e formar uma nova humanidade. O propósito da pregação é o propósito de Deus em Cristo, a saber, a reconciliação do mundo.[168]

O púlpito fica verdadeiramente na frente e no centro da igreja protestante — tanto na prática como na teoria; a pregação é o aspecto mais importante do trabalho ministerial.

Todavia, essa realidade infelizmente mudou. Niebuhr declara:

> Essa preeminência do púlpito está agora diminuindo graças às pressões sociológicas, psicológicas e políticas que exigem um

conjunto diferente de prioridades: aconselhamento, educação, trabalho comunitário e gerenciamento.[169]

O Movimento de Crescimento de Igreja, embora tenha beneficiado muitas igrejas, também contribuiu para a interpretação errada dessa questão magna. Esse assunto será explicado mais detalhadamente no último capítulo. Michael Frederick Ross comenta:

> Títulos como "Dinâmica do Crescimento da Igreja", "estratégias modernas para o crescimento da igreja", "princípios de crescimento da igreja", e "guiando sua igreja para o crescimento", por especialistas em crescimento da igreja, como Arn, McGavran, Wagner, Jensen, Stevens e Towns, abrem pouco espaço para a primazia da pregação.[170]

Da mesma forma, um grande pesquisador do Movimento de Crescimento de Igreja, David Eby, faz análise acurada da situação:

> 95 livros sobre o crescimento e renovação da igreja foram examinados. Cerca de 20 mil páginas impressas. As descobertas? Declarações magras, escassas, fracas sobre a pregação. Não foram encontradas as afirmações vigorosas, plenas, ricas, fortes, tão desesperadamente necessárias. Declarações insuficientes, esparsas, não as afirmações e descrições amplas, abundantes, copiosas, requeridas. Que esquecimento berrante! Que distorção da verdade! Livros escritos sobre os princípios do crescimento da igreja com o intuito de promover o crescimento da igreja, mas que não enfatizam Atos 6.4 como prioridade do pastor, sem nenhuma explicação sobre o poder da pregação, quase em nenhum parágrafo, quase em nenhum capítulo, e nenhuma análise detalhada do manual de Deus para o crescimento da igreja.[171]

Outros especialistas em crescimento da igreja abordam o assunto, pedindo sermões mais curtos, com menos conteúdo, mais entretenimento e "relevância". De fato, a pregação diminuiu em importância na igreja local. Em conseqüência, o crescimento numérico da igreja por si só não representa um crescimento espiritual verdadeiro. Ele não representa um crescimento bíblico da igreja.

Arturo G. Azurdia III diz que as denominações evangélicas abraçaram sem críticas as técnicas do Movimento de Crescimento de Igreja. Os ministros não são mais exortados a orar, jejuar e pregar para conversão. São desafiados a comprá-la. É certo que algumas técnicas atraem uma multidão. Em conseqüência, muitos procuraram implementá-las sem considerar o prejuízo sofrido pelo evangelho.

Como resultado, quando as multidões comparecem, muitos definem rapidamente sua chegada como "reavivamento", quando, na realidade, confundiram erradamente a presença de corpos físicos com a existência de vida espiritual. Na realidade, muitos desses "caçadores de Deus" não têm o objetivo de fugir da ira de Deus. Não pretendem carregar a cruz de Jesus Cristo. Em vez disso, sua intenção é acrescentar uma camada de glacê às suas vidas.[172]

O púlpito perdeu o poder em muitas igrejas. A pregação não tem recebido ênfase forte na igreja contemporânea. Donald MacLeod identifica quatro razões principais para a fraqueza do púlpito de hoje:

(1) cada vez se encontram menos pregadores capacitados para ocupar púlpitos importantes; (2) a pregação passou a ter um lugar restrito na vida da igreja, na missão das denominações e no currículo dos seminários; (3) prevalece um grande mal-entendido sobre a razão, sobre o propósito e as expectativas do ministério da pregação. (4) um número crescente de pregadores "perdeu a alma" no ministério; portanto, a sua pregação é irrelevante, moralista, sem vida, desinformada e tediosa.

Edward F. Markquart faz o diagnóstico dessa triste situação listando onze pecados mortais da pregação:

(1) Grande parte da pregação é excessivamente abstrata e acadêmica. (2) Os sermões contêm um número muito grande de idéias, sendo estas muito complexas e transmitidas rápido demais ao ouvinte. (3) Há pouco interesse pelas necessidades das pessoas. (4) Há muito jargão teológico e termos bíblicos. (5) Tempo demasiado é gasto descrevendo o passado e falando sobre a "Terra de Sião". (6) Há poucas ilustrações, e estas são, no geral, muito literais e pouco úteis. (7) A pregação contém muitas notícias negativas e poucas positivas, muitos diagnósticos e poucos prognósticos, muitos "o que está errado no mundo" e poucos "isto é o que podemos fazer para torná-lo melhor". (8) Os sermões são quase sempre previsíveis e isentos de paixão. (9) Muitos sermões são moralistas. (10) Os pregadores não separam tempo de qualidade para estudar. (11) A pregação freqüentemente consiste em "noções da noite de sábado".[173]

O grande problema do púlpito, não obstante, não é a teoria da comunicação, mas sim o conteúdo, a convicção e a consistência da teologia e da vida. John Stott afirma: "A teologia é mais importante do que a metodologia. A técnica só pode tornar-nos oradores; se quisermos ser pregadores, precisaremos da teologia".[174]

Jay Adams revela sua preocupação com a superficialidade da pregação atual. Ele dá seu testemunho:

> Ouvi oradores em conferências, professores de seminário, pastores, e quase todo e qualquer outro tipo de pregador que existe, de toda espécie de procedência e denominação. Todavia, a história é sempre a mesma: predomina a pregação medíocre. Onde quer que vá ouço as mesmas queixas dos leigos: "Por que os seminários não ensinam a pregar?"[175]

PREGAÇÃO EXPOSITIVA
SUA IMPORTÂNCIA PARA O CRESCIMENTO DA IGREJA

Apesar da grande crise no púlpito neste século, originada pelo liberalismo teológico, pela explosão do misticismo, pela influência da pós-modernidade, por certa ênfase do Movimento de Crescimento de Igreja, e outras causas, existem alguns sinais de esperança no horizonte. Jerry Vines declarou, em meados dos últimos anos 80:

> Existe hoje um interesse renovado na pregação da Bíblia. Esta é uma tendência saudável e que transmite esperança. Muitos jovens pregadores estão voltando-se para a Bíblia para introduzir substância e autoridade em sua pregação. Os primeiros sessenta anos do século XX testemunharam uma carência de boa pregação na América do Norte. É provável que até nos anos 80 continue havendo escassez de pregação bíblica de boa qualidade, sólida, em toda a terra. Mas estamos experimentando, no presente, uma recorrência do interesse na boa pregação e na prática da mesma. Isto é certamente verdade em minha denominação Batista do Sul. Quando comecei a pregar nos anos 50, a pregação expositiva era rara. Hoje, muitos pastores estão adotando o método expositivo. Esta pode ser uma das razões das nossas igrejas estarem experimentando um crescimento sólido e substancial. O momento é adequado para uma ênfase renovada do método expositivo.[176]

Se houver um crescimento sadio da igreja, deve haver uma volta à primazia da pregação. Os princípios de Deus são imutáveis. Deus determinou que os perdidos fossem salvos mediante a loucura da pregação (1Co 1.21). Michael Frederick Ross, um pregador expositivo erudito, resume a absoluta necessidade e importância da pregação:

> (1) A pregação da mensagem dada por Deus é a missão da igre-ja. (2) A pregação da palavra é o meio pelo qual Deus salva e

santifica seus eleitos. (3) A pregação da palavra é o depósito sagrado e dever dos ministros do evangelho. (4) A pregação da palavra deve ser feita "quer seja oportuno" (i.e., popular) quer seja inoportuno (i.e., impopular). (5) A pregação da palavra é essencial para o cumprimento escatológico do decreto eterno de Deus. (6) A pregação revela a verdade do evangelho de Deus aos homens.[177]

Em suma, podemos afirmar que a pregação ocupa um lugar central no plano de Deus e na história da igreja. Se tiver de haver um reavivamento e um grande crescimento da igreja, a pregação deve ser prioritária. Ela deve ocupar o centro do programa. O imperativo mais importante dirigido a um pregador talvez tenha sido o do autor divinamente inspirado de 2Timóteo 4.1,2:

> Conjuro-te, perante Deus e Cristo Jesus, que há de julgar vivos e mortos,pela sua manifestação e pelo seu reino: prega a palavra, insta, quer seja oportuno, quer não, corrige, repreende, exorta com toda a longanimidade e doutrina.

Cinco imperativos nesses dois versículos fazem a mensagem assemelhar-se às ordens firmes de um oficial militar: "Prega a Palavra! Insta! Corrige! Repreende! Exorta!" Stephen Olford, analisando essa mesma passagem de 2Timóteo 4.1-5, diz que esse texto contém as últimas palavras do grande apóstolo sobre o mandato para pregar, até a volta de Jesus Cristo. O encargo do apóstolo para Timóteo, e para nós, pode ser considerado quádruplo: pregar conscienciosamente a Palavra, pregá-la continuamente, pregar a Palavra de maneira abrangente e pregá-la corajosamente. Todo pregador evangélico deve obedecer a esses mandamentos apostólicos. Concordo com David Larsen quando diz que uma das maiores necessidades da igreja atual é a necessidade da pregação verdadeiramente bíblica.

Capítulo 4

O PROPÓSITO DA PREGAÇÃO EXPOSITIVA

CONSIDEREI NO CAPÍTULO ANTERIOR o conteúdo da pregação expositiva, mostrando que é impossível pregar expositivamente sem um compromisso sólido com a supremacia da Escritura e sem a primazia da pregação. Agora passarei a detalhar e defender a seguinte afirmação: *a pregação expositiva que produz o crescimento da igreja é centrada em Deus e sensível ao homem.*

Há muitos pregadores hoje, mas parece que poucos são os que pregam com poder, resultando no crescimento da igreja. A Palavra de Deus na boca deles não é verdade (1Rs 17.24). Eles são como Geazi. Carregam o bordão profético, entretanto os mortos não recebem vida mediante o seu ministério (2Rs 4.31). Milhares pregam todos os domingos, mas com resultados insignificantes. Os perdidos não são salvos, e os crentes não são edificados. Poucas igrejas experimentam um crescimento satisfatório. A Igreja Presbiteriana da América do Norte, uma denominação ortodoxa, recebeu uma média de cinco pessoas por igreja por ano. As estatísticas demonstram que desde 1980 o número de membros permanece o mesmo nas igrejas americanas e que entre os protestantes a membresia está declinando.[178]

No Brasil, as igrejas protestantes não experimentaram muito crescimento. A Igreja Presbiteriana do Brasil foi fundada em 1859 e conta com apenas 259.730 membros adultos,[179] que é menos do que 0.38% da população brasileira. Visitei a Coréia do Sul em 1997 a fim de pesquisar o crescimento da igreja. A igreja presbiteriana chegou ali em 1887 e tem atualmente cerca de 10 milhões de membros, representando 23% da população da Coréia do Sul. Apesar de muitas perseguições, essa igreja experimentou um crescimento relevante. A maioria das igrejas é presbiteriana na Coréia do Sul.[180]

O QUE A PREGAÇÃO EXPOSITIVA NÃO TEM COMO PROPÓSITO

As igrejas protestantes ocidentais não experimentaram um grande crescimento. Algumas igrejas que tiveram crescimento numérico devem-no à aplicação dos princípios das Escrituras. O pragmatismo, no entanto, prevaleceu na cultura pós-moderna. Esse ponto de vista invadiu muitas igrejas e, por conseguinte, são muitos os que buscam o que funciona, não a verdade.

A suficiência da Escritura foi abandonada para adotar outras doutrinas estranhas à Bíblia. Para agradar o mundo, muitas igrejas mudaram a mensagem e a abordagem. Para atrair pessoas, muitos pastores não pregam o que Deus manda, mas o que as pessoas querem ouvir. Eles mudaram o glorioso evangelho de Jesus Cristo por outro evangelho. De fato, a mensagem é centrada no homem, em vez de centrar-se em Deus.

As leis do mercado ditaram a mensagem. Os bancos dominaram o púlpito. A mensagem é mais influenciada pelo pragmatismo do que pela teologia. Por outro lado, muitas mensagens não passam de formalismo seco, em vez de serem capacitadas pelo Espírito Santo. O sermão pode parecer bom, mas sua mensagem é fraca. Ela é dirigida à mente, não ao coração. Muitos pregadores parecem ser ortodoxos, mas seus sermões são insípidos, tediosos e secos. Tony Sargent, citando Martyn Lloyd-Jones, chama a isso "ortodoxia ossificada".

Se não há poder e unção do Espírito Santo, não há pregação eficaz. Criswell, citando John Wesley, escreve: "Ponha fogo em seus sermões, ou ponha seus sermões no fogo". Não basta expor teologia sólida e exegese fiel; o sermão deve ser preparado pelo estudo profundo das Escrituras, molhado de lágrimas, em espírito de oração e entregue no poder do Espírito Santo para a glória de Deus.

Podemos afirmar com certeza que o púlpito contemporâneo está em crise. Muitos pastores parecem ter perdido o compromisso com a pregação fiel e poderosa. A glória de Deus, a preeminência de Jesus, o poder do Espírito Santo, a salvação dos perdidos e a edificação dos crentes deixaram de ser o propósito principal de muitos pregadores. Em vez disso, a maioria deles inclinou-se a abordagens centradas no homem.

João Calvino, certa vez, afirmou que o púlpito deve ser o trono de onde Deus governa seu povo.

Infelizmente o púlpito, em geral, está vazio de mensagens que exaltam a absoluta soberania do Senhor. Deus foi destronado, e o homem ocupou o centro da pregação. Este é um testemunho do crescimento do humanismo na cultura pós-moderna. Tudo se concentra no homem. Ele é a medida de todas as coisas. A vontade do homem prevalece sobre a vontade de Deus. O espírito desta era recomenda que a vontade do homem precisa ser satisfeita.

Assim, muitas igrejas adotaram as leis do mercado. A voz do povo tornou-se a voz de Deus. A verdade perdeu seu valor fundamental nesta geração humanista. Alister McGrath afirma: "O pós-modernismo possui uma aversão endêmica em relação à verdade".[181] Observamos claramente que a Palavra de Deus é posta de lado em muitas igrejas e é substituída por experiências místicas. O subjetivismo prevalece. O estudo e o exame das Escrituras, em grande número de igrejas, não são populares. A luz interior tornou-se mais importante do que a revelação escrita de Deus. Os sentimentos humanos sobrepujaram a suficiência da Escritura. As pessoas ouvem avidamente os profetas do subjetivismo. Elas seguem intérpretes de sonhos, em lugar de examinar as Escrituras. Na realidade, procuram o misticismo, não a verdade.

A raiz dessa tendência é o antropocentrismo. O alvo do homem moderno é agradar a si mesmo, não a Deus. Ele quer sentir-se bem. Busca experiências fortes. Anseia por fenômenos sobrenaturais. Quer ver milagres. Para o homem moderno, a religião deve apelar para as emoções e não para a razão. Ele não está interessado em saber, mas em sentir. A adoração não é racional, mas sensorial. Para muitos membros da igreja, todo fenômeno espiritual e sobrenatural tem origem em Deus. Eles não querem julgar os fatos. Para tais pessoas, todas as coisas sobrenaturais parecem ser boas. As emoções dão a muitos uma religião falsa que age como o ópio, um narcótico que remove a sensibilidade da alma e as perguntas da mente.

Para cultivar as fortes emoções e êxtases do ser humano, novidades precisam ser constantemente criadas. O momento de adoração é elaborado para provocar sentimentos fortes. A música é executada para tocar as emoções humanas, não para agradar a Deus. A mensagem é pregada para atender à preferência dos consumidores, não para confrontar os pecados e salvar a alma. Todas as coisas são centralizadas com o propósito de agradar ao homem e satisfazer a vontade humana. Isso transforma o serviço de adoração num *show* em que tudo é centrado no indivíduo.

Em 1998, visitei a Toronto Blessing Church, no Canadá. Alguns fenômenos estranhos e experiências espúrias, como "latir" no Espírito, "rir" no Espírito e até "vomitar" no Espírito espalharam-se pelo mundo a começar dessa igreja. Observei de perto as pessoas que compareceram ao culto; ninguém levava a Bíblia. Não houve pregação bíblica. Pessoas caíam em profunda comoção ou em total silêncio. Elas não buscavam o conhecimento de Deus, mas agradar o próprio corpo.

Infelizmente, são muitas as igrejas brasileiras que adotaram alguma forma de misticismo. Visitei também algumas igrejas em que essa tendência está presente. As pessoas buscam ventos poderosos, visões celestiais, experiências místicas, revelações e profecias especiais, fora das Escrituras. Essa espiritualidade pitoresca é fogo estranho diante do Senhor (Lv 10.1-3). O culto não pode ser apenas um instrumento para atender às nossas necessidades emocionais.

O serviço de adoração não pode ser apenas uma expressão cultural, deve ser bíblico. Jesus disse à mulher samaritana que Deus não busca adoração, mas adoradores que o adorem em espírito e em verdade (Jo 4.24). Antes de receber nossa adoração, Deus precisa receber nossa vida (Gn 4.4,5; Is 1.1-20; Am 5.21-24; Ml 1.10). Não basta um bom desempenho diante dos homens; é absolutamente necessário ser aprovado por Deus. Não basta receber o aplauso dos homens; o que importa é agradar a Deus.

Desse modo, a verdadeira adoração deve ter duas características fundamentais:

A **primeira** adoração, deve ser verdadeira. Não podemos estar centrados espiritualmente na preferência de um auditório. A adoração deve estar centrada em Deus. O sermão não precisa ser interessante, mas precisa conter a verdade. A mensagem deve explicar a Palavra de Deus, não apenas ser popular. Deve ser sensível às pessoas, não centrada nelas. Os pregadores não podem mudar a mensagem para agradar ao homem. Não podem pregar outro evangelho. Só há um evangelho a ser pregado. Ele é imutável. A verdade de Deus está além do âmbito cultural. Ela é eterna. Fogo estranho pode parecer belo, mas é artificial, fabricado pelo homem; por isso não pode agradar a Deus nem fazer arder o coração humano. Ele é feito na terra, não vem do céu. Fogo estranho é uma conspiração contra Deus. O que impressiona o homem, não agrada necessariamente a Deus. A adoração e a pregação devem ser bíblicas, caso contrário são *anátemas*.

A **segunda**, a adoração deve ser sincera, vinda do coração. Antes de colocar ofertas no altar de Deus, devemos render nossa vida. A vida vem primeiro, depois a oferta. Antes de subir ao púlpito e fazer o sermão, os pregadores devem pôr a vida no altar de Deus. A vida vem antes da mensagem. As pessoas não precisam de mais sermões, e sim de mensagens com o propósito claro de glorificar a Deus, exaltar Jesus, salvar os perdidos e edificar os crentes.

Qual o grande propósito da pregação? Com que motivação o pregador deve subir ao púlpito todos os domingos? Que princípios devem governar sua vida, ministério e mensagem? O ensino claro das Escrituras é que o supremo propósito da pregação é a glória de Deus, a exaltação de Jesus Cristo, a manifestação do poder do Espírito Santo e o bem da humanidade.

O QUE A PREGAÇÃO EXPOSITIVA TEM COMO PROPÓSITO

A resposta à primeira pergunta do Catecismo de Westminster é a mesma em relação a Deus e ao homem. Pergunta: "Qual o objetivo principal do homem?" Resposta: "Glorificar a Deus e gozar da sua presença eternamente". Pergunta: "Qual o principal objetivo de Deus?" Resposta: "O principal objetivo de Deus é glorificar a Deus e gozar da sua presença para sempre". Deus é perfeito e completo em si mesmo. Seus atributos são manifestados por intermédio das suas obras. A glória de Deus é a total manifestação de seus atributos. É o esplendor magnífico da sua majestade.

A glória de Deus é a soma total de quem Deus é, definida por seus atributos. Deus criou todas as coisas para a glória do seu nome. "Os céus proclamam a glória de Deus, e o firmamento anuncia as obras das suas mãos" (Sl 19.1). Deus revelou-se na natureza. Nela, os atributos invisíveis de Deus são manifestos (Rm 1.20).

Como os atributos de Deus são a sua glória, os homens são, portanto, obrigados a glorificar a Deus em resposta à revelação desses atributos. Os pecadores não dão glória a Deus e, como conseqüência disso, provam que são pecadores culpados, sob a condenação divina. Deus, porém, chamou um povo especial do mundo para ser a sua igreja santa, para glorificar seu nome (Ef 1.4-14; Tt 2.14). Portanto, a missão mais importante da igreja é dar glória a Deus. O apóstolo Paulo disse: "Aquele que se gloria, glorie-se no Senhor" (1Co 1.31). James Hastings afirma:

> As palavras de Paulo são uma expressão de uma verdade religiosa fundamental, a saber, enquanto o Deus vivo é a fonte e causa eficiente de todas as coisas, ele é também seu derradeiro fim. Segue-se que Deus (embora dê generosamente ao homem dons de ajuda e consolo, assim como bênçãos) é, ele mesmo, e não nada daquilo que dá, a satisfação final e única do ser humano.[182]

O alvo principal da igreja é a adoração, não a missão. John Piper declara: "Missões não são o supremo objetivo da igreja. A adoração o é. Missões existem quando não existe adoração. A adoração é suprema, não missões, porque Deus é supremo, não o homem".[183] Missão existe primeiramente para dar glória a Deus (Rm 16.16,17). A tarefa suprema da igreja de Deus não é fazer o trabalho dele, mas adorá-lo e ter intimidade com ele (Mc 3.14,15). O fim da missão é Deus, não o homem. Piper afirma: "Missões existem por causa do nome de Deus, fluindo do amor pela glória de Deus e em honra da sua reputação. É uma resposta à oração, 'Santificado seja o teu nome'",[184] e acrescenta:

> Não estou pedindo uma diminuição nas missões, mas clamando por uma maior exaltação de Deus. Quando a chama da adoração queimar com o calor do verdadeiro valor de Deus, a luz da missão brilhará até o povo mais remoto do mundo.[185]

Nossa ênfase deve ser a supremacia de Deus, não do homem. A pregação dever ser centrada em Deus, não no homem. "O zelo pelo

Senhor na adoração precede a oferta de Deus na pregação".[186] Piper acrescenta apropriadamente:

> As pessoas anseiam pela grandeza de Deus. Mas a maioria delas não daria esse diagnóstico sobre suas vidas perturbadas. A majestade de Deus é uma cura desconhecida. Há receitas muito mais populares no mercado, mas o benefício de qualquer outro remédio é breve e superficial. A pregação que não tem o perfume da grandeza de Deus pode durar algum tempo, mas não tocará o grito oculto da alma: 'Mostra-me a tua glória!'.[187]

A.W.Tozer, pregador ilustre do século XX, mostra que a ausência da centralidade de Deus na igreja moderna é um fator que gera muitos problemas.

A idéia reduzida de Deus, mantida universalmente pelos cristãos, é a causa de centenas de males menores entre nós. Uma filosofia da vida cristã totalmente nova resultou desse único erro básico em nosso pensamento religioso.

> Com a perda da sensação de majestade veio, em seguida, a perda da reverência e consciência religiosa da presença divina. A perda do conceito de majestade surgiu justamente quando as forças da religião avançaram muito, e as igrejas tornaram-se mais prósperas do que em qualquer ocasião nos séculos passados. Mas o que é alarmante é que nossos benefícios são em grande parte externos; nossas perdas, inteiramente internas; e, uma vez que a qualidade da nossa religião esteja afetada pelas condições internas, pode ser que nossos supostos avanços sejam na verdade perdas espalhadas para um campo mais amplo.
>
> A única maneira de recuperar nossas perdas espirituais é voltar a sua causa e fazer as correções permitidas pela verdade. O declínio do conhecimento do sagrado ocasionou os problemas,

e uma redescoberta da majestade de Deus pode em muito saná-los. É impossível manter nossas práticas morais sadias e nossas atitudes interiores corretas enquanto nosso conceito de Deus for errado ou inadequado. Se quisermos trazer de volta o poder espiritual para a nossa vida, devemos começar a pensar da maneira mais aproximada possível em como Deus é.[188]

Há uma inversão da verdade na era pós-moderna. A teologia da prosperidade e da confissão positiva pôs o homem no trono e destronou Deus da sua majestade. Segundo essas teologias, a vontade e os desejos do homem devem ser satisfeitos. O homem tem direitos que Deus precisa compreender. O homem não pede a Deus, ele ordena. O homem não é servo de Deus, mas Deus deve servir o homem.

Portanto, a terra domina o céu; o homem domina Deus. Esta geração diminuiu Deus e exaltou o homem. A pregação transformou-se em um instrumento para atender à preferência do homem, não para proclamar a majestade de Deus. O homem, porém, não é o centro do Universo, Deus o é (Rm 11.36; Ef 1.10). Deus não é nosso servo. Ele opera todas as coisas conforme seu soberano propósito (Ef 1.11; Rm 8.28). Isaías mostra a majestade de Deus: "Todas as nações são perante ele como coisa que não é nada; ele as considera menos do que nada, como um vácuo. Com quem comparareis a Deus?" (Is 40.17,18). A. W. Tozer revela apropriadamente a necessidade de uma visão correta de Deus:

> Para recuperar o poder perdido, a igreja deve ver os céus abertos e ter uma visão transformadora de Deus. Contudo, o Deus que devemos ver não é o Deus utilitário que, na atualidade, está gozando de tamanha popularidade, cuja principal reivindicação da atenção do homem é sua habilidade para dar-lhe sucesso em seus vários empreendimentos e quem, por essa razão, está sendo elogiado e lisonjeado por todos aqueles que querem receber seu favor. O Deus que devemos aprender a conhecer é a Majestade

> nos céus. Deus o Pai, Todo-poderoso, Criador dos céus e da
> terra, o único Deus sábio e Salvador. É ele que se assenta sobre
> os círculos da terra, que estendeu os céus como uma cortina e
> espalhou-os como tenda para habitar, que chama pelo nome seu
> exército de estrelas mediante a grandeza do seu poder, que vê as
> obras do homem como vaidade e que não confia em príncipes
> nem pede conselho aos reis.[189]

Segundo João Calvino, o alvo da pregação deve ser honrar a Deus, restaurar vidas, dar testemunho da verdade e da salvação. O propósito do pregador é dirigido, em primeiro lugar, a Deus. Ele prega a fim de que Deus possa ser glorificado. O próprio ato de declarar o evangelho é um louvor e exaltação a Deus em seus poderosos feitos.

Todavia, muitos pregam com outras motivações. Alguns pregam para salvar sua própria pele (Ez 33.8); outros, para aumentar o orçamento de suas igrejas. Alguns pregam Cristo por inveja e rivalidade (Fp 1.15); outros ainda pregam para salvar os que perecem na garganta do inferno (Jd 22,23). E há outros que pregam visando ao crescimento da igreja, e alguns pregam para glorificar a si mesmos (Fp 2.3).

Nós, porém, devemos pregar para a glória de Deus. Sua glória deve ser o nosso alvo, a nossa inspiração e doce recompensa. Richard Baxter afirma que: "O trabalho ministerial deve ser feito unicamente para Deus e pela salvação de almas, não para quaisquer fins particulares ou os nossos próprios fins".[190] "A grandeza e a glória de Deus são relevantes. Esta é a mais profunda necessidade. Nosso povo está faminto de Deus. Precisa ouvir pregação enlevada em Deus".[191] O maior propósito do pregador cristão deve ser restaurar o trono e o domínio de Deus nas almas dos homens. James Stewart, o pregador escocês, citando William Temple, escreve:

> Os alvos de toda pregação legítima são avivar a consciência com
> a santidade de Deus, alimentar a mente com a verdade de Deus,

purificar a imaginação por meio da beleza de Deus, abrir o coração para o amor de Deus, dedicar a vontade ao propósito de Deus.[192]

De acordo com John Piper, o esboço da supremacia de Deus na pregação é deliberadamente trinitariano. O alvo da pregação é a glória de Deus. O solo da pregação é a cruz de Cristo. O dom da pregação é o poder do Espírito Santo. Deus Pai, Deus Filho e Deus Espírito Santo são o início, meio e fim no ministério da pregação.[193]

O apóstolo Paulo, divinamente inspirado, proclama: "Porque dele, e por meio dele, e para ele são todas as coisas. A ele, pois, a glória eternamente. Amém!" (Rm 11.36). O profeta Isaías diz que Deus realiza a obra na vida do seu povo por sua própria causa (Is 48.9-11). O objetivo principal de Deus é glorificar a si mesmo. Deus faz todas as coisas para dar honra ao seu nome e demonstrar sua glória. John Piper lança luz sobre esse tópico:

> Por trás do compromisso de Deus para reinar como Rei está o compromisso fundamental mais profundo de que a sua glória um dia encherá a terra (Nm 14.21; Is 11.9; Hab 2.14; Sl 57.5; 72.19). Essa descoberta tem enorme implicação na pregação, pois o propósito mais profundo de Deus para o mundo é enchê-lo com reverberações da sua glória na vida de uma nova humanidade, procedente de todo povo, tribo, língua, e nação (Ap 5.9). Mas a glória de Deus não se reflete de forma vibrante no coração de homens e mulheres que não se submetem voluntariamente a sua autoridade, quando obedecem em temor servil ou quando não se alegram em resposta à glória do seu rei. [...] Portanto, se o alvo da pregação for glorificar a Deus, ela deve ressaltar a submissão prazerosa ao seu reino, não submissão relutante.[194]

Satanás cegou o coração e a mente dos incrédulos para que não possam ver a glória de Deus em Cristo por meio do evangelho (2Co 4.4).

PREGAÇÃO EXPOSITIVA
SUA IMPORTÂNCIA PARA O CRESCIMENTO DA IGREJA

Todos os homens, no entanto, reconhecerão por fim que Jesus é Senhor, para a glória de Deus (Fp 2.11), mas não como crentes adoradores. No fim, eles passarão a eternidade separados da glória de Deus (2Ts 1.9).

A igreja, ao contrário, desempenha um papel vital em dar glória a Deus (Ef 3.21; 5.24-29). Quando planejou a salvação dos crentes, um a um, ele fez isso para sua própria glória (Rm 9.22-24; Ef 1.3-6,12,14). Quando oramos, o intento das nossas petições deve ser a glória de Deus. Não devemos concentrar-nos pensando em um Deus que "satisfaz as necessidades que sentimos", mas no Deus que recebe toda a glória (Tg 4.3). Quando pregamos, o alvo da nossa pregação deve ser a glória de Deus (Rm 1.5; 16.25-27).

Não basta que a pregação se concentre só em Deus, mas também em todas as questões da vida, como: família, emprego, dinheiro, relacionamentos, sexo, lazer ou nos grandes problemas da sociedade contemporânea, como: drogas, adultério, corrupção, divórcio, aborto, AIDS, pobreza, fome, depressão, suicídio; tais fatos devem ser pregados em virtude da santidade de Deus. A glória de Deus deve ser o principal motivo para que sejamos santos.

Nossa espiritualidade deve ser centrada na glória de Deus, não em nossas vantagens. Tudo deve ser evitado ou realizado para dar glória ao nome de Deus. O ponto deve ser: "isso glorifica a Deus?" De fato, a glória de Deus deve ser o alvo de tudo que fazemos ou não devemos fazer. O apóstolo Paulo diz: "Portanto, quer comais, quer bebais ou façais outra coisa qualquer, fazei tudo para a glória de Deus" (1Co 10.31). Nada é mais relevante para o cristão do que a glória de Deus.

Jesus, como nosso supremo modelo e pregador incomparável, dá-nos o melhor exemplo de sua preocupação com a glória de Deus. Todas as coisas que ele fez foram para a glória do Pai (Jo 17.4). No nascimento do Senhor Jesus Cristo, encontramos referências à glória de Deus (Lc 2.14,21). Jesus é a manifestação da glória de Deus (Jo 1.14; Hb 1.3). Seus milagres foram realizados para a glória de Deus (Jo 2.1-11; 9.1-7). Seu ministério foi realizado para a glória do Pai (Jo 12.27-29; 17.1-4). Depois de ressurgir dentre os mortos, Jesus foi para a glória de Deus (Rm 6.4). Sua volta para a terra, em que derrotará seus inimigos e estabelecerá seu reino, será em glória (Mt 16.27; 24.30; 25.31).

Assim também a glória de Deus deve ser o centro de nossas vidas. Precisamos viver, trabalhar, comer, casar, pregar, orar e morrer para a glória de Deus (1Co 10.31). A glória de Deus deve ser nosso tesouro, prazer e ambição. A glória de Deus é nossa esperança, motivação e alvo. A glória de Deus deve governar nossos atos, orações, motivos, ministério e pregação. Como Moisés, devemos sempre buscar ver mais dessa glória (Êx 33.17-19). A glória de Deus é nosso alvo e bem supremos (Jr 9.23,24). A Deus seja a glória!

A EXALTAÇÃO DE JESUS CRISTO

Outro propósito da pregação é a exaltação de Jesus Cristo. Ele deve ser o rei da nossa pregação. Para João Calvino, "a Palavra de Deus pregada era o cetro pelo qual Cristo estabelecia continuamente seu governo único e espiritual sobre a mente e o coração do seu povo".[195] Lemos ainda Warren Wiersbe afirmar que: "Pregar Cristo significa proclamar a Palavra de Deus de tal modo que Jesus Cristo seja claramente apresentado em toda a plenitude da sua pessoa e em toda grandiosidade da sua obra".[196] O puritano William Perkins declara: "O âmago da pregação é este: pregue a Cristo, por Cristo, para louvor de Cristo".[197] John Stott diz que: "Somos chamados para proclamar Cristo, não para discuti-lo".[198]

David Eby, citando Gardiner Spring, declara: "O púlpito não tem poder onde a cruz de Cristo não é engrandecida. Cristo deve ser o tema, o escopo, a vida, a alma do púlpito".[199] Mais que isso, Jesus Cristo é o cumprimento de cada aspiração verdadeiramente humana. Encontrá-lo é encontrar a nós mesmos. O entusiasmo por Cristo é a alma da pregação.[200] Portanto, acima de tudo, devemos pregar a Cristo, com base em toda a Escritura, em qualquer lugar, em toda parte. Edmund P. Clowney declara:

O Novo Testamento proclama o cumprimento em Cristo de todos os símbolos típicos do Antigo Testamento. O cumprimento é maior que o tipo: maior que Salomão (Mt 12.42), do que Jonas (Mt 12.41), do que o templo (Jo 2.19-21). O Filho de Davi é maior que Davi: Davi, portanto, saúda seu Filho como seu Senhor (Mt 22.41-46).[201]

A carta aos Hebreus diz: "Jesus Cristo, ontem e hoje, é o mesmo e o será para sempre" (Hb 13.8). Ele é o Cristo da História — *ontem* —, porque a fé que professamos é fundada em fatos. É também o Cristo da experiência — *hoje* —, que ministra ao seu povo hoje. Caso contrário, a igreja seria simplesmente um museu onde embalsamamos o passado e nos reunimos uma vez por semana para admirar o cadáver. Do seu trono no céu, o Cristo vivo ministra a seu povo e através dele, realizando seu propósito na terra (Hb 13.20,21). Finalmente, ele é o Cristo da profecia — *eternamente* — que cumprirá seus propósitos eternos e responderá às orações do seu povo. "Venha o teu reino". John Stott declara:

> Não pregamos Cristo em um vácuo, nem um Cristo místico desligado do mundo real, nem sequer apenas o Jesus da história antiga, mas o Cristo contemporâneo que viveu e morreu, e que vive agora para satisfazer a necessidade humana em toda a sua diversidade atual. Encontrar Cristo é tocar a realidade e experimentar transcendência.[202]

Jesus Cristo é a apoteose da revelação divina (Hb 1.1,2). Ele é a imagem do Deus invisível (Cl 1.15). Deus agradou-se de que toda a sua plenitude residisse nele (Cl 1.19). Jesus é a exegese de Deus (Jo 1.18). João Calvino diz que Deus não pode ser conhecido exceto em Cristo. Quem quer que veja Jesus vê o Pai (Jo 14.9); ele e o Pai são um (Jo 10.30). Jesus é o resplendor da glória de Deus e a expressão exata do seu ser (Hb 1.3). Em Jesus brilham todos os atributos de Deus (Cl 2.9). Ele é Deus (Jo 1.1; 10.30; 20.28; Tt 2.13). A glória de Jesus brilhou na eternidade antes da criação do mundo (Jo 17.5). Sua glória brilhou no seu nascimento, no seu ministério, na sua morte e na sua ressurreição. Sua glória tem brilhado durante toda a história e brilhará na sua gloriosa vinda (Mt 24.30; 25.31). A Escritura diz:

> Havendo Deus, outrora, falado, muitas vezes e de muitas maneiras, aos pais, pelos profetas, nestes últimos dias, nos falou pelo Filho, a quem constituiu herdeiro de todas as coisas, pelo qual também fez o universo (Hb 1.1,2).

O texto favorito de John Wesley parece ter sido 1Coríntios 1.30, que anuncia Jesus Cristo como nossa sabedoria, justiça, santificação e redenção. A passagem declara assim a ampla suficiência de Jesus Cristo para todas as nossas necessidades. Se quisermos encontrar a verdadeira sabedoria, para ter um relacionamento reto com Deus, crescer em Cristo em semelhança de caráter e vir a ser plena e finalmente remidos, devemos voltar-nos para Jesus Cristo, pois o Cristo crucificado e ressurreto foi designado por Deus para ser todas essas coisas para seu povo.[203]

> Da mesma forma, Charles Spurgeon, ao dar orientação a seus alunos, disse: de tudo que gostaria de dizer este é o resumo: meus irmãos, preguem Cristo, sempre e sempre. Ele é todo o evangelho. Sua pessoa, seus ofícios e obras devem ser um tema grande e abrangente. Ainda precisamos contar ao mundo sobre o Salvador e sobre o caminho para chegar até ele. [...] A salvação é um tema pelo qual eu desejaria angariar toda língua santa. Sou ávido por testemunhas do evangelho glorioso do Deus bendito. Que Cristo crucificado seja o fardo universal dos homens de Deus.[204]

Jesus Cristo é a figura central da História. Ninguém influenciou mais civilizações do que Jesus. Em sua vida, Jesus é um exemplo que nos mostra como viver; em sua morte, um sacrifício pelos nossos pecados; em sua ressurreição, um conquistador; em sua ascensão, um rei; em sua intercessão, um sumo sacerdote. Jesus é o alfa e o ômega da História. O futuro já está determinado: ao nome de Jesus todo joelho deve dobrar-se, no céu, na terra e debaixo da terra; e toda língua deve confessar que Jesus Cristo é Senhor para glória de Deus Pai (Fp 2.10,11). Por essa razão, só Jesus deve ser exaltado. Warren Wiersbe diz:

> Pregar Cristo significa pregar para expressar, não para impressionar. Nosso exemplo é João Batista que apontou para Jesus, o Cordeiro de Deus, e que se recusou a falar sobre si mesmo (Jo 1.19-29). Jesus é a Palavra; João, apenas a voz (v. 23), e não é possível ver uma voz. Jesus é o noivo; ao passo que João não passa de amigo do noivo (3.27,28). Jesus é a Luz; João, apenas a humilde lamparina de barro que levou essa luz a outros (5.35). O desejo de João deveria ser o de todo pregador da Palavra: "Convém que ele cresça e que eu diminua" (3.30).[205]

Para conhecer o amor de Deus devemos olhar para Jesus. O verbo eterno fez-se carne. Ele nasceu em uma humilde manjedoura. Viveu na pobreza. Sendo Deus, tornou-se homem; sendo Rei, tornou-se servo; sendo Criador e dono do Universo, humilhou-se, sofreu fome, sede, cansaço e angústia. Foi perseguido, açoitado e crucificado. Ele demonstrou a nós o grande amor de Deus. Libertou os cativos, curou os doentes, deu vista aos cegos, purificou os leprosos, restabeleceu os coxos, alimentou os famintos, libertou os possessos, ressuscitou os mortos e morreu na cruz para resgatar-nos do pecado. Jesus não conquistou o mundo com um exército, mas com amor. Sua cruz é a mais eloqüente expressão do amor de Deus.

Para conhecer a santidade de Deus, devemos olhar para Jesus. Ele viveu sem pecado. Ele cumpriu a lei por nós e morreu para pagar nossas dívidas. A cruz de Jesus é a justificação de Deus, porque ali, Deus Pai satisfez sua justiça violada. A cruz é também o mais eloqüente sinal do grande amor de Deus pelos pecadores e seu profundo ódio pelo pecado. Mediante a cruz de Cristo somos justificados. John Piper escreveu:

> Sem a cruz, a justiça de Deus só seria demonstrada na condenação dos pecadores, e o alvo da pregação seria abortado — Deus não seria glorificado na alegria de suas criaturas pecadoras. Sua justiça seria simplesmente demonstrada pela destruição delas.[206]

Jesus Cristo é também o centro da Escritura. Jesus é a Palavra que se tornou carne, revelada na Palavra escrita de Deus. A Bíblia é um livro singular que revela uma pessoa singular: Jesus! A mensagem central da Escritura é Jesus. O alvo principal da pregação é a exaltação de Jesus como Salvador, Senhor e Rei. Sem Jesus, não temos mensagem nem poder para pregar. Ele diz: "Sem mim nada podeis fazer" (Jo 15.5). Jesus é a mensagem da Escritura. Ele é o seu conteúdo. Arturo Azurdia assim se expressa sobre o assunto:

> A palavra escrita concentra sua atenção em Jesus Cristo. Ele é a semente da mulher que esmagará a cabeça da serpente. É a arca para resgatar o povo de Deus. É o Anjo santo de Javé. É a semente de Abraão em quem todas as famílias da terra serão abençoadas. É o Cordeiro pascal. É profeta maior que Moisés. É a coluna de fogo no deserto. É a rocha ferida por Moisés. É o herdeiro do trono de Davi.
>
> É o Senhor três vezes santo de Isaías 6. É o pastor maior de Ezequiel 34. É o filho de Maria, o inimigo de Herodes e a

alegria de Simeão. É o menino de doze anos no templo e o Filho amado para ser batizado. É aquele que cura os cegos, alimenta os famintos e é o amigo dos rejeitados. É o novo templo, a fonte da água viva, o maná que dá vida, a luz do mundo, a ressurreição e a vida e a videira verdadeira do Pai.

É o Cordeiro de Deus imaculado que tira o pecado do mundo e o leão ressurreto da tribo de Judá. É o Senhor que subiu aos céus, o governante da igreja e o juiz de todos os homens que voltará. A sagrada Escritura é o instrumento pelo qual o Espírito do Deus vivo glorifica Jesus Cristo.[207]

O Antigo Testamento aponta para ele, os Evangelhos narram sua vida, seus ensinamentos e milagres sua morte e ressurreição. O livro de Atos registra o que Jesus continuou a fazer; revela o progresso e o crescimento numérico e espiritual da igreja primitiva no poder da sua ressurreição, mediante a pregação apostólica e o testemunho dos crentes no poder do Espírito Santo (At 2.41; 4.4; 5.14; 6.1,7; 9.31,35,42; 11.21; 12.24; 13.48,49; 14.1; 16.5; 17.4,11,12; 18.8; 19.20). As epístolas mostram a glória da sua doutrina, e Apocalipse registra sua vitória triunfante sobre todos os inimigos, sua vinda gloriosa e o estabelecimento de novos céus e nova terra. João Calvino comenta:

> As Escrituras deveriam ser lidas com o propósito de encontrar Cristo nelas. Quem não faz isto, mesmo que se esforce a vida toda para entendê-las, jamais chegará ao conhecimento da verdade.[208]

Charles Haddon Spurgeon disse: "Uma estrada segue em direção à grande metrópole, e Cristo emerge de cada texto da Escritura. O sermão será inútil se não tiver um sabor de Cristo".[209] Outros homens de Deus e pregadores da Palavra também afirmaram sobre Cristo e sobre a pregação. David Larsen: "O sermão sem Jesus é um jardim sem flores". Arturo Azurdia diz: "O Antigo Testamento apontava para Jesus Cristo, para os dias em que todas as figuras, sombras, tipos e promessas de redenção seriam nele cumpridos". John Bright: "Cristo, de fato, é, para nós, a coroa da revelação, mediante a qual o verdadeiro sentido do Antigo Testamento se torna finalmente aparente".

Deus identifica seu Filho como o *Logos* ou Verbo divino (Jo 1.11). Ao identificar o Filho como a sua Palavra, Deus revela que a mensagem e a pessoa de Jesus são inseparáveis. A Palavra é uma personificação dele. Do mesmo modo que a obra da criação vem através da palavra falada de Deus, a obra da nova criação (i.e., redenção) vem por intermédio da Palavra viva de Deus.[210]

O próprio Jesus mostrou que toda a Escritura apontava para ele (Jo 5.39,45,46; Lc 4.18-21; 24.25-27,44,45). O sermão de Pedro em Pentecostes apontou para Jesus (At 2.22-36). Em Atos 3, quando Pedro pregou o evangelho no templo, explicou: "Mas Deus, assim, cumpriu o que dantes anunciara por boca de todos os profetas: que o seu Cristo havia de padecer" (At 3.18). Ao pregar Jesus diante do Sinédrio em Atos 4, Pedro cita o salmo 118. O sermão histórico de Estêvão culminou em Jesus. Em Atos 8, Filipe prega Cristo a um eunuco etíope usando o texto de Isaías 53. Quando encontra Cornélio, homem temente a Deus, Pedro cita o Antigo Testamento como sua autoridade: "Dele todos os profetas dão testemunho de que, por meio de seu nome, todo aquele que nele crê recebe remissão de pecados" (At 10.43). Esse era claramente o padrão apostólico do Antigo Testamento para pregar Jesus Cristo (At 17.23; 26.22,23; 28.23). O apóstolo Paulo resume a sua teologia da pregação em 1Coríntios 1-4, apontando para a supremacia de Jesus Cristo. A principal mensagem de Hebreus é provar a supremacia de Jesus Cristo. "Cristo é o coração da pregação apostólica".[211] O ministério do Espírito Santo na terra é glorificar Jesus Cristo (Jo 14.17; 14.26; 15.26; 16.13-15). Ele glorifica Jesus Cristo, tornando as pessoas conscientes da necessidade de um salvador. Glorifica Jesus Cristo ao revelar a suficiência salvadora da sua obra redentora. Glorifica Jesus Cristo na vida do crente ao revelar progressivamente a beleza e a excelência de sua pessoa e obra.

O Espírito Santo não veio para glorificar a si mesmo, mas a Jesus. Arturo Azurdia diz:

> O Espírito Santo não fala de si mesmo, mas glorifica Cristo. Toda revelação verdadeira de Cristo é feita pelo Espírito Santo. Os pregadores só podem esperar com razão o poder do Espírito Santo quando decididamente defenderem o propósito do Espírito. Qual é esse propósito? Glorificar Jesus mediante a instrumentalidade das Escrituras do Antigo e do Novo Testamento, pois ambos apontam para ele.[212]

J.I. Packer, nessa mesma disposição de espírito, declara:

> O Espírito Santo é, por assim dizer, o holofote oculto que brilha sobre o Salvador. A mensagem do Espírito para nós nunca é assim: "Olhe para mim; preste atenção em mim; venha a mim; conheça-me", mas sempre: "Olhe para Jesus e veja a glória do Pai; dê ouvidos a ele, e ouça a sua palavra; receba a sua vida; conheça a ele e saboreie o seu dom de alegria e paz".[213]

Cristo, portanto, é nossa mensagem, pregar Cristo através de toda a Escritura é o nosso método, e o poder do Espírito de Deus é o meio que usamos.[214]

O PODER DO ESPÍRITO SANTO

O Espírito Santo é a fonte do poder divino (Lc 24.49; At 1.8). "O Espírito Santo é o executivo da Divindade. O que Deus faz no mundo hoje ele executa mediante a instrumentalidade do Espírito".[215] Não existe cristianismo sem a poderosa influência e a obra do Espírito Santo. A pregação deve ser feita por meio do poder do Espírito Santo

(1Co 2.4,5; 1Ts 1.5). Não é possível pregar com eficácia sem esse poder. "Nenhuma eloqüência ou retórica humana pode convencer homens mortos no pecado da verdade de Deus".[216]

Arturo Azurdia comenta em sua obra que a abertura do coração é uma prerrogativa divina (Lc 24.45), o trabalho monergista de Deus (At 16.14). O pregador mais bem dotado é impotente para iniciar uma experiência de salvação em separado da obra graciosa do Espírito onipotente. Assim também, John Owen:

> Uma grande obra do Espírito Santo é convencer os pecadores de que o evangelho pregado a eles é verdadeiro e procede de Deus. Outra grande obra que ele faz é tornar santos os que crêem no evangelho (2Co 3.18). [...] Devemos compreender que todo bem espiritual procedente da salvação é revelado e concedido a nós pelo Espírito Santo. Devemos entender também que tudo que é feito em nós e tudo que somos capacitados para fazer, e que for santo e aceitável a Deus, procede do Espírito Santo operando em nós e conosco. Nascemos de novo pelo Espírito Santo, somos santificados e capacitados para agradar a Deus em toda boa obra.[217]

John Piper descreve o poder do Espírito Santo na pregação quando diz que devemos pregar a Palavra inspirada pelo Espírito de Deus no poder dado pelo Espírito de Deus (2Tm 3.16; 2Pe 1.21; 1Co 2.13); devemos confiar também no Espírito Santo para ajudar-nos na interpretação da Palavra (1Co 2.13,14), e precisamos da experiência do poder do Espírito ao pregar (1Pe 4.11; 1Co 15.10; Rm 15.18).

A Escritura mostra repetidamente a forte ligação entre a vinda do Espírito Santo e a subseqüente proclamação da Palavra de Deus. Essa realidade pode ser vista no Antigo Testamento (Nm 11.29; 2Sm 23.2; 2Cr 24.20; Ne 9.30; Ez 11.5), assim como no Novo Testamento (Lc 1.13-17,39-45,67-69). No livro de Atos os apóstolos e outros, crentes estavam cheios do Espírito Santo ao pregarem o evangelho

(At 2.4,11,14; 4.8,29-31; 6.5,8-10; 9.17-22; 13.8-11). Eles não receberam poder para impressionar as pessoas, mas para pregar o evangelho; não para chamar atenção sobre si mesmos, mas para proclamar o nome de Jesus. Sem poder não há pregação. Só o Espírito Santo pode usar o mensageiro e tornar poderosa a mensagem.

Pregação, segundo Martyn Lloyd-Jones, é lógica e teologia em fogo. Só o Espírito Santo pode acender uma fogueira no púlpito. A eloqüência humana, as estratégias e habilidades aprendidas em livros de retórica podem fazer um orador, mas não um pregador. A unção não é produzida na terra, mas no céu. Ela não vem do homem, mas do Espírito Santo. Pregar sem o poder do Espírito Santo pode agradar a mente, mas não pode mudar corações; pode dar informação bíblica, mas não transformação. João Calvino diz: "A Palavra de Deus nunca deve ser separada do Espírito".[218]

Precisamos desesperadamente de revitalização da pregação hoje. Muitos púlpitos estão oferecendo alimento venenoso para o povo, não pão celestial (2Rs 4.38-41). Outros estão ensinando doutrinas de homens, não a Palavra de Deus (Mc 7.6-13). Outros ainda mercadejam o evangelho, em vez de pregar a mensagem da graça (2Co 2.17). Alguns púlpitos são verdadeiras cátedras de erudição, mas proclamam ao povo apenas sabedoria humana (1Co 2.1-5). Outros comercializaram o evangelho e esconderam do povo os dons gratuitos de Deus. Há igualmente púlpitos que estão pregando doutrina sólida e ortodoxia bíblica, mas são secos e sem vida.

Alex Montoya, em seu livro, adverte: "Se alguém subir ao púlpito e conseguir fazer com que a Palavra de Deus pareça seca e enfadonha, essa pessoa deveria sentar-se e permitir que outro pregasse. O pregador tedioso é uma contradição; se for tedioso, não é pregador. Pode subir ao púlpito e falar, mas, certamente, não é um pregador. O ministro cansativo cria uma audiência cansada. Onde não há unção no púlpito, não há poder nos bancos. "Não precisamos de grandes homens no púlpito, mas homens de Deus", afirmou Montoya. Não necessitamos de grandes discursos, mas de mensagens bíblicas substanciais ungidas com o azeite do Espírito Santo. Não precisamos só de erudição, mas, acima de tudo, de unção. Quando o Espírito Santo é derramado sobre a igreja, homens rudes, como os apóstolos Pedro e João, podem ser grandes pregadores e ganhar multidões para Jesus.

A erudição teológica e bíblica é muito importante e necessária, mas não basta. Um homem erudito e ortodoxo não necessariamente é um pregador eficaz. Não há substituto para a unção e o poder do Espírito Santo. Os sermões mais poderosos da história da pregação foram publicados. Contudo, se esses sermões forem pregados hoje, os resultados não serão os mesmos. A unção não estava sobre a mensagem, mas sobre os mensageiros. "Você pode imprimir o sermão, mas não o relâmpago e o trovão".[219] Concordo com E. M. Bounds quando diz que: "O Espírito Santo não flui através de métodos, mas de homens. Ele não vem sobre máquinas, mas sobre homens. Não unge planos, mas homens — homens de oração".[220]

Pedro e os outros discípulos ficaram paralisados antes do dia de Pentecostes, com medo dos judeus (Jo 20.19,21,22). Contudo, após o Pentecostes, quando receberam a plenitude do Espírito Santo, ganharam coragem e falaram destemidamente sobre a grandeza de Deus. O mesmo Pedro, que havia negado Jesus três vezes, tornou-se um pregador poderoso (At 2.14-41; 3.11-26; 4.4-13; 10.34-48). Antes do Pentecostes os discípulos ficaram presos, com medo, mas depois chegaram a ser aprisionados por seu destemor (At 4.3,19,20; 5.17-21,40-42). O poder do Espírito Santo sempre restaura a igreja a seus próprios olhos e aos olhos de Deus, removendo-a dos templos fechados para lugares públicos, a fim de pregar Jesus ousadamente.

A obra do Espírito Santo é tão importante como a de Jesus. Ele deve ser proclamado mediante o poder do Espírito Santo. Sem esse poder a igreja não tem autoridade para pregar Jesus eficazmente.

Jesus cumpriu seu ministério no poder do Espírito Santo. Quando foi batizado no rio Jordão, enquanto pregava, o céu abriu-se e o Espírito

Santo desceu sobre ele, capacitando-o para fazer a obra de Deus (Lc 3.21,22). Jesus, cheio do Espírito Santo, voltou do Jordão e foi levado pelo Espírito ao deserto; onde durante quarenta dias foi tentado pelo diabo (Lc 4.11). Cheio do Espírito, por meio de oração e jejum, Jesus derrotou o diabo com a espada da Palavra.

Depois voltou à Galiléia no poder do Espírito, e as notícias a respeito dele espalharam-se por toda a região (Lc 4.15). Em Nazaré, Jesus tomou o rolo e leu no livro de Isaías: "O Espírito do Senhor está sobre mim, pelo que me ungiu para evangelizar os pobres; enviou-me para proclamar libertação, restauração da vista aos cegos, para pôr em liberdade os oprimidos..." (Lc 4.18). Pregar, curar e libertar era a essência do ministério de Jesus. Pedro resumiu esse ministério, dizendo: "Deus ungiu a Jesus de Nazaré com o Espírito Santo e com poder, o qual andou por toda parte, fazendo o bem e curando a todos os oprimidos do diabo, porque Deus era com ele" (At 10.38). O poder do Espírito Santo estava presente na sua morte (Hb 9.14) e na sua ressurreição (Rm 8.11).

Jay Adams dizia que a pregação apostólica era única por ser inspirada. Por essa razão, a pregação apostólica deve ser o nosso modelo. O Espírito Santo, que inspirou a pregação apostólica, dá a nós os princípios mais importantes sobre pregação. Jesus Cristo prometeu enviar o Espírito Santo para inspirar a pregação dos apóstolos. Conhecer esses princípios é extremamente importante. Jesus é quem os revela.

> E, quando vos entregarem, não cuideis em como ou o que haveis de falar, porque, naquela hora, vos será concedido o que haveis de dizer, visto que não sois vós os que falais, mas o Espírito de vosso Pai é quem fala em vós (Mt 10.19,20).

Jay Adams afirma que a primeira preocupação do Espírito Santo em relação à pregação é a seguinte: o que pregar? O conteúdo é essencial. O conteúdo da pregação é a Palavra de Deus. O segundo fator da preocupação do Espírito Santo, conforme a predição de Jesus, eram as palavras: a linguagem certa. Era a linguagem do povo a quem se fala. Não era sagrada nem profana, mas usava-se o *koine* (o idioma comum dos assuntos diários e atividades sociais). As promessas de Jesus não abrangem somente conteúdo (a coisa certa) e linguagem (as palavras certas), mas também sabedoria: a maneira certa pela qual a mensagem seria proclamada. O quarto fator é que o Espírito faria essas coisas aos apóstolos *na hora certa*: nessa hora, exatamente nessa hora. A ajuda concedida divinamente chegaria quando necessário.[221] Assim Jay Adams resume essas preocupações:

1. A coisa certa (o quê?): conteúdo.
2. As palavras certas (como?): linguagem.
3. A maneira certa (como?): sabedoria.
4. A hora certa (quando?): oportunamente.

Os apóstolos aplicaram esses princípios. Eles viveram e pregaram no poder do Espírito Santo. Pedro, cheio do Espírito Santo (At 2.4,14), em seu primeiro sermão ganhou para Jesus três mil pessoas (At 2.41). Estêvão teve também uma vida poderosa (At 6.5,8,10,15), pregou uma mensagem poderosa (At 7.2-53) e morreu poderosamente (At 7.54-60). Sua vida foi irrepreensível (At 6.3,5), suas obras foram irrefutáveis (At 6.8) e suas palavras foram irresistíveis (At 6.10). Da mesma forma, Paulo realizou seu ministério de pregação no poder do Espírito Santo. Ele escreve: "porque o nosso evangelho não chegou até vós tão-somente em palavra, mas, sobretudo, em poder, no Espírito Santo e em plena convicção" (1Ts 1.5). Para a igreja de Corinto, Paulo afirma: "A minha palavra e a minha pregação não consistiram em linguagem persuasiva de sabedoria, mas em demonstração do Espírito e de poder, para que a vossa fé não se apoiasse em sabedoria humana, e sim no poder de Deus" (1Co 2.4,5). Os grandes reavivamentos foram marcados pela obra poderosa do Espírito Santo. Sem o Espírito de Deus a igreja seria um vale de ossos secos (Ez 37.1-14). Só o Espírito de Deus pode dar vida espiritual (Jo 3.3,5; Tt 3.5). A doutrina do Espírito, infelizmente, não tem recebido a ênfase merecida em toda a história da igreja. O *Credo apostólico*, por exemplo, dá mais ênfase a Deus Pai e ao Filho do que ao Espírito Santo. Ele só menciona a existência do Espírito, mas não diz nada sobre sua obra gloriosa. Durante o período patrístico, Agostinho escreveu um livro especial sobre a trindade, dando destaque à pessoa e à obra do Espírito Santo. João Calvino é chamado de teólogo do Espírito Santo. No século XVII, John Owen, o mais conhecido teólogo da Inglaterra, escreveu um livro denso sobre a doutrina do Espírito Santo. No século XX, Abraham Kuiper, entre outros, teólogo, político e educador holandês, escreveu um grande clássico sobre a pessoa e a obra do Espírito Santo.

Embora a doutrina do Espírito Santo tenha agora recebido bastante destaque, muitos pregadores distorceram seus ensinos. Quando os pregadores dão mais ênfase ao Espírito Santo do que a Jesus, estão errados. O ministério do Espírito Santo é de revelar, exaltar e proclamar Jesus. O Espírito Santo inspira-nos a viver de maneira cristocêntrica. O ministério do Espírito é como um holofote. O Espírito veio para apontar Jesus. Sua obra não é exaltar a si mesmo, mas Jesus.

Uma das grandes necessidades da pregação contemporânea é certamente o poder do Espírito Santo. Atualmente a maioria das pregações parece sem vida. Um reavivamento do púlpito é desesperadamente necessário. Os pregadores precisam do fogo do Espírito Santo em seu coração, porque, quando o fogo desce do céu, as pessoas caem diante de Deus (1Rs 18.38,39). Quando a igreja perde o fogo do Espírito, os pecadores perecem no fogo do inferno.

É triste dizer que muitos pregadores parecem ter medo da influência do Espírito Santo. Temem o entusiasmo, as emoções. Em conseqüência, apagam o Espírito. Pregam sem lágrimas e sem paixão. Seus sermões têm lógica, mas nenhum fogo. Eles alimentam a mente, mas não o coração. Fazem as pessoas dormir, em vez de levantá-las para uma nova vida. Azurdia, citando George Whitefield, escreve que precisamos de trovões e relâmpagos em nossos sermões. Muitos pregadores, todavia, tentaram substituir a obra do Espírito Santo pela formalidade. No entanto, os recursos humanos não trazem vida. Só o Espírito Santo pode dar poder ao púlpito e vida abundante aos bancos.

Nada é mais solene do que um defunto no caixão. É solene, mas está morto. Da mesma forma, há muitas liturgias e sermões solenes, entretanto, mortos. Horatius Bonar, citando Rowland Hill, diz: "A pregação violenta desgosta; a pregação tímida faz adormecer as pobres almas; a pregação destemida é a única aceita por Deus".[222] Restaurar o pregador; restaurar o púlpito; restaurar a pregação é a necessidade mais urgente da igreja e do mundo.

EM BENEFÍCIO DOS HOMENS

John Piper, certa vez, escreveu que o alvo da pregação é a glória de Deus; o solo da pregação, a cruz de Cristo; e o dom da pregação, o poder do Espírito Santo. Outro propósito da pregação é a salvação dos perdidos e a edificação do povo de Deus.

Salvação dos perdidos

Jesus Cristo desceu do céu para buscar e salvar os perdidos (Lc 19.10). Antes de regressar, ele disse aos discípulos: "Assim como o Pai me enviou, eu também vos envio" (Jo 20.21). A pregação é o instrumento que Deus usou para levar os perdidos à salvação. O apóstolo Paulo declara: "Aprouve a Deus salvar os que crêem pela loucura da pregação" (1Co 1.21). E ainda, "Como, porém, invocarão aquele em quem não creram? E como crerão naquele de quem nada ouviram? E como ouvirão, se não há quem pregue?" (Rm 10.14).

Deus comprou um povo especial (At 20.28) com o sangue de Jesus Cristo (Ap 5.9,10), para ser sua propriedade exclusiva (1Pe 2.9,10; Tt 2.14), para sua própria glória. Aqueles que Deus escolheu desde a eternidade (Ef 1.4; 2Tm 1.9) devem ser chamados mediante a proclamação do evangelho (Rm 8.30; At 18.9-11). Jesus não só pregou aos perdidos, como também viveu entre eles. Ele tornou-se carne e viveu entre nós.

Comeu com pecadores, conversou com prostitutas, entrou na casa de publicanos, recebeu os rejeitados, tocou os leprosos, curou os doentes e pregou-lhes as boas-novas da salvação. Jesus não só pregou o evangelho aos perdidos, mas também os amou. Teve compaixão deles. "Viu Jesus uma grande multidão e compadeceu-se deles, porque eram como ovelhas que não têm pastor. E passou a ensinar-lhes muitas coisas" (Mc 6.34).

Martyn Lloyd-Jones declara apropriadamente: "Gostar de pregar é uma coisa, amar aqueles a quem pregamos é outra muito diferente".[223] Jesus correu riscos por causa dos perdidos. Os fariseus acusaram-no de ser glutão e beberrão. Eles o chamaram de "amigo dos pecadores". Jesus, porém, é o Bom Pastor que busca as ovelhas perdidas. Assim também, "o pastor-evangelista está sempre procurando almas perdidas. Ele vigia noite e dia observando as ovelhas que se desviam. Sai do seu caminho para buscá-las".[224] Charles L. Goodell explica esse tópico quando escreve:

> O homem perdido, como a ovelha perdida, não volta sozinho para casa. Tem de ser procurado. Não basta construir uma igreja e ficar no púlpito dizendo: "Venha". Você precisa sair e procurar, se quiser salvar. Quando a paixão pelas almas morre, então todo o sentido da realidade da religião perece.[225]

Jesus foi também um pregador de lágrimas. Ele chorou em Betânia (Jo 11.35) e em Jerusalém (Lc 19.41,42). O ministério de Jesus foi um ministério de lágrimas. A Bíblia diz: "Ele, Jesus, nos dias da sua carne, tendo oferecido com forte clamor e lágrimas, orações e súplicas..." (Hb 5.7). A grande tragédia é que pregamos hoje o evangelho com os olhos secos, sem compaixão em nosso coração. Jesus, "em troca da alegria que lhe estava proposta, suportou a cruz, não fazendo caso da ignomínia" (Hb 12.2). No entanto, depois do sofrimento da sua alma, ele verá o fruto do seu penoso trabalho e ficará satisfeito (Is 53.11). A cruz é a mais eloqüente demonstração do amor de Jesus pelas ovelhas perdidas. Ele não só pregou para elas, mas também deu sua vida para resgatá-las. Jesus deu a vida por suas ovelhas, por sua igreja, por sua noiva.

O ministério de Paulo também foi sensível às pessoas. Ele diz: "Portai-vos com sabedoria para com os que são de fora; aproveitai as oportunidades" (Cl 4.5). Diz também: "Fiz-me tudo para com todos [...] tudo faço por causa do evangelho, com o fim de me tornar cooperador com ele" (1Co 9.22,23). Luiz Palau, comentando sobre o texto referido, declara:

> Quando Paulo queria levar um judeu a Cristo, ele falava sobre temas que interessavam ao pensamento judeu; para os gentios, ele se tornava como um gentio. De maneira notável, Paulo podia adaptar sua mensagem para alcançar todo e qualquer público. Em uma semana, ele podia pregar na sinagoga judaica (At 17.17a), na praça (At 17.17b) e depois para os intelectuais de Atenas (At 17.18-31). Seu sermão no Areópago demonstra a necessidade de direcionarmos a apresentação da mesma mensagem do evangelho aos grupos específicos a nossa frente.[226]

Imitando ao Senhor, Paulo também foi um pregador de lágrimas. Ele falou aos anciãos de Éfeso: "Servindo ao Senhor com toda a humildade, e com lágrimas [...], lembrando-vos de que, por três anos, noite e dia, não cessei de admoestar, com lágrimas, a cada um" (At 20.19,31). Paulo amava ardentemente aquelas pessoas a quem pregava. A evangelização deve ser feita com corações quebrantados e grande compaixão. Paulo pregou também com grande senso de urgência. "De sorte que somos embaixadores em nome de Cristo, como se Deus exortasse por nosso intermédio. Em nome de Cristo, pois, rogamos que vos reconcilieis com Deus" (2Co 5.20).

John Stott, mostrando a necessidade de os pregadores contemporâneos serem mais eficazes em sua mensagem, diz que dois extremos devem ser evitados: "Apelo sem proclamação e proclamação sem apelo".

Richard Baxter, um dos pastores mais eficientes da história cristã, expressou este senso de urgência: "Preguei como não tenho certeza de que pregarei novamente um dia, como um agonizante para outro agonizante". Urgência e seriedade devem ser marcas distintas da nossa pregação. Martyn Lloyd-Jones, falando sobre Robert Murray McCheyne, afirma:

> É dito que quando ele aparecia no púlpito, mesmo antes de ter pronunciado uma única palavra, as pessoas começavam a chorar silenciosamente. Por quê? Por causa desse exato elemento de seriedade. A aparência do homem dava a impressão de que ele viera da presença de Deus e que transmitiria uma mensagem de Deus para os ouvintes. Era isso que causava tamanho efeito sobre as pessoas mesmo antes de ele abrir a boca. Esquecemos desse elemento para nosso risco e grande custo para quem nos ouve.[227]

Um pregador deve ver Deus antes de falar aos homens. Quando o pregador arde, o coração dos pecadores derrete. Alguém perguntou certa vez a Spurgeon: "Qual o segredo da grande pregação?". Ele replicou: "Arda com o evangelho, e as pessoas virão vê-lo queimar".

Paulo não era só um grande evangelista e fundador de igrejas, mas também um grande teólogo. Não podemos separar o evangelismo da teologia. Ambos são vitais e indispensáveis. Michael Green alerta para o triste fato de que "quase todo teólogo não gosta de evangelização e quase todo evangelista não gosta de teologia". Paulo, porém, fazia ambas as coisas. Augustus Nicodemos declara:"Paulo era não apenas o teólogo mais importante do cristianismo, como também seu mais importante missionário".[228]

O PROPÓSITO DA PREGAÇÃO EXPOSITIVA

Nosso grande desafio, e também responsabilidade, é alcançar os perdidos, ganhar pessoas de todas as nações, tribos e línguas. De fato, não há outra esperança para os que não conhecem o evangelho. Jesus é o único caminho para o Pai. Ele é a única porta para o céu. É o único Salvador. É o único mediador entre Deus e os homens. Toda religião do mundo é uma tentativa de construir uma estrada da terra para o céu. O cristianismo não é uma opção entre outras. Sem Jesus não há salvação (At 4.12); não há vida eterna (Jo 3.16; 17.3). Jesus Cristo é a única solução de Deus para os homens perdidos (Lc 19.10).

O universalimo é uma falácia. Portanto, devemos compreender que a evangelização é uma tarefa imperativa. Devemos proclamar todo o evangelho para todas as pessoas em todo o mundo. Fazer discípulos de todas as nações é o último imperativo de Jesus a seus discípulos (Mt 28.19). A evangelização precisa ser a prioridade de todos os planos, sonhos, orçamento e programas da igreja.

Josh Hunt, citando George Barna, escreve: "Infelizmente, uma igreja normal na América do Norte direciona apenas 5% do seu orçamento para evangelismo".[229] Investir vida para ganhar os perdidos é o mais sábio investimento. A Bíblia diz: "O que ganha almas é sábio" (Pv 11.30b). Os que investem para ganhar almas investem na eternidade. Evidentemente, o propósito de Jesus vai além da simples comunicação das boas-novas. Jesus não quer apenas muita gente em sua igreja, mas quer também discípulos verdadeiros. A evangelização não é um fim em si mesmo; o discipulado é o objetivo da nossa missão.

A evangelização não é uma tarefa transferível. Só a igreja deve realizá-la. Os anjos não podem pregar o evangelho da salvação aos perdidos. As organizações humanas não podem realizar essa nobre missão. A igreja é o método de Deus para alcançar todas as nações até os confins da terra. No mesmo contexto que Paulo falou sobre a inspiração da Escritura e ordenou que Timóteo pregasse a Palavra, ele disse: "Faze o trabalho de um evangelista" (2Tm 4.5b). O ministério sem evangelismo pessoal é um ministério não cumprido. "A Bíblia não faz do evangelismo uma *opção* pastoral, mas um *mandado* pastoral" [grifos meus][230]. Roger Greenway declara: "Você não é pastor se não for evangelista". Ele afirma igualmente:

> O pastor cumpre o seu papel de liderança no evangelismo de três formas: ensinando e pregando sobre o evangelismo das Escrituras, modelando o evangelismo em sua vida e ministério e organizando a congregação para avanços evangelísticos na comunidade.[231]

A evangelização não deve ser adiada. Devemos ganhar esta geração agora. É uma missão urgente. É preciso abrir os olhos e olhar para os campos, porque estão maduros para a colheita (Jo 4.35).

Para alcançar os perdidos precisamos, ter sensibilidade em relação às pessoas, mas não estar centrados nelas. Nossa mensagem é extraída das Escrituras, não da preferência do auditório. O pregador não pode mudar sua mensagem para agradar às pessoas. John Stott, citando Chad Walsh, diz que: "A verdadeira função de um pregador é perturbar os acomodados e consolar os perturbados".[232] Não devemos pregar para agradar a homens, mas para salvá-los. O púlpito não é uma plataforma de relações públicas, mas um trono de onde todo o conselho de Deus deve ser proclamado fielmente na autoridade do Espírito Santo. Infelizmente, a fim de alcançar uma cultura voltada para a satisfação pessoal, muitas igrejas estão adotando uma abordagem que desonra gravemente a profundidade e substância da verdade bíblica. "Um cristianismo não-dogmático não é absolutamente cristianismo".[233]

É lamentável que outras igrejas tenham manchado a honra do evangelho, negociando as boas-novas. O evangelho não é mercadoria que possamos comprar ou vender (At 8.18-23). Ao contrário, é um dom a ser oferecido, a ser recebido, e uma vida a ser vivida. A Palavra não será sempre popular. A Palavra com toda a sua força e veracidade nem sempre será ouvida com alegria. Por essa razão, Paulo afirma: "Prega a palavra, insta, quer seja oportuno, quer não" (2Tm 4.2a).

Deus não chamou sua igreja para pregar o que as pessoas *querem* ouvir, mas o que elas *devem* ouvir. Devemos ser fiéis em nossa missão; caso contrário, não poderemos ser instrumentos de Deus para alcançar o mundo e ganhar os perdidos.

Edificação do povo de Deus

A Palavra de Deus não é apenas a semente divina mediante a qual nascemos de novo (Tg 1.18) como também o pão divino por meio do qual somos alimentados (Dt 8.3; Mt 4.4). Pregar não apenas leva os perdidos a Jesus, como também, edifica igualmente os que receberam a salvação. Pregar é o instrumento eficaz estabelecido por Deus para abrir os olhos dos cegos, iluminar os que estão em trevas e libertar os que se acham sob o poder de Satanás (At 26.18). Paulo diz: "O evangelho é o poder de Deus para a salvação de todo aquele que crê" (Rm 1.16). Pregar é um instrumento eficaz e divinamente orientado para edificar os crentes. A Palavra inspirada tem uma clara finalidade. O apóstolo Paulo declara isto a seu filho, Timóteo:

> Tu, porém, permanece naquilo que aprendeste e de que foste inteirado, sabendo de quem o aprendeste e que, desde a infância, sabes as sagradas letras, que podem tornar-te sábio para a salvação pela fé em Cristo Jesus. Toda a Escritura é inspirada por Deus e útil para o ensino, para a repreensão, para a correção, para a educação na justiça, a fim de que o homem de Deus seja perfeito e perfeitamente habilitado para toda boa obra. Conjuro-te, perante Deus e Cristo Jesus, que há de julgar vivos e mortos, pela sua manifestação e pelo seu reino: prega a palavra, insta, quer seja oportuno, quer não, corrige, repreende, exorta com toda a longanimidade e doutrina (2Tm 3.14—4.2).

A exposição da Escritura é o instrumento de Deus para dar salvação em Cristo, para ensinar, repreender, corrigir e preparar seu povo. Os santos são preparados para toda boa obra mediante as Escrituras.

Paulo dá mais evidências dessa verdade. Ele diz:

> E ele mesmo concedeu uns para apóstolos, outros para profetas, outros para evangelistas e outros para pastores e mestres, com vistas ao aperfeiçoamento dos santos para o desempenho do seu serviço, para a edificação do corpo de Cristo, até que todos cheguemos à unidade da fé e do pleno conhecimento do Filho de Deus, à perfeita varonilidade, à medida da estatura da plenitude de Cristo (Ef 4.11-13).

Todos os dons espirituais contidos nesse texto estão ligados à proclamação e ao ensino das Escrituras. Os apóstolos, profetas, evangelistas, pastores e mestres que pregam e ensinam os santos os preparam para servir, edificando assim o corpo de Cristo. Edificar crentes no conhecimento e na graça de Jesus Cristo é um dos mais importantes aspectos da pregação.

Quando Jesus restaurou Pedro no mar da Galiléia, depois da sua ressurreição, deu a ele uma missão bem clara: "[...] Apascenta os meus cordeiros, pastoreia as minhas ovelhas [...]" (Jo 21.15-17). Pedro, depois da festa de Pentecostes, não só ganhou muita gente para Jesus, como também edificou os crentes com a sua pregação (At 2.14-41; 3.13-26; 4.8-12,33; 5.21,25-32,42; 10.34-48).

O ministério do apóstolo Paulo era dividido entre evangelização de incrédulos e edificação de crentes. Essa verdade é vista no texto de Atos 20.20,21, quando Paulo falou aos anciãos de Éfeso. Algumas características do seu ministério em Éfeso podem ser observadas. Primeira, ele pregou mensagens evangelísticas tanto a judeus como a gregos: "Testificando tanto a judeus como a gregos o arrependimento para com Deus e a fé em nosso Senhor Jesus Cristo" (At 20.2). Segunda, Paulo também pregou o conselho de Deus para a edificação dos crentes. "Jamais deixando de vos anunciar coisa alguma proveitosa e de vo-la ensinar publicamente e também de casa em casa" (At 20.20a). Finalmente, o apóstolo mostrou diligência, sinceridade e afeto em sua tarefa: "Lembrando-vos de que, por três anos, noite e dia, não cessei de admoestar, com lágrimas, a cada um" (At 20.31b).

Um dos textos mais fortes em que Paulo revela compromisso com a pregação para edificar os santos é Colossenses 1.28,29.

> O qual nós anunciamos, advertindo a todo homem e ensinando a todo homem em toda a sabedoria, a fim de que apresentemos todo homem perfeito em Cristo; para isso é que eu também me afadigo, esforçando-me o mais possível, segundo a sua eficácia que opera eficientemente em mim.

Na Grande Comissão Jesus mostra que a missão da igreja ultrapassa a evangelização:

> Jesus, aproximando-se, falou-lhes, dizendo: Toda a autoridade me foi dada no céu e na terra. Ide, portanto, fazei discípulos de todas as nações, batizando-os em nome do Pai, e do Filho, e do Espírito Santo; ensinando-os a guardar todas as coisas que vos tenho ordenado. E eis que estou convosco todos os dias até à consumação do século (Mt 28.18-20).

O imperativo singular da Grande Comissão é "fazer discípulos". Joseph Henry Thayer define "discípulo" como aprendiz e aluno que segue o ensino de alguém. Gerhard Kittel, um erudito conspícuo da língua grega diz que "discípulo" enfatiza o relacionamento pessoal e indissolúvel entre o aluno e o mestre. Descreve o companheirismo entre os dois e seus efeitos práticos. O discípulo está ligado ao mestre.

No contexto do Novo Testamento, a expressão "discípulo" é usada em referência a homens que tinham Jesus como Mestre.

> Os aspectos contextuais além das definições léxicas exigem que pensemos no discípulo como um seguidor fiel de Jesus Cristo. Significa mais do que apenas ser um crente, mas uma pessoa que demonstra sua crença mediante a ação.[234]

De acordo com Alford, o discipulado consiste em duas partes: "o rito de admissão inicial e o ensino subseqüente". O discipulado é um processo. Jesus não quer apenas crentes e membros de igreja, mas discípulos. O propósito central de Jesus na Grande Comissão é maturidade espiritual. "A maturidade do cristão é ensinada como um alvo para cada cristão"[235]. Portanto, pregar para a edificação dos crentes é absolutamente necessário.

> Fazer discípulos cria um produto de qualidade e uma força efetiva de trabalho. Esse é o plano de Deus para a sua igreja. Fazer discípulos é mais do que um produto; é uma metodologia para alcançar o mundo. A igreja ganha e batiza com freqüência, mas não ensina e treina. O triste resultado é a falta de reprodução e multiplicação.[236]

A Grande Comissão tem o departamento missionário — fazer discípulos — e o departamento pastoral — ensiná-los a obedecer. O alvo de Jesus não é pregação para informar verdades bíblicas, mas um ensino constante para mudar vidas. O grande propósito da pregação não é transferir conhecimento, mas transformar vidas. A pregação não deve ser apenas evangelística, mas também para a edificação. A edificação do povo de Deus é, portanto, um importante propósito da pregação. Ela deve ser feita para a glória de Deus.

Quando o pregador satisfaz uma necessidade humana específica, o sermão é relevante. A não ser que a pregação seja dirigida para a necessidade humana, ela não constitui verdadeira pregação. A necessidade humana é sempre específica: um adolescente de 17 anos sem salvação; uma estudante atraente do ensino médio que perdeu o caminho da moral; um empresário de sucesso que está sendo destruído pelo álcool; uma garçonete abandonada pelo marido; uma professora da escola dominical fria e descuidada com a sua vida devocional; um estudante da faculdade perturbado mentalmente com a singularidade da fé cristã; uma jovem mãe com câncer; um diácono que se recusa a ser um bom despenseiro, ou um pai vivendo com medo de perder o emprego.

A pregação do ministro precisa ter como objetivo alcançar o coração das pessoas com a mensagem do Senhor. Só Deus conhece perfeitamente nosso coração. Quando o pregador encontra a resposta de Deus para as necessidades humanas, ele pode ter certeza de que as idéias do sermão serão relevantes.

Ao concluir este capítulo, destaco as cinco qualidades que John Stott usou para descrever um pregador: despenseiro, arauto, testemunha, pai e servo.

Despenseiro é uma metáfora do âmbito doméstico. Arauto é uma metáfora do âmbito político. Testemunha é uma metáfora do campo legal; e pai e servo são metáforas do ambiente familiar.

> A responsabilidade do despenseiro é realmente em relação aos bens que lhe foram confiados. Isto é, o pregador deve ser fiel quanto à mensagem que transmite à casa. A responsabilidade do cristão é proclamar o feito poderoso da redenção de Deus por meio de Cristo e apelar para os homens a fim de que respondam a ela. A testemunha deve desfrutar uma experiência de primeira mão quanto àquilo que afirma. Como o pai, o pregador precisa interessar-se pelas pessoas a quem está ministrando a palavra e pelo seu relacionamento com elas. Como servo, o pregador deve ser servo de Cristo (Jo 12.26) e servo dos homens (Mc 9.35; 10.43).[237]

Essas metáforas descrevem a suprema importância da pregação, tanto de salvação aos perdidos como de edificação do povo de Deus. No papel de despenseiros alimentamos o corpo de Cristo com a Palavra de Deus. Como arautos, chamamos as pessoas para que se reconciliem com Deus. Como testemunhas, damos testemunho de Jesus como Senhor e Salvador soberano. Como pais, cuidamos da família de Deus. Como servos, servimos fielmente ao Senhor e a seu povo.

Capítulo 5

O ESTILO DA PREGAÇÃO EXPOSITIVA

UM SERMÃO PODE SER, geralmente, classificado pela estrutura homilética como: textual, tópico e expositivo. Não me interessei em analisar completamente todos os estilos, mas em explicar o conceito básico de cada um, concentrando atenção especial na pregação expositiva.

A pregação expositiva é um dos melhores estilos para pregar a Palavra de Deus.

> Nem o método tópico nem o textual representam um esforço sério para interpretar, compreender, explicar e aplicar a verdade de Deus no contexto da Escritura. Em contraste, a pregação expositiva foca predominantemente o texto em consideração, juntamente com o contexto.[238]

Donald A. Carson distingue a pregação expositiva da tópica ou textual, ao afirmar que o sermão expositivo deve ser controlado por um texto da Escritura. A pregação expositiva emerge diretamente de uma passagem ou passagens da Escritura. Walter L. Liefeld afirma:

> O texto não é uma caixa de balas da qual alguém escolhe as preferidas. É a Palavra de Deus que vem até nós para ser senhora, não escrava. O sermão serve ao texto, não faz uso dele. Uma mensagem expositiva possui integridade hermenêutica.[239]

John Stott observou certa vez: "Toda verdadeira pregação cristã é pregação expositiva". Nolan Howington, comentando sobre a primazia da pregação expositiva sobre outros estilos, diz que alguns dos pregadores mais eficazes na história da igreja foram expositores. Os ministros modernos deveriam estudar os pregadores do Antigo Testamento (Moisés, Esdras), do Novo Testamento (Jesus, Pedro, Paulo) ou gigantes da igreja primitiva como João Crisóstomo e Agostinho. Deveriam encontrar inspiração nas "estrelas" da Reforma Protestante (Lutero, Calvino, Knox) ou nos exemplos de grandes pregadores ingleses como F. W. Robertson, Joseph Parker, Andrew Fuller, Alexander MaClaren e G. Campbell Morgan. O discernimento é aguçado, e as técnicas são aperfeiçoadas por uma leitura cuidadosa dos sermões de John A. Broadus, considerado por muitos o "príncipe dos expositores" do século XIX.

Um dos pregadores mais conhecidos do século XX é Ray Stedman. Ele expressa sua preocupação sobre a falta de pregação expositiva:

> Os pregadores que folheiam a Bíblia para encontrar textos sobre os quais basear sermões tópicos são muitas vezes culpados de substituir a palavra bíblica pela sua. Isto, em pouco tempo, resulta na trivialização inconsciente da pregação. A prova disso é encontrada na falta de conhecimento geral que existe hoje. Muitos na congregação comum não sabem o sentido de termos como justificação pela fé, santificação, reino de Deus, nova

aliança, andar no Espírito, a carne, ou até fé, amor, paz! Pior ainda, por não saberem o sentido bíblico de carne, por exemplo, não conseguem reconhecê-la em si mesmos. Por não saberem nada da natureza da nova aliança, vivem continuamente sob a servidão legal da antiga.[240]

Bryan Chapell diz que chegou a hora de resgatar o sermão expositivo, não só reivindicando sua voz necessária de autoridade, como também resgatando os métodos expositivos dos praticantes que não conhecem (ou não se importam com) forças culturais, requisitos de comunicação e instrução bíblica que farão dele um veículo eficaz para o evangelho. Todavia, há outras formas de pregar que devem ser compreendidas e analisadas.

O SERMÃO TÓPICO

Sermões tópicos (por assunto) são aqueles em que as divisões são feitas de acordo com o assunto tratado. O tópico pode ser extraído do texto, mas as divisões dependem do assunto. Os sermões tópicos dão um tratamento sistemático ou integrado do tema considerado digno de discussão.

Charles W. Koller diz que o sermão tópico tem todas as características essenciais do sermão textual ou expositivo, mas não mantém uma ligação analítica com nenhuma passagem definida da Escritura. "Enquanto o sermão textual é a elaboração de um texto, e o expositivo, a elaboração de uma passagem, o sermão tópico é a elaboração de um tópico".

O sermão tópico é construído ao redor de um determinado assunto, ou idéia, tirado da Bíblia ou externo a ela. O pregador geralmente reúne o que a Bíblia diz sobre um tópico específico, organiza a passagem em uma apresentação lógica e depois faz um sermão tópico.

Haddon Robison declara que todos os pregadores em algum ponto ou outro devem pregar sobre tópicos. Épocas como Páscoa, Ação de

Graças e Natal podem exigir tratamento especial. Os pastores devem também, às vezes, pregar sobre assuntos teológicos, como Trindade, reconciliação ou interesses pessoais, como culpa, sofrimento, solidão, ciúmes, casamento e divórcio. Robison escreve: "Na exposição tópica, o pregador começa com um assunto ou problema e, depois, procura a passagem ou passagens relacionadas a ele". Segundo Robison, há uma diferença entre sermão tópico e exposição tópica. A exposição tópica difere do chamado sermão tópico porque o pensamento da Escritura deve moldar tudo que é dito na definição e no desenvolvimento do tópico. Esta é a definição que assumo.

Um exemplo é Miquéias 7.19. "Tornará a ter compaixão de nós; pisará aos pés as nossas iniqüidades e lançará todos os nossos pecados nas profundezas do mar". Tema: como Deus considera os pecados do seu povo?

I.   Deles não mais se lembrará - Jeremias 31.34
II. Ele os cobriu — Salmos 32.1
III. Ele os removeu de nós — Salmos 103.12
IV. Ele os atirou para trás de si — Isaías 38.17
V.   Ele nos purificou dos pecados — 1João 1.7
VI. Ele os lançou nas profundezas do mar — Miquéias 7.19

Outro exemplo é Filipenses 1.21: "Porquanto, para mim, o viver é Cristo, e o morrer é lucro". Tema: quem é Jesus para o cristão?

I.   Cristo é a nossa vida — Filipenses 1.21
II. Cristo é nosso exemplo — Filipenses 2.5-8
III. Cristo é nosso alvo — Filipenses 3.12-14
IV. Cristo é a nossa força — Filipenses 4.13

Mais um exemplo é 1Pedro 1.23: "Porque fostes regenerados não de semente corruptível, mas de incorruptível, mediante a palavra de Deus, a qual vive e é permanente". Tema: quais são os benefícios da Palavra de Deus?

I.   Por meio dela nascemos de novo — 1Pedro 1.23
II. Por meio dela crescemos — 1Pedro 2.2

III. Por meio dela somos purificados — João 15.3

IV. Por meio dela somos iluminados — Salmos 119.105

V. Por meio dela somos defendidos — Efésios 6.11

VI. Por meio dela seremos julgados — João 12.48

Um último exemplo de sermão tópico: Apocalipse 1.7: "Eis que vem com as nuvens, e todo olho o verá". Tema: como Jesus voltará?

I. Repentinamente — Mateus 24.27

II. Visivelmente — Apocalipse 1.7

III. Audivelmente — Mateus 24.30,31

IV. Fisicamente — Lucas 24.36-43; Atos 1.11

V. Gloriosamente — Mateus 24.30

O SERMÃO TEXTUAL

O sermão textual é essencialmente o mesmo que o expositivo, com a diferença de que emprega uma passagem mais curta das Escrituras, em geral apenas um versículo ou uma ou duas frases. Charles Koller afirma: "Como geralmente se pensa, ele envolve o escrutínio mais intenso de uma passagem menos extensa".[241] "Quando o texto principal é escolhido, torna-se desejável, na medida do possível, introduzir na estrutura do sermão todos os pontos principais do parágrafo circunjacente".[242] John A. Broadus, um dos mais famosos pregadores do século XIX, diz que no sermão textual as divisões são extraídas do texto. Este provê o assunto e as principais divisões do sermão. Um único assunto é retirado do texto e depois discutido sob as divisões que ele fornece.

Broadus dá um exemplo de sermão textual sobre o salmo 145.16. "Abres a mão e satisfazes de benevolência a todo vivente". As divisões são:

I. Deus providencia pessoalmente

II. Deus providencia facilmente

III. Deus providencia abundantemente

Jerry Vines define o sermão textual como o sermão fundamentado em um ou dois versículos da Bíblia. Segundo ele, "O tema e as divisões principais do sermão são extraídos do próprio texto". Charles Haddon Spurgeon usou apenas um versículo ou parte de um versículo bíblico em quase 70% das suas mensagens. Alguns exemplos de sermões textuais são:

Salmos 40.3: "E me pôs nos lábios um novo cântico, um hino de louvor ao nosso Deus; muitos verão essas cousas, temerão e confiarão no Senhor".

Tema: as características do novo cântico:

I. Sua origem — "E me pôs nos lábios"
II. Sua natureza — "Um novo cântico"
III. Seu propósito — "Um hino de louvor ao nosso Deus"
IV. Seu resultado — "Muitos verão, temerão e confiarão no Senhor"

Salmos 119.11: "Guardo no coração as tuas palavras, para não pecar contra ti". Tema: o valor supremo da Palavra de Deus:

I. Guardar a melhor coisa — "Guardo no coração as tuas palavras"
II. Guardar no melhor lugar — "No coração"
III. Guardar com o melhor propósito — "Para não pecar contra ti"

Romanos 5.1: "Justificados, pois, mediante a fé, temos paz com Deus por meio de nosso Senhor Jesus Cristo". George Brooks oferece um esboço:

I. A natureza da justificação — declarar justo
II. A base da justificação — Jesus Cristo
III. O instrumento da justificação — a fé
IV. A conseqüência da justificação — a paz

João 3.16. "Porque Deus amou o mundo de tal maneira que deu o seu Filho unigênito, para que todo o que nele crê não pereça, mas tenha a vida eterna". Este texto poderia ser dividido assim: a grande salvação:

I. Grande por sua origem — Deus amou
II. Grande por sua amplitude — O mundo
III. Grande por sua intensidade — Deus amou de tal maneira
IV. Grande por seu preço — ele deu o seu Filho Unigênito

V. Grande por sua oportunidade — Todo o que
VI. Grande por sua facilidade — Nele crê
VII. Grande pelo seu alívio — Não pereça
VIII. Grande pela sua bênção — Mas tenha a vida eterna

O SERMÃO EXPOSITIVO

A pregação expositiva não é só um estilo de sermão, mas refere-se essencialmente ao conteúdo. "A pregação expositiva, em sua essência, é mais uma filosofia do que um método".[243] Como alguns teólogos e pregadores, podemos afirmar que estamos na pista errada se pensarmos na pregação expositiva simplesmente como um estilo escolhido de uma lista (tópico, devocional, evangelístico, textual, apologético, profético ou expositivo).

Definição

Pregação expositiva é pregar *a* Palavra de Deus, não *sobre* a Palavra de Deus. O texto da Escritura é a fonte da mensagem e a autoridade do mensageiro. O texto dirige o sermão. O foco, o conteúdo, as idéias, as divisões e a aplicação do sermão devem ser centrados na passagem bíblica, não nos critérios, nos pensamentos e nas opiniões dos pregadores ou teólogos. Pregação expositiva é pregação centrada na Bíblia. "A tarefa do pregador é ajustar seus pensamentos à idéia real da Escritura. O tema da Escritura torna-se o tema do sermão".[244]

John H. Leith, ao escrever sobre João Calvino, diz que ele compreendia a pregação como a explicação da Escritura. "O sentido da passagem é a mensagem do sermão. O texto governa o pregador".[245] "A passagem em si é a voz, o discurso de Deus; o pregador, a boca e os lábios, e a congregação, [...] o ouvido em que a voz soa".[246] Stephen Olford, um expositor destacado, dá a sua interpretação:

> Pregação expositiva é a explicação e a proclamação do texto da Palavra de Deus, capacitadas pelo Espírito e com a devida

consideração pela importância histórica, contextual, gramatical e doutrinária da passagem dada, com o objetivo específico de invocar uma reação transformadora em Cristo.[247]

A pregação expositiva não é simplesmente um comentário corrente sobre uma passagem da Escritura. Nem é uma sucessão de estudos de palavras ligados frouxamente por algumas ilustrações. Do mesmo modo, tampouco é uma simples exposição, quanto ao sentido, de um versículo, de uma passagem ou de um parágrafo. Alguns crêem que pregação expositiva é fazer alguns comentários baseados em uma longa passagem bíblica. Outros definem pregação expositiva como fazer um sermão sobre uma passagem bíblica de muitos versículos. O sermão deve fazer a conexão entre o texto antigo e os ouvintes contemporâneos.

> Alguns consideram o sermão expositivo como o recapitular sem vida, sem sentido, sem objetivo de uma história bíblica. Lembro-me ainda de um homem excelente que fez um sermão assim sobre João 10. Ele nos deu todos os detalhes a respeito do aprisco. Recebemos uma explicação completa quanto às características das ovelhas. Fomos informados sobre os métodos de um pastor oriental. Quando a mensagem terminou estávamos ainda nos campos de pastoreio de Israel. Não aprendemos absolutamente nada sobre o que João 10 tinha a dizer às necessidades de nossas vidas hoje. Isto não é pregação expositiva.[248]

A pregação expositiva tem como objetivo tornar a Bíblia útil e informativa.

Existem ainda outros conceitos sobre a pregação expositiva. Andrew Blackwood, por exemplo, acredita que o sermão expositivo é diferente do textual, principalmente no que se refere ao tamanho da passagem bíblica. "O sermão expositivo baseia-se em uma passagem bíblica mais longa do que dois ou três versículos consecutivos".[249] Muitos pregadores usaram a pregação expositiva como relatório completo de todos os comentários que tiveram oportunidade de ler sobre uma determinada passagem da Escritura. Assim, a pregação expositiva perde a credibilidade em muitos lugares, não porque o método seja fraco, mas por ser usado da maneira errada. Jerry Vines interpreta:

> Nenhuma dessas definições transmite na verdade o sentido do método expositivo. O sermão expositivo não é determinado simplesmente pelo tamanho da passagem considerada. O sermão é expositivo de acordo com a maneira pela qual a passagem é tratada. Este é o sentido vital da exposição: um sermão expositivo esclarece o que a passagem bíblica diz e dá uma boa aplicação para a vida dos ouvintes. Pregação expositiva não é simplesmente pregar sobre a Bíblia, mas, sim, pregar o que a Bíblia diz.[250]

Para que o sermão seja expositivo, o seguinte deve ocorrer: o sermão precisa ser baseado em uma passagem da Bíblia. O sentido real da passagem bíblica deve ser encontrado. O sentido da passagem bíblica deve estar relacionado com o contexto imediato e geral da passagem. As verdades eternas contidas na passagem devem ser esclarecidas. Essas verdades devem agrupar-se em volta de um tema instigante. Os pontos principais do sermão devem ser extraídos dos versículos da Escritura. Devem ser utilizados todos os métodos que tornem possível aplicar as verdades contidas no versículo. Os ouvintes serão chamados a obedecer a essas verdades e aplicá-las na vida diária. Em suma, Jerry Vines dá sua definição formal de um sermão expositivo:

> O sermão expositivo é aquele que explica uma passagem da Escritura, organiza-a ao redor de um tema central e pontos principais e, em seguida, aplica decididamente a sua mensagem aos ouvintes.[251]

Alguns elementos são indispensáveis para identificar a pregação expositiva: (1) a mensagem busca na Escritura a sua única fonte; (2) a mensagem é extraída da Escritura mediante cuidadosa exegese; (3) a preparação da mensagem interpreta corretamente a Escritura em seu sentido e contexto originais; (4) a mensagem explica claramente o sentido original da Escritura pretendido por Deus; e (5) a mensagem aplica o sentido da Escritura para hoje.

G. Campbell Morgan diz: "Ao verificar que o nosso texto está na Bíblia, avançamos para descobrir seu real sentido e, depois, para elaborar a sua mensagem. O texto tem postulados, implicações, deduções e aplicações".[252] "Ao pregar, a exposição é a interpretação detalhada, amplificação lógica e aplicação prática da Escritura".[253] Donald Miller dá uma definição útil:

> A pregação expositiva é um ato em que a verdade viva de alguma parte da Escritura Sagrada – compreendida à luz de estudo exegético e histórico sólido, transformada em uma realidade viva para o pregador pelo Espírito Santo – passa a ter vida para o ouvinte quando confrontado por Deus em Cristo mediante o Espírito Santo em juízo e redenção.[254]

Haddon Robison dá uma das definições mais completas da pregação expositiva. Ele escreve:

> A pregação expositiva é a comunicação de um conceito bíblico, extraído e transmitido mediante estudo histórico, gramatical e literário de uma passagem em seu contexto, a qual o Espírito Santo primeiro aplica à personalidade e experiência do pregador e depois, através dele, aos seus ouvintes.[255]

Essa definição destaca cinco princípios. Primeiro, a passagem governa o sermão: o pensamento do escritor bíblico determina a substância do sermão expositivo. Segundo, o expositor comunica um conceito: em nossa abordagem da Bíblia, não estamos principalmente interessados no que as palavras individuais significam, mas no que o escritor bíblico quer dizer com elas.

Terceiro, os conceitos são extraídos do texto: em seu estudo, o expositor pesquisa o sentido objetivo de uma passagem mediante o entendimento da linguagem, o pano de fundo e cenário do texto; a autoridade subjacente à pregação não reside no pregador, mas no texto bíblico. Por essa razão o expositor trata, em grande parte, da explanação da Escritura, de modo que focalize a atenção do ouvinte na Bíblia.

Quarto, o conceito é aplicado ao expositor: o pregador não pode estar separado da mensagem. O público não ouve um sermão, ouve um homem. Antes de o homem proclamar a mensagem da Bíblia a outros, ele deve viver a mensagem pessoalmente.

Quinto, o conceito é aplicado aos ouvintes: a aplicação confere propósito à pregação expositiva. Como pastor, o expositor relaciona-se com as mágoas, com os gritos e temores do seu rebanho. O expositor deve conhecer o seu povo assim como a sua mensagem. Desse modo, ele deve fazer a exegese tanto da Escritura quanto da congregação.

A natureza da pregação expositiva

A natureza da pregação expositiva é apresentada claramente em Neemias 8:

> Em chegando o sétimo mês, e estando os filhos de Israel nas suas cidades, todo o povo se ajuntou como um só homem, na praça, diante da Porta das Águas; e disseram a Esdras, o escriba, que trouxesse o Livro da Lei de Moisés, que o Senhor tinha prescrito a Israel. [...] E leu no livro, diante da praça, que está fronteira à Porta das Águas, desde a alva até ao meio-dia, perante homens e mulheres e os que podiam entender; e todo o povo tinha os ouvidos atentos ao Livro da Lei. [...] Os levitas ensinavam o

> povo na Lei; e o povo estava no seu lugar. Leram no livro, na
> Lei de Deus, claramente, dando explicações, de maneira que
> entendessem o que se lia. (Neemias 8.1,3,7,8)

Esdras ligou o texto (Ne 8.1-8) à vida de seus ouvintes. "O sermão é um evento entre dois mundos".[256] O pregador aplica a mensagem antiga da Escritura aos ouvintes contemporâneos, mostrando a sua relevância. Denis Lane, ao analisar o texto de Neemias 8, diz que aquelas pessoas eram ouvintes ávidos (v. 1). Elas também se submeteram à Palavra de Deus (v. 4). "O simbolismo do púlpito em posição superior à da congregação não é o símbolo da infalibilidade do pregador, mas o da submissão do povo à Palavra de Deus".[257] Em conseqüência disso, eles adoraram a Deus (v. 6). A Palavra de Deus foi lida, explicada e aplicada (v. 8). Em seguida, o povo obedeceu à Palavra de Deus (v. 10-17). Em resumo:

> A verdadeira exposição bíblica não tem como alvo apenas alimentar a mente humana, mas também influenciar a sua vontade para agir. O processo não envolve somente informar a mente, mas também mover o coração e estimular a vontade.[258]

Jesus, o Príncipe de todos os expositores, expôs também a verdade. "E, começando por Moisés, discorrendo por todos os Profetas, expunha-lhes o que a seu respeito constava em todas as Escrituras" (Lc 24.27).

> Jesus adotou com consumada autoridade o método costumeiro de ler e fazer a exegese das Escrituras (Jo 1.18). Quer na sinagoga, quer no lar, quer no monte, quer em um barco ancorado, Jesus expôs consistentemente a Palavra de Deus aos corações famintos.[259]

Alistair Begg, ao comentar sobre a natureza da pregação expositiva, lista três princípios-chave:

(1) a pregação expositiva sempre começa com o texto da Escritura; (2) a pregação expositiva busca fundir os dois horizontes: o do texto bíblico e o do mundo contemporâneo; e (3) a pregação expositiva encoraja o ouvinte a compreender a relevância contemporânea da Escritura.[260]

Apresentação, explicação e exortação ou aplicação são os elementos básicos do sermão expositivo. Esses três elementos podem ser vistos na mensagem expositiva de Esdras (Ne 8.1-8). Do mesmo modo, Lucas registra que, quando Jesus explicou pela primeira vez seu ministério na sinagoga, ele leu a Escritura (Lc 4.11-19), explicou a importância do que fora lido (4.21) e, depois, tornou claras as implicações (4.23-27).

Bryan Chapel diz que a apresentação, a explicação e a exortação permanecem proeminentes no padrão da proclamação do Novo Testamento. Embora os elementos nem sempre sigam a mesma ordem, eles estão presentes (Mt 28.19,20; At 17.1-4; 1Tm 4.13; 2Tm 4.2). Assim, o sermão também poderia ser dividido em três componentes básicos: exposição (o que o texto diz), ilustração (demonstração do que o texto diz) e aplicação (o que o texto significa). A explanação responde à declaração: "Mostre-me o que o texto diz". A aplicação responde:"O que o texto significa para mim?". Bryan Chapell resume: "As explicações preparam a mente, as ilustrações preparam o coração, e as aplicações preparam a vontade para obedecer a Deus".[261]

Vantagens da pregação expositiva

A pregação expositiva dá ao pregador a liberdade de ser *fiel*, não a de ser *bem-sucedido*. A pregação expositiva tem o compromisso de explicar a Palavra de Deus. J. Grant Swank Jr. afirma que a pregação expositiva é uma resposta à secura da nossa pregação. Foi o estilo mais freqüentemente empregado pelos profetas, por Jesus, pelos apóstolos, pelos reformadores, pelos puritanos e pelos pregadores mais conhecidos. A pregação expositiva tem sido um dos melhores instrumentos para refrescar espiritualmente o povo de Deus através das eras.

Há muitas vantagens em pregar a Palavra de Deus de maneira expositiva. Walter Liefeld comenta que esse estilo dá mais confiança aos pregadores. "Assim diz o Senhor" é o âmago da pregação expositiva. Ela é também o melhor instrumento para evitar o subjetivismo. O pregador deve confinar-se à verdade bíblica. Ela facilita que o pregador se atenha à proclamação de todo o conselho de Deus, em vez de pregar os seus temas preferidos.[262]

Num período marcado pelo *analfabetismo* bíblico, a pregação expositiva traz *conhecimento* bíblico. Ela responsabiliza o pregador pela pregação do que Deus diz, não do que ele, pregador, quer dizer. A exposição dá ao pregador proteção contra várias armadilhas. Esse método mantém o pregador longe de seu brinquedo de criança e leva-o a oferecer uma dieta equilibrada para o povo. A exposição remove também a ansiedade sobre o que pregar. Na manhã de segunda-feira você sabe para onde vai e pode começar a se preparar imediatamente. A pregação expositiva desenvolve o apetite. Essa abordagem é talvez a melhor maneira de treinar as pessoas a se tornarem professores da Bíblia. Finalmente, a exposição produz maturidade espiritual.

Nolan Howington diz que as pessoas que ouvem tal pregação são ajudadas a pensar e viver biblicamente.

Andrew W. Blackwood apresenta algumas vantagens da pregação expositiva: redescobrir a Bíblia, crescer no conhecimento cristão, usar a Bíblia de maneira prática, crescer na graça cristã, aplicar a ética bíblica e aprofundar a experiência bíblica.

Alistair Begg lista outros benefícios da pregação expositiva:

1. A pregação expositiva dá glória a Deus, que deve ser o alvo final de tudo que fazemos.
2. A pregação expositiva exige que o pregador se torne um estudioso da Palavra de Deus.
3. A pregação expositiva capacita a congregação a aprender a Bíblia da maneira mais evidente e natural.

4. A pregação expositiva não permite que o pregador evite passagens difíceis ou se concentre em seus textos favoritos.
5. A pregação expositiva assegura que a congregação se beneficia de uma dieta balanceada da Palavra de Deus.
6. A pregação expositiva liberta o pregador da pressão dos preparativos de última hora na noite de sábado.[263]

David Jussely oferece também algumas vantagens da pregação expositiva. Ele diz que os pregadores que completam o método *lectio continua* por meio de livros, capítulos ou seções da Escritura, obterão vários benefícios pessoais. Primeiro, tempo valioso poupado.

A seqüência do estudo e da exposição sempre será descoberta na seção ou versículo seguinte do texto.

Segundo, o pregador tratará de uma variedade mais ampla de questões ao seguir o método *lectio continua* de seleção de textos de sermões. Quando os pregadores tratam dos mesmos temas repetidamente, os ouvintes se cansam e podem julgar que o pregador está sendo motivado por uma agenda estreita.

Terceiro, a exposição *lectio continua* promove a erudição na pregação. Esse método de exposição bíblica pode impedir que o expositor interprete erroneamente os textos bíblicos ou que os use fora do contexto.

Quarto, o método *lectio continua* de pregação pode poupar tempo de pesquisa valioso para o pregador. Quinto, o método *lectio continua* de exposição permite ao pregador ter oportunidades para tratar de assuntos delicados em uma situação congregacional sem dar a aparência de estar apontando o dedo às pessoas ou problemas na igreja.[264]

A pregação expositiva não só beneficia o pregador, como também dá algumas vantagens ao povo.
1. A pregação expositiva dá força ao povo.
2. A pregação expositiva encoraja o povo a estudar por si mesmo a Palavra de Deus.
3. A pregação expositiva tem um meio de ampliar os horizontes do indivíduo.

4. A pregação expositiva oferece ao pregador uma congregação cada vez mais amadurecida.

David Jussely, ainda aponta três vantagens da pregação expositiva para a congregação: primeira, esse método de escolher textos na pregação possui valor pedagógico. A pregação *lectio continua* ensina a maneira de os indivíduos envolverem-se no pensamento crítico e ensina as pessoas a ler e estudar a Bíblia por si mesmas. Segunda, os membros das igrejas expostos a sermões *lectio continua* podem monitorar o seu progresso. Terceira, a exposição dessa maneira expõe o ouvinte a uma maior variedade de aplicações práticas da Bíblia.

Os perigos da pregação expositiva

Existem alguns riscos a serem evitados na pregação expositiva. Robert Dabney diz que os verdadeiros obstáculos para a adoção dessa modalidade de pregação são: o medo de que o assunto não interesse ao povo e a indolência do pregador. O pregador expositivo deve ter muito cuidado para não se tornar monótono em sua exposição e entrar em muitos detalhes. Harry Emerson Fosdick, num artigo escrito em julho de 1928 para a *Harper*, opôs-se ao estilo expositivo e rotulou-o de forma obsoleta e indesejável de pregação.[265] Todavia, as pessoas não desprezam o estilo em si, apenas o fazem quando a pregação é fraca em si mesma.

A pregação expositiva está sendo atacada no mundo pós-moderno. Existem basicamente três acusações contra ela. Primeira, é considerada racional em oposição ao espírito da era pós-moderna que se interessa em imagens emotivas e em experiências pessoais, não em verbos gregos. Segunda, a pregação expositiva é considerada elitista, porque poucos a compreendem. Terceira, a pregação expositiva é intoleravelmente autoritária enquanto a era pós-moderna está aberta a todos os conceitos, crenças e valores.

"Esses argumentos, no entanto, revelam mais intensamente a absoluta necessidade da pregação expositiva na cultura pós-moderna.

As pessoas abrigam hoje duas pressuposições principais: a primeira: "Eu e você estamos aprovados". Essa pressuposição contradiz a Palavra de Deus. O apóstolo Paulo afirma: "Todos pecaram e carecem da glória de Deus" (Rm 3.23). Este é um ponto-chave, e a cultura pós-moderna tem dificuldade para ouvir o evangelho. Se todos estão aprovados, por que precisamos de um Salvador? A era pós-moderna não gosta de ouvir: "Eu sou pecador, você é pecador".

A segunda: "É certo crer em qualquer coisa, desde que eu creia em algo". A pós-modernidade poderia ser chamada de geração de escolhas. Loscalzo diz que "os pós-modernistas não têm nenhum conceito de verdade absoluta, universal ou objetiva. As questões de verdade são relativas. Para a mente pós-moderna, a verdade é uma forma internalizada, em vez de uma realidade externa. Nesse estranho novo mundo, as pessoas esperam uma variedade de opções da verdade. Se a cruz do cristianismo é muito repulsiva, elas podem preferir a serenidade de Buda. Se o budismo for muito introspectivo, podem optar pelas aspirações comunitárias da Nova Era. Espera-se que a escolha da religião de um indivíduo contenha tanta verdade quanto a de outro. De fato, o relativismo tornou-se uma religião em si mesma. No entanto, a verdade nunca é relativa; verdade é a verdade. Toda verdade vem de Deus. A verdade não se contradiz. Embora a verdade possa ser subjetivamente validada, ela é determinada objetivamente, fora de si mesma".[266]

Portanto, em uma era relativista, o pregador expositivo deve explicar a verdade infinita, a Palavra eterna e imutável de Deus. Este é o nosso desafio e compromisso como pregadores.

Além dos ataques externos há muitos perigos que precisamos evitar na pregação expositiva: (1) tédio — algumas vezes a exposição é tediosa por causa da abordagem repetitiva. Cada mensagem tem o mesmo tipo de introdução, as mesmas divisões previsíveis e o mesmo final; (2) irrelevância — os pregadores expositivos são algumas vezes acusados de responder a perguntas que ninguém está fazendo; (3) monotonia

— a pregação expositiva não depende tanto do tamanho da passagem quanto da maneira com que é tratada; (4) ausência do Espírito — o Espírito oferece, às vezes, direção específica para determinadas mensagens em ocasiões particulares; (5) menos forma — a exposição não é feita adequadamente a não ser que você a prepare da maneira mais abrangente possível. O sermão deve possuir boa explicação, ilustração, argumentação e aplicação; e (6) excesso de detalhes — um dos maiores desafios enfrentados pelo expositor é determinar que material exegético deve fazer parte do sermão. "Dê às pessoas o melhor do seu estudo, apenas o que é necessário para compreender as batidas do coração do Espírito Santo no texto".[267]

David Jussely adverte para que o pregador que adota o método *lectio continua* de seleção de textos de sermão na pregação tenha cautela em referir-se demasiado ao material discutido em sermões anteriores. Ele afirma:

> Cada sermão deve ser visto como uma entidade completa. Os indivíduos da congregação que perderam sermões anteriores não devem ser levados a sentir-se constrangidos, e os que estiveram presentes não precisam ouvi-los de novo. O desafio de tornar cada sermão significativo para quem ouve, seja um membro regular seja um visitante, é imenso.[268]

O processo da pregação expositiva

Preparar um sermão é uma arte sublime, mas também um trabalho árduo. "A preparação de sermões envolve suor e trabalho".[269] A tarefa do pregador é alimentar o rebanho de Deus com a sua Palavra. O pregador não dá ao povo o seu próprio alimento, mas a provisão de Deus.

John Stott diz que o pregador é um despenseiro. Ele não supre a própria mensagem; é suprido por ela. O despenseiro sábio varia a alimentação que dá aos da casa. O despenseiro não estoca alimento; o dono da casa o faz por ele. Mas é sua responsabilidade decidir o que deve tirar da despensa, quando e em que medida. Ele usa a imaginação para produzir alimento apetecível. Não deve falsificar a Palavra de Deus para torná-la mais atraente. Não pode diluir o forte medicamento da Escritura para torná-lo mais doce ao paladar.[270]

Muitos pregadores mudaram a mensagem para atrair pessoas à igreja. Por isso, na sociedade ocidental, os bancos da igreja ficam, às vezes, tão cheios, e os sermões tão vazios. James I. Packer diz que atualmente nossa pregação contém muito do homem, mas não o bastante de Deus[271]. João Calvino declarou certa vez que o pregador é o servo da mensagem. Ele deve ser um pesquisador. Martinho Lutero, comparando-se a Erasmo, disse que a diferença entre eles era que Erasmo ficava assentado sobre a Bíblia, enquanto ele, debaixo dela. Os que pregam entre nós devem estar sentados sob a autoridade da Escritura. Devemos ser servos da Palavra.

A falta de exposição consistente e fiel da Escritura é considerada como uma das causas da decadência da cultura ocidental. Walter Kaiser Jr. interpreta:

> Uma exposição sistemática e consistente das Escrituras ajudará a restaurar a ordem, abolir hábitos de uma sociedade violenta e reparar relacionamentos prejudicados em todos os níveis da sociedade. Dou todo o meu apoio à volta urgente da pregação expositiva.[272]

O pregador despreparado é um desastre. John Stott, citando Erasmo diz: "Se os elefantes podem ser treinados para dançar, os leões para brincar, e os leopardos para caçar, os pregadores podem ser certamente ensinados a pregar"[273]. Existe, lamentavelmente, grande número de pregadores que não estudam seriamente para pregar. São preguiçosos ou demasiado ocupados com coisas triviais. Outros pregadores não possuem as ferramentas necessárias para preparar seus sermões. A biblioteca pessoal é precária e não têm recursos para comprar bons livros. Em conseqüência disso, faltam-lhes condições para fazer o melhor na pregação.

ANALISANDO O TEXTO DO SERMÃO

John Stott sugere seis passos no processo da pregação expositiva:

(1) escolha o texto; (2) medite sobre ele; (3) isole o pensamento dominante; (4) busque material que dê apoio ao pensamento dominante; (5) acrescente a introdução e a conclusão; e (6) escreva e ore sobre a mensagem.

Existem alguns elementos principais dos sermões expositivos que o pregador deve observar: seleção, compreensão, cristalização, estruturação, concreção e entrega.

Por outro lado, Jerry Vines e Jim Shaddix adotam uma abordagem de quatro pontos para analisar o texto: instigação, investigação, interpretação e implicação. Com respeito à instigação, dizem eles que a tarefa do pregador é preparar as pessoas e escolher o texto. No processo investigativo sugerem que o pregador deve fazer um estudo do pano de fundo do texto (contexto bíblico, autoria, data, cenário, gênero literário e assuntos especiais), encontrar o contexto, ler o texto (repetidamente, em espírito de oração, cuidadosamente, de maneira contemplativa, imaginativa, proposital e obediente). No que se refere à interpretação, recomendam vários passos: estudar o contexto (histórico, teológico e psicológico), examinar a estrutura, fazer estudos de palavras, verificar as referências cruzadas, considerar princípios de revelação e consultar comentários. Com respeito à implicação, recomendam três estágios: determinar a importância teológica, identificar as verdades eternas e internalizar a descoberta.

Existem outras abordagens de análise textual: (1) observe, perguntando: "O que a passagem diz?"; (2) interprete, perguntando: "O que a passagem significa?"; e (3) aplique, perguntando: "Como isso se aplica hoje?".[274]

Outra abordagem útil pode ser encontrada em Walter C. Kaiser Jr., que recomenda sete passos:

1. Formule os pontos principais da passagem. Descubra-os na própria passagem.

2. Note o que é problemático na passagem ou compare várias traduções para ver se há alguma divergência importante.
3. Identifique palavras-chave ou conceitos na passagem.
4. Liste quaisquer problemas históricos, literários ou teológicos aparentes no texto.
5. Prepare um esboço inicial para a passagem de acordo com o contexto geral.
6. Refira-se a passagens bíblicas paralelas.
7. Registre, em forma de nota, quaisquer implicações maiores que a passagem possa conter.

A estrutura do sermão

O sermão expositivo deve ser claro, lógico e organizado. Existe um grande abismo entre uma boa exegese e um bom sermão, por isso uma boa estrutura é imprescindível no evento da pregação.

Uma boa organização requer o desenvolvimento de divisões principais antes de serem acrescentadas a explanação, a argumentação, a ilustração e a aplicação. Os esboços são como mapas rodoviários, permitindo-nos ver para onde vamos e nos mantendo na estrada certa enquanto nos dirigimos para o destino desejado. Eles são as rebarbas que se alojam na mente dos ouvintes. Um esboço bem feito de sermão dá ao pregador várias vantagens, como: orientação para o ouvinte, senso de ritmo, unidade das várias partes do sermão e organização para o grande volume do material exegético.

A grande idéia do sermão

Haddon Robinson ensinou durante mais de quarenta anos em três seminários norte-americanos sobre como comunicar com precisão as grandes idéias da Bíblia. Bruce L. Shelley chamou-o "pai da grande idéia da pregação". Robinson diz que a pregação expositiva é a comunicação de um conceito bíblico. Idealmente, cada sermão é a explicação, interpretação ou aplicação de uma única idéia dominante apoiada por outras idéias; todas extraídas de uma ou de várias passagens da Escritura. Reformular, explicar, provar e aplicar a grande idéia é a essência do sermão.

Cada sermão deve ter um tema, e este deve ser o tema da porção da Escritura sobre a qual se baseia. Charles Koller chamou o tema de *coração do sermão*. Ele afirma que é a conclusão em reverso. Avança para a conclusão e esta retrocede até ao tema. Cada uma encontra seu complemento na outra. O sermão deve ser o tema desenvolvido, e o tema deve ser o sermão resumido. "Um sermão bem preparado é a personificação, o desenvolvimento, a declaração completa de um pensamento relevante".[275] J. H. Jowett escreve:

> Todo sermão deve ser trabalhado até podermos expressar seu tema em uma declaração curta e sugestiva tão clara como o cristal. [...] Todo sermão deveria ser pregado ou mesmo escrito, até que essa declaração surgisse tão lúcida quanto a lua em noite sem nuvens.[276]

Eugene Peterson declara que alcançar o sentimento do texto é pré-requisito para alcançar o seu sentido. Phillip Brooks ilustra estes princípios, dizendo:

> Grande parte da nossa pregação é como fazer palestras sobre medicina a doentes. A palestra é verdadeira. É interessante. A verdade que ela encerra é importante, e, se o doente pudesse aprender a verdade da palestra seria um paciente melhor, tomaria com mais responsabilidade o seu remédio e observaria com mais inteligência a sua dieta. Contudo, permanece o fato de que a palestra não é o medicamento e que o dever do pregador é *dar o remédio*, não transmitir a palestra.[277]

O sermão é a Palavra de Deus explicada. Ele dá ao homem uma resposta de Deus. Dá uma solução celestial para os problemas humanos. O sermão deve ser específico, direto, claro e pessoal. Jay Adams diz que "o propósito do sermão é de tamanha importância para o pregador que deveria dominar seus pensamentos e atos do começo ao fim, desde a preparação até a entrega do sermão".[278] Adams compreende que o propósito do pregador na pregação, o propósito do texto, o propósito do conteúdo do sermão, da organização, do estilo, dos materiais ilustrativos, do tipo de transmissão usado — tudo isso, e muito mais, é crucial para a boa pregação.

J. I. Packer, ao comentar sobre Charles Simeon, diz que ele nunca pregava a não ser que se sentisse satisfeito de ter a mente de Deus em relação ao sentido da passagem. A passagem é mal interpretada, abusada e maltratada quando o propósito não é determinado. Jay Adams esclarece esse tópico:

> Podemos dizer ao pregador: obtenha o *telos*, em tudo que fizer, obtenha o propósito. Você nunca deve pregar sobre uma passagem a não ser que esteja certo de que compreendeu porque o Espírito Santo a incluiu na Bíblia. Quando tiver entendido seu propósito, o que ele queria fazer ao receptor da mensagem, então, e só então, você tem o propósito para o sermão e então, e só então, sabe o que Deus quer que faça a seus ouvintes por meio dela. [...] Quando falo de propósito ou do *telos* de uma pregação, refiro-me ao propósito do Espírito Santo ao "mover" o autor a escrever as palavras de uma passagem.[279]

Quando o pregador apreende o sentido da passagem, ele precisa fazer um esboço que expresse o propósito do Espírito para aplicar a Palavra de Deus aos ouvintes.

Aplicação pertinente

A aplicação é um elemento importante e crucial na construção e pregação do sermão. Ignorar a aplicação resulta em pregação deficiente.

A aplicação é o alvo do sermão. O sermão precisa alcançar o coração dos ouvintes como uma flecha. A mensagem não é só verdadeira, mas também relevante. Para usar novamente uma figura de John Stott, o sermão é a ponte entre dois mundos.

O pregador deve ser um homem da Palavra e do mundo. O pregador traz o texto antigo ao público de hoje. Richard Pratt considera que "devemos dar atenção não só ao sentido original da Bíblia, como também à aplicação ao mundo moderno". O sermão leva a voz de Deus aos ouvintes contemporâneos. Até que as pessoas possam ver como a verdade do texto opera em suas vidas, a exposição permanece incompleta.

Todavia, o pregador precisa ficar alerta quanto ao grande perigo da heresia na aplicação. Segundo Haddon Robinson, mais heresia é pregada na aplicação do que na exegese bíblica. O pregador deve ser honesto com o texto antes de aplicá-lo ao mundo contemporâneo, porque o sentido da Escritura é a sua aplicação. Muitos pregadores fazem promessas ao povo em nome de Deus, promessas que ele não garantiu em sua Palavra.

O pregador é um arauto. Ele deve transmitir a Palavra de Deus integral e fielmente. "A aplicação hábil repousa na interpretação. Não podemos esperar descobrir o sentido contemporâneo da Bíblia a não ser que saibamos seu significado original".[280] A exegese é a exposição da Escritura e a aplicação está na exegese. "Se a exegese determina o significado do texto, a aplicação examina o seu sentido. Ela articula a importância, as implicações, a relevância da verdade bíblica".[281]

J. I. Packer diz que a perspectiva da pregação é sempre aplicável. Ele afirma: "Assim como a pregação, em seu ponto de vista, é centrada em Deus e, em sua substância, centrada em Cristo, assim também a vida é centrada em seu foco e transformadora em seu impulso". John Bettler comenta que o pregador não deveria considerar a pregação separada da aplicação, pois seria como um cirurgião que pensasse em usar o bisturi para fazer uma incisão separadamente da cura. Faris Whitesell cita J.W. Etter: "Pregar um sermão sem fazer uso da aplicação seria como o médico fazer uma palestra ao paciente sobre saúde em geral e esquecer de dar-lhe a receita".

A pregação expositiva não obriga simplesmente os pregadores a explicar o que a Bíblia diz; ela os obriga a explicar o significado bíblico na vida das pessoas hoje. A aplicação é tão necessária para o aprendizado sólido quanto a explicação. De fato, o verdadeiro significado de um texto permanece oculto até discernimos como as suas verdades devem governar nossa vida. A aplicação leva, portanto, a Palavra do Deus vivo para a vida do seu povo.

> A aplicação é aquela parte do sermão que conduz as verdades da Palavra até o ouvinte, de uma forma pessoal. É a hora em que a congregação deixa de ouvir os desafios confrontarem Moisés, Daniel, Lucas ou Paulo e começa a ver que esses desafios estão igualmente diante dela.[282]

John A. Broadus diz: "A aplicação em um sermão não é simplesmente um apêndice da discussão nem está subordinada a ela, mas é a coisa principal a ser feita. [...] O sermão está sempre caminhando dentro do propósito de tornar a verdade vitalmente eficaz".[283]

Como diz Martyn Lloyd-Jones: "É importante que o pregador aplique a mensagem enquanto avança. [...] Você deve aplicar a mensagem durante toda a mensagem". O pregador deve mudar rapidamente "deles" para "vocês". Mover-se do que a passagem *significava* para o que *significa*, do *passado* para o *presente*. O pregador não deve falar diante do povo, mas *ao* povo, diz Broadus. John Bettler, nessa mesma linha, afirma: "Pregar não é falar sobre a verdade diante da congregação, mas falar a verdade *à* congregação".[284] "Um discurso sem aplicação não seria um sermão, mas apenas uma declamação, um monólogo".[285] John Broadus cita Spurgeon: "O sermão começa quando começa a aplicação".

O propósito da Escritura segundo o apóstolo Paulo (Rm 15.4 e 2Tm 3.16,17) é a aplicação. Um estudo cuidadoso dos sermões registrados na Escritura mostra que eles tinham forte ênfase aplicativa (Ne 8.1-8; Lc 3.3-14; Mt 5-7; At 2.22-42; 17.16-34). De fato, a aplicação pode ser considerada a parte mais importante do sermão por ser a parte que motiva o ouvinte à ação. Sem ela, o sermão fracassa, porque a verdade bíblica só faz sentido quando se relaciona com a vida.

Em síntese, a Escritura confronta-nos sobre nosso relacionamento com Deus e uns com os outros. Horne salienta duas perguntas feitas por Deus depois que o pecado entrou no Éden, trazendo vergonha e miséria. A primeira pergunta foi dirigida ao homem: "Onde estás?" (Gn 3.9). A segunda foi feita a respeito do homem: "Onde está Abel, teu irmão?" (4.9). A Bíblia está interessada no relacionamento do homem com Deus e no relacionamento do homem com o homem.

Finalmente, a aplicação deve ser feita mediante uma interpretação fiel do texto e fundamentada em uma profunda exegese ou compreensão das pessoas. "Os pregadores devem fazer exegese da congregação assim como do texto".[286] Para ter sucesso na aplicação não devemos apenas fazer exegese do texto; devemos também fazer a exegese do nosso mundo. Infelizmente, é aí em que muitos líderes da igreja falham.

Em geral, pastores e líderes da igreja sabem muito a respeito da Escritura, mas pouco sobre as tendências da vida contemporânea. Fechados em seus escritórios, vivem em relativo isolamento, pouco familiarizados com a vida das pessoas a quem ministram. Nada pode ser mais prejudicial para a aplicação do que permanecer isolado do mundo daqueles a quem ministramos. O pregador precisa conhecer a Bíblia e as pessoas.

O pregador deve ter um coração de pastor. Ele se compraz em pregar a Palavra de Deus e ama o povo de Deus. "Os bons pregadores conhecem e mantêm contato com o seu povo. Eles conhecem e trabalham suficientemente próximos das pessoas para apreciar suas dúvidas, temores, mágoas e alegrias".[287] Geoffrey Thomas diz que um dos grandes perigos que enfrentam os pregadores é o problema do hiperintelectualismo. Tais pastores são homens de livros, mas não de pessoas; conhecem a doutrina, mas nada sabem do lado emocional da religião. O pregador deveria compreender também que o poder do Espírito Santo torna a pregação eficaz e aplicável. O Espírito Santo aplica a Palavra quando o pregador prega fielmente a Palavra de Deus.

EXEMPLOS DE PREGAÇÃO EXPOSITIVA

Uma das melhores maneiras de aprender a pregação expositiva é mediante esboços bem feitos. Portanto, ofereço a seguir alguns esboços expositivos que ajudarão a esclarecer o seu estilo.

Texto: Gênesis 3.1-24.

Tema: A sedução da serpente e a intervenção de Deus

I. O bote da serpente
  A. Disfarce — v. 1
  B. Dúvida — v. 1
  C. Inversão da Palavra de Deus — v. 1
  D. Deus acusado de mentir — v. 4
  E. Deus acusado de tirano — v. 5
  F. Eva colocada em um pedestal de glória — v. 5

II. A estratégia da serpente
  A. Eva estava no lugar errado — v. 6
  B. Eva estava falando com a pessoa errada — v. 1,2
  C. Eva estava usando a Palavra de Deus de modo errado — vv. 2,3

III. As conseqüências do veneno da serpente
  A. Vergonha — v. 5,7
  B. Fobia de Deus - v. 8-10
  C. Culpa — v. 8
  D. Morte — v. 3

IV. O remédio de Deus para salvar-nos do veneno da serpente
  A. A vitória de Jesus sobre a serpente — v. 15
  B. A expiação provida por Deus — v. 21

Texto: 1Reis 17 e 18

Tema: Como ser um homem de Deus em uma época de crises

I. Um homem que vive na presença de Deus em tempos marcados pela corrupção — 17.1;18.15
II. Um homem que aponta os pecados do seu povo em tempos marcados pela infidelidade espiritual -— 18.18,21
III. Um homem que restaura o altar de Deus em tempos marcados pela apostasia religiosa — 18.30,31
IV. Um homem que crê na manifestação de Deus em tempos marcados pela incredulidade — 18.24,36-39
V. Um homem que ora pela restauração da sua nação em tempos marcados por uma terrível sequidão — 18.41-46

Texto: Isaías 44.3-5
Tema: O derramamento do Espírito Santo
I. Uma promessa divina — v. 3
II. Uma promessa abundante — v. 3
III. Uma necessidade vital — v. 3
IV. Vem sobre os que têm sede — v. 3
V. Produz grandes resultados — v. 4,5
   A. Testemunhos destemidos
      1. Pela proclamação — v. 5
      2. Pela vida — v. 5
   B. Grande crescimento da igreja — v. 4

Texto: Malaquias 3.8-12
Tema: Dízimo: Erros, perigos e bênçãos
I. Erros sobre os dízimos
   A. Reter — v. 8
   B. Administrar — v. 10
   C. Subtrair — v. 10
   D. Subestimar — v. 8
II. Perigos relativos aos dízimos
   A. Maldição divina — v. 9

B. Devorador — v. 11

III. Bênçãos sobre os dízimos

A. As janelas do céu são abertas — v. 10

B. Bênçãos sem medida são derramadas — v. 10

C. Devorador repreendido — v. 11

D. Vida abençoada — v. 12

Esboço em 2Samuel 11—12.23 sugerido por Bryan Chapell[288]

Texto: 2Samuel 11—12.23

Tema: A queda e a restauração de um grande homem

I. Davi desobedeceu

A. Cometeu adultério — 11.2-5

B. Cometeu assassinato — 11.6-26

II. Deus repreendeu

A. Enviou uma palavra profética — 12.1-6

B. Identificou o pecado do rei — 12.7-12

C. Especificou o castigo do rei — 12.11,12,14

III. Davi se arrependeu

A. Confessou o pecado — 12.13

B. Expressou tristeza — 12.15-17

C. Aceitou a disciplina — 12.18-23

D. Renovou a obediência — 12.20

Esboço sobre Mateus 6.9,10 sugerido por Denis Lane[289]

Texto: Mateus 6.9,10

Tema: Dimensão vertical da vida

I. A paternidade de Deus — Pai nosso

II. A transcendência de Deus — No céu

III. A santidade de Deus — Santificado seja o teu nome

IV. O governo de Deus — Venha o teu reino

V. O propósito de Deus — Seja feita a tua vontade

PREGAÇÃO EXPOSITIVA

SUA IMPORTÂNCIA PARA O CRESCIMENTO DA IGREJA

Esboço sobre João 17.1-16 sugerido por Arthur Pierson[290]
Texto: João 17.1-26
Tema: Os cristãos no mundo
I. Os crentes estão no mundo — v. 15
II. Os crentes não são do mundo — v. 16
III. Os crentes são escolhidos entre os do mundo — vv. 9,14,24
IV. Os crentes são enviados ao mundo — v. 18

Esboço sobre Filipenses 4.6,7 sugerido por David H. Jussely
Texto: Filipenses 4.6,7
Tema: O remédio de Deus para a preocupação
I. Uma palavra de proibição — Algo que devemos evitar — "Não andeis ansiosos de cousa alguma..."
  A. Definição de "preocupação"
  B. Exemplos de "preocupação" nas Escrituras
  C. Aplicação
II. Uma palavra de direção - Algo que devemos fazer
  A. O quê? "Sejam conhecidas diante de Deus as vossas petições"
  B. Como?
    1. Por meio de orações
    2. Por súplicas
    3. Com ações de graças
  C. Aplicação
III. Uma palavra de promessa — Algo que Deus fará — "E a paz de Deus..."
  A. Explicação de termos no texto
  B. Aplicação de princípios

Esboço sobre Colossenses 2.8-23 sugerido por Jerry Vines[291]
Texto: Colossenses 2.8-23
Tema: Principais substitutos de Cristo aceitos pelas pessoas
I. Intelectualismo — v. 8-10

II. Ritualismo — v. 17,18
III. Misticismo — v. 18,19
IV. Legalismo — v. 20-23

Esboço sobre 1Timóteo 6.11-14 sugerido por John MacArthur, Jr.[292]
Texto: 1Timóteo 6.11-14
Tema: Como deve ser identificado um homem de Deus
  I. Do que foge — v. 11
  II. O que busca — v. 11
  III. Pelo que luta — v. 12
  IV. Ao que é fiel — v. 12-14

Esboço de 1João 1.5-10 sugerido por Warren Wiersbe[293]
Texto: 1João 1.5-10
Tema: Três enganos que o povo de Deus deve evitar se quiser ter comunhão com Deus
  I. Tentar enganar outros — v. 6
  II. Tentar enganar a si mesmo — v. 8
  III. Tentar enganar a Deus — v. 10

A Escritura é um reservatório inesgotável de sermões. Escolhi vários esboços de diferentes partes da Escritura, mas poderia apenas expor um livro da Bíblia. De fato, a Escritura é uma fonte viva de sermões. Não devemos pregar nossas idéias, mas as idéias extraídas do texto. Portanto, devemos ler, meditar, analisar, explicar e aplicar a Palavra de Deus para o povo de Deus, sabendo que o resultado surgirá para a glória de Deus. Ao encerrar este capítulo, reafirmo que a pregação é a chave para a renovação da igreja. Embora haja muitos argumentos contrários a ela, a pregação triunfou sobre todos os obstáculos. Quando um homem de Deus fica diante do povo de Deus com a Palavra de Deus nas mãos e o Espírito de Deus em seu coração, as pessoas são transformadas. De fato, a igreja alcança a maturidade e cresce em número quando a Palavra de Deus é exposta fielmente e com sensibilidade. As igrejas vivem, crescem e alcançam o mundo mediante a exposição da Palavra de Deus.

Capítulo 6

A VIDA DO PREGADOR

PREGADORES RASOS E SECOS PREGAM SERMÕES SEM PODER PARA OUVINTES SONOLENTOS

Todos nós precisamos de modelos para viver. Aprendemos pela observação. Quando seguimos as pegadas daqueles que percorrem as veredas da probidade, visamos aos objetivos de uma vida bem-aventurada; mas, quando seguimos os modelos errados, colhemos os frutos amargos de uma dolorosa decepção. São referenciais e marcos balizadores em nosso caminho. Eles são como espelhos para nós. Quando miramos o espelho, vemo-nos a nós mesmos. O espelho mostra-nos quem somos e aponta-nos em que precisamos melhorar a nossa imagem. O espelho possui algumas características que lançam luz sobre a vida do pregador como referencial para a igreja.

Em primeiro lugar, o espelho é mudo e mostra-nos quem somos não pelo som, mas pela imagem. Ele não discursa; revela. Não alardeia; reflete. Assim deve ser o pregador. O seu sermão mais eloqüente não é o sermão pregado do púlpito, mas, o que é vivido no lar, na igreja e na sociedade. Ele não prega apenas aos ouvidos, mas também aos olhos. Não prega apenas com palavras, mas, sobretudo, com vida e com exemplo. O exemplo não é apenas uma forma de ensinar, mas a única forma eficaz de ensinar.

Em segundo lugar, o espelho deve ser limpo. Um espelho embaçado e sujo não pode refletir a imagem com clareza. Quando o pregador vive em duplicidade, quando usa máscaras vivendo tal um ator, quando fala uma coisa e vive outra, quando há um abismo entre o que professa e o que pratica, quando os seus atos reprovam as suas palavras, então ficamos confusos e decepcionados. Um pregador impuro no púlpito é como um médico que começa uma cirurgia sem fazer assepsia das mãos. Ele causará mais mal do que bem.

Em terceiro lugar, o espelho precisa ser plano. Um espelho côncavo ou convexo distorce e altera a imagem. Precisamos ver no pregador um exemplo de vida ilibada e irrepreensível. O pecado do líder é mais grave, mais hipócrita e mais danoso em suas conseqüências. Mais grave, porque os pecados do mestre são os mestres do pecado. É mais hipócrita, porque ao mesmo tempo em que ele combate o pecado em público, ele o pratica em secreto. Ao mesmo tempo em que condena isso nos outros, capitula-se à sua força e abriga-o no coração. É mais danoso em suas conseqüências porque, ao pecar contra um maior conhecimento, o líder tem uma queda mais escandalosa. Quanto maior a árvore, maior é o estrondo da sua queda. Quanto mais projeção tiver o líder, maior será a decepção com o seu fracasso. Quanto mais amada for a pessoa, maior poderá ser a dor se ela destruir com as próprias mãos o referencial em que tiver investido toda uma vida para nos ensinar.

Finalmente, o espelho precisa ser iluminado. Sem luz, mesmo que tenhamos espelho e olhos, ainda assim ficaremos imersos em trevas espessas. Deus é luz. Sua Palavra é luz. Sempre que um líder se afasta de Deus e da sua Palavra, a sua luz apaga-se e todos aqueles que o miravam ficam perdidos e confusos. Os mourões que sustentam os valores da sociedade estão caindo. As cercas, afrouxando. Os muros da nossa civilização estão quebrados, e as portas de proteção e liberdade estão queimadas a fogo. Estamos expostos a toda sorte de influências destrutivas, porque os nossos referenciais estão fracassando.

A crise avassaladora que atinge a sociedade também alcança a igreja. Embora estejamos assistindo a uma explosão de crescimento da igreja evangélica brasileira, não temos visto a correspondente transformação na sociedade. Muitos pastores, no afã de buscar o crescimento de suas igrejas, abandonam o genuíno evangelho e rendem-se ao pragmatismo que prevalece na cultura pós-moderna. Buscam não a verdade, mas o que funciona; não o que é certo, mas o que dá certo. Pregam para agradar aos ouvintes, não para levá-los ao arrependimento. Pregam o que eles querem ouvir, não o que eles precisam ouvir. Pregam outro evangelho, um evangelho antropocêntrico, de curas, milagres e prosperidade, não o evangelho da cruz de Cristo. Não pregam todo o conselho de Deus, mas doutrinas engendradas pelos homens. Não pregam as Escrituras, mas as revelações de seus próprios corações.

O resultado desse semi-evangelho é que muitos pastores e pregadores passam a fazer do púlpito um balcão de negócios, uma praça de barganhas, nos quais as bênçãos e os milagres de Deus são comprados por dinheiro. Outros passam a governar as ovelhas de Cristo com dureza e rigor. Encastelam-se no topo de uma teocracia absolutista e rejeitam ser questionados. Exigem de seus fiéis uma obediência subserviente e cega. O resultado é que o povo de Deus perece por falta de conhecimento e de padrões.

A crise teológica e doutrinária deságua na crise moral. Nessa perda de referenciais, muitos líderes têm caído nas armadilhas insidiosas do sexo, do poder e do dinheiro. A crise moral na vida de muitos pastores brasileiros causam um terremoto avassalador. Muitos ministros do evangelho que eram considerados modelos e exemplos para suas igrejas sucumbiram na vida moral. Muitos líderes de projeção nacional naufragaram no casamento. Muitos são aqueles que dormem no colo das Dalilas e acordam como Sansão, sem poder, sem dignidade, sem autoridade, ficando completamente subjugados nas mãos do inimigo.

É assustador o número de pastores que estão no ministério, que sobem ao púlpito a cada domingo, exortam o povo de Deus à santidade, combatem tenazmente o pecado mas ao mesmo tempo têm vida dupla; em casa, são maridos insensíveis e infiéis, pais autocráticos e sem alguma doçura com os filhos. Há muitas esposas de pastor vivendo o drama de ter um marido exemplar no púlpito e um homem intolerante dentro de casa. Há muitos pastores que já perderam a unção e continuam no ministério sem chorar pelos próprios pecados. Não são poucos aqueles que, em vez de alimentar o rebanho de Cristo, apascentam a si mesmos; que, em vez de proteger o rebanho dos lobos vorazes, são os próprios lobos vestidos de toga. Charles Spurgeon dizia que um pastor infiel é o maior agente de Satanás dentro da igreja.

O número de pastores e líderes que estão abandonando o lar, renegando os votos firmados no altar, divorciando-se por motivos banais, não permitidos por Deus, e casando-se novamente é estonteante. Essa perda de referencial é um atentado terrorista contra a igreja de Deus. Produz perdas irreparáveis, sofrimento indescritível, choro inconsolável e feridas incuráveis. O pior é que o nome de Deus é blasfemado entre os descrentes por causa desses escândalos.

A classe pastoral está em crise. Crise vocacional, crise familiar, crise teológica, crise espiritual. Quando os líderes estão em crise, a igreja também está. A igreja reflete os seus líderes. Não existem líderes neutros. Eles são uma bênção ou um entrave para o crescimento da igreja.

A crise pastoral é refletida diretamente no púlpito. Estamos vendo o empobrecimento dos púlpitos. Poucos sãos os pastores que se preparam convenientemente para pregar. Há muitos que só preparam a cabeça, mas não o coração. São cultos, mas vazios. São intelectuais, mas áridos.

Têm luz, mas não fogo. Têm conhecimento, mas não unção. Pregadores rasos e secos pregam sermões sem poder para ouvintes sonolentos. Se quisermos um reavivamento genuíno na igreja evangélica brasileira, os pastores são os primeiros que terão de acertar a vida com Deus.

É tempo de orarmos por um reavivamento na vida dos pastores. É tempo de pedirmos a Deus que nos dê pastores segundo o seu coração. Precisamos de homens de Deus no púlpito. Precisamos de homens cheios do Espírito, de homens que conheçam a intimidade de Deus. John Wesley dizia: "Dá-me cem homens que não amem ninguém mais do que a Deus e que não temam nada senão o pecado, e, com eles, eu abalarei o mundo".

Quando o pastor é um graveto seco que pega o fogo do Espírito, até lenha verde começa a arder.

A VIDA DO MINISTRO É A VIDA DO SEU MINISTÉRIO

Uma das áreas mais importantes da pregação é a vida do pregador. John Stott afirma que a prática da pregação jamais pode ser divorciada da pessoa do pregador.[294] A pregação com consistente exegese, sólida teologia e brilhante apresentação não glorifica a Deus, não alcança os perdidos nem edifica os crentes sem um homem santo no púlpito.

O que nós precisamos desesperadamente nestes dias não é apenas de pregadores eruditos, mas, sobretudo, pregadores piedosos. Erroll Hulse define pregação como sagrada eloqüência através de um embaixador cuja vida deve ser consistente em todos os aspectos com a mensagem que ele proclama.[295] A vida do pregador fala mais alto que os seus sermões. "A ação fala mais alto que as palavras. Exemplos influenciam mais que preceitos."[296] E. M. Bounds descreve essa realidade da seguinte maneira:

> Volumes são escritos para ensinar detalhadamente a mecânica da preparação do sermão. Nós temos nos tornado obcecados com a idéia de que esses andaimes são o próprio edifício. O pregador

jovem é ensinado a gastar toda a sua força na forma, no estilo e na beleza do sermão como um produto mecânico e intelectual. Em conseqüência disso, temos cultivado esse equivocado conceito no meio do povo e levantado um clamor por talento em vez de graça. Temos enfatizado eloqüência, em vez de piedade; retórica, em vez de revelação; fama e desempenho, em vez de santidade. O resultado é que nós perdemos a verdadeira idéia do que seja pregação. Nós perdemos a pregação poderosa e a pungente convicção de pecado. [...] Com isto não estamos dizendo que os pregadores estão estudando muito. Alguns deles não estudam. Outros não estudam o suficiente. Muitos não estudam para que possam apresentar-se como obreiros aprovados que não têm do que se envergonhar (2Tm 2.15). No entanto nossa grande falta não é em relação à cultura da cabeça, mas à cultura do coração. Não é falta de conhecimento, mas falta de santidade. [...] Não que não conheçamos muito, mas é que não meditamos o suficiente sobre Deus e sua Palavra. Não vigiamos, não jejuamos e não oramos o suficiente.[297]

A vida do ministro é a vida do seu ministério. "A pregação poderosa está enraizada no solo da vida do pregador."[298] Uma vida ungida produz um ministério ungido. Santidade é o fundamento de um ministério poderoso. A piedade é uma necessidade vital na vida de todo pregador.

Erroll Hulse define piedade:

> Piedade é constante cultura da vida interior de santidade diante de Deus e para Deus, que por sua vez se aplica em todas as outras esferas da vida e prática. Piedade consiste em oração junto ao trono de Deus, estudo de sua Palavra em sua presença e a manutenção da vida de Deus em nossas almas, que afeta toda a nossa maneira de viver.[299]

R. L. Dabney diz que a primeira qualificação de um orador sacro é a piedade sincera e profunda.[300] Um ministro do evangelho sem piedade é um desastre. Infelizmente, a santidade que muitos pregadores proclamam é cancelada pela maldade de suas vidas. Há um divórcio entre o que os pregadores proclamam e o que eles vivem. Há um abismo entre o sermão e a vida, entre a fé e as obras. Muitos pregadores não vivem o que pregam. Eles condenam o pecado no púlpito e o praticam em secreto. Charles Spurgeon chega a afirmar que "o mais maligno servo de Satanás é o ministro infiel do evangelho".[301]

John Shaw diz que, enquanto a vida do ministro é a vida do seu ministério, os pecados do ministro são os mestres do pecado. Ele ainda afirma que é uma falta indesculpável no pregador quando os crimes e pecados que ele condena nos outros são justamente praticados por ele.[302] O apóstolo Paulo evidencia esse grande perigo:

> Tu, pois, que ensinas a outrem, não te ensinas a ti mesmo? Tu, que pregas que não se deve furtar, furtas? Dizes que não se deve cometer adultério e o cometes? Abominas os ídolos e lhes roubas os templos? Tu, que te glorias na lei, desonras a Deus pela transgressão da lei? Pois, como está escrito, o nome de Deus é blasfemado entre os gentios por vossa causa (Rm 2.21-24).

Richard Baxter diz que os pecados do pregador são mais graves do que os pecados dos demais homens, porque ele peca contra o conhecimento. Peca contra mais luz. Os pecados do pregador são mais hipócritas, porque fala diariamente contra este. Aqueles os pecados do pregador são mais pérfidos, porque este se engaja contra aqueles.[303] Antes de pregar aos outros, o pregador precisa pregar a si mesmo. Antes de atender às necessidades do rebanho de Deus, o pregador precisa cuidar da sua própria vida (At 20.28). Conforme escreve Thielicke, "seria completamente monstruoso para um homem ser o mais alto em ofício e o mais baixo em vida espiritual; o primeiro em posição e o último em vida".[304]

É bem conhecido o que disse Stanley Jones, que "o maior inimigo do cristianismo não é o anticristianismo, mas o 'subcristianismo'." O maior perigo não vem de fora, mas de dentro. Não há maior tragédia para a igreja do que um pregador ímpio e impuro no púlpito. Um ministro mundano representa um perigo maior para a igreja do que falsos profetas e falsas filosofias. É um terrível escândalo pregar a verdade e viver a mentira, chamar o povo à santidade e ter uma vida impura. Um pregador sem piedade é uma contradição, um escândalo inaceitável. Um pregador sem piedade presta um grande desserviço ao Reino de Deus. William Evans adverte:

> O pregador precisa ser puro em todos os hábitos de sua vida. Pequenas raposas destroem a vinha. Ele não pode ter hábitos impuros nem vícios secretos. Deus abertamente exporá à vergonha pública aqueles que cometem pecados em secreto. A vida de Davi é uma ilustração dessa verdade (2Sm 12.12). A exortação de Paulo a Timóteo é pertinente: "Fuja das paixões da mocidade". O pregador será privado do poder no púlpito se não for limpo em sua vida privada. Não poderá pregar ao povo com poder se sabe que sua vida é impura. A confiança do povo repreenderá a sua hipocrisia. Se um pregador não purificar a si mesmo, não será um vaso de honra nem poderá ser usado pelo divino Mestre para toda a boa obra.[305]

Segundo Charles Spurgeon, "é uma coisa horrível ser um ministro incoerente".[306] O apóstolo João adverte: "Aquele que diz que permanece nele, esse deve também andar assim como ele andou" (1Jo 2.6). O apóstolo Paulo dá o seu testemunho: "Sede meus imitadores, como também eu sou de Cristo" (1Co. 11.1). Pedro e João disseram ao paralítico que estava mendigando à porta do templo: "Olha para nós."

(At 3.4). Gideão disse aos seus soldados: "Olhai para mim e fazei como eu fizer." (Jz 7.17). O pregador deve ser um modelo para todos os crentes (1Ts 4.16). Quando os pregadores não são coerentes, a sua pregação torna-se vazia, pobre e infrutífera. Eloqüência sem piedade não pode gerar verdadeiros crentes. Ortodoxia sem piedade produz morte, não vida.

Em 1Timóteo 6.11-14, Paulo lista quatro marcas de um homem de Deus. Um homem de Deus deve ser identificado por aquilo do que *foge*, por aquilo que *segue*, por aquilo pelo qual *luta* e por aquilo ao qual é *fiel*.[307] A Bíblia não é um livro silencioso a respeito da necessidade imperativa do caráter íntegro e da profunda piedade do pregador. O apóstolo Paulo adverte seu filho Timóteo: "Tem cuidado de ti mesmo e da doutrina." (1Tm. 4.16). Nas cartas a Timóteo (1Tm 3.1-7) e a Tito (Tt 1.5-9), Paulo faz um *check-up* do pregador; na primeira carta aos Tessalonicenses (2.1-12), aprofunda o tema sobre a vida do pregador. Nesse texto, Paulo apresenta três solenes princípios. Primeiro, o pregador precisa de uma *missão concedida pelo próprio Deus* (v.1,2). Segundo, o pregador precisa de uma *genuína motivação* (v.3-6). Terceiro, o pregador precisa de *maneiras gentis*. O apóstolo Paulo dá o seu próprio exemplo. Ele era como uma mãe para o seu povo (v.7,8), era como um trabalhador (v.9,10) e comparou-se a um pai (v.11,12).[308]

Muitas das derrotas que os pregadores sofrem devem-se ao fato de não terem fome de santidade.[309] Infelizmente, muitos pregadores vivem como atores. Representam diante do povo o que não vivem em seus lares ou em suas vidas privadas. Usam máscara, vivem uma mentira, pregam sem poder e levam a congregação a dormir ou se entediar com sermões vazios e secos.

Muitos pregadores pretendem ser no púlpito o que não são na realidade. Piedade no púlpito precisa ser acompanhada de piedade no lar. É impossível ser um pregador eficaz e, ao mesmo tempo, um mau marido ou pai. Nem ser boca de Deus e carregar ao mesmo tempo um coração carregado de impureza (Jr 15.19). Não é possível lidar de forma elevada e santa com as coisas espirituais e lidar de forma má e impura com as coisas terrenas. A. N. Martin afirma: "Muitos ministérios de alguns preciosos servos de Deus fracassam pelo insucesso da prática de piedade no reino da vida doméstica".[310]

Piedade é um caminho de vida. Isto inclui vida doméstica e relacionamento do marido com a esposa e do pai com os filhos. O apóstolo Paulo exorta, "Pois, se alguém não sabe governar a própria casa, como cuidará da igreja de Deus?" (1Tm 3.5). Assim, um ministro sem piedade não tem autoridade para pregar o santo evangelho. Não atrai pessoas para a igreja, antes as repele. Ele não constrói pontes para aproximar-se das pessoas; cava abismos para separá-las do Senhor.

Charles Spurgeon afirma que "A vida do pregador deveria ser como um instrumento magnético a atrair as pessoas para Cristo; mas é triste constatar que muitos pregadores afastam as pessoas de Cristo".[311] Ministros sem piedade são o principal impedimento para o saudável crescimento da igreja. É bem conhecido o que Dwight Moody disse: "O principal problema da obra são os obreiros". Semelhantemente, David Eby escreve: "Os pregadores são o real problema da pregação".[312]

No Brasil e ao redor do mundo, muitos pregadores caíram em terríveis pecados morais, provocando escândalos e produzindo grande sofrimento ao povo de Deus. Catástrofes espirituais que vão de pastores adúlteros a divórcio na família pastoral se tornam inaceitavelmente muito freqüentes. Charles Colson comenta:

> O índice de divórcio entre os pastores está aumentando mais rápido do que em outras profissões. Os números mostram que um em cada dez tem envolvimento sexual com um membro de sua congregação e 25% deles têm contato sexual ilícito.[313]

A única maneira de viver uma vida pura é guardar puro o coração pela meditação da Palavra (Sl 119.9). Salomão exorta: "Sobre tudo o que se deve guardar, guarda o teu coração, porque dele procedem as fontes da vida." (Pv 4.23) Jó disse que fez uma aliança com os seus próprios olhos a fim de não fixá-los, com lascívia, em uma donzela (Jó 31.1). Aquele que guarda o seu coração bem como os seus olhos estará seguro. Adultério é a principal causa da queda de muitos ministros hoje.[314] Todos os pregadores devem estar alertas.

Há, contudo, muitos pregadores que vivem uma vida mundana e, mesmo assim, recebem muitas pessoas em suas igrejas. Para alcançar seus objetivos, esses pregadores rendem-se à filosofia pragmática. Para eles, o importante não é mais a verdade, mas o que funciona; não o que *é* certo, mas o que *dá* certo. Assim, muitos mudam a mensagem e pregam outro evangelho (Gl 1.6-8). No entanto, o sucesso desses pregadores aos olhos dos homens não representa necessariamente sucesso aos olhos de Deus. O crescimento numérico não é o único critério pelo qual devemos analisar um verdadeiro ministro e uma igreja bem-sucedida e fiel.[315] Deus não julga a aparência, mas as motivações e intenções do coração. Ele exige que os seus despenseiros sejam encontrados fiéis (1Co 4.1,2).

Mudar a mensagem e pregar o que o povo *quer* ouvir, não o que *precisa* ouvir, mercadejar a Palavra de Deus para atrair pessoas à igreja é um caminho errado para conduzir a igreja ao crescimento. Alistair Begg, citando Dick Lucas, escreve: "Os bancos não podem controlar o púlpito".[316] O pregador não pode ser seduzido pelas leis do mercado. Ele não prega para agradar aos ouvintes, mas para levá-los ao arrependimento. As pessoas precisam sair do templo não alegres com o pregador, mas tristes consigo mesmas. O pregador não é um animador de auditório, é um arauto de Deus. Sua agenda de pregação não é determinada pelos grandes temas discutidos pela humanidade, mas pelas próprias Escrituras.

O pregador não sobe ao púlpito para entreter ou agradar a seus ouvintes, mas para anunciar-lhes todo o desígnio de Deus. Sem pregação fiel não há santidade. Sem santidade não há salvação. Sem santidade ninguém verá a Deus. A Palavra de Deus não pode ser mudada,

PREGAÇÃO EXPOSITIVA
SUA IMPORTÂNCIA PARA O CRESCIMENTO DA IGREJA

atenuada ou torcida para agradar aos ouvintes. Ela é imutável. O pregador precisa pregar a Palavra integral, completa e fielmente. A ortodoxia é a base da santidade. A teologia é a mãe da ética. A piedade deve estar fundamentada na verdade. Piedade sem ortodoxia é misticismo, e o misticismo deve ser rejeitado.

John Piper, comentando sobre a vida e o ministério de Jonathan Edwards, diz que a experiência deve estar fundamentada na verdade. "Calor e luz, fogo e brilho são essenciais para trazer luz à mente, porque afeições que não brotam da apreensão da verdade pela mente não são afeições santas."[317]

Há muitas igrejas cheias de pessoas vazias e vazias de pessoas cheias de Deus,[318] porque os pastores estão produzindo discípulos que se conformam com a sua própria imagem e semelhança. Por isso, estamos vendo o crescimento vertiginoso da igreja evangélica brasileira, mas não estamos vendo transformação da sociedade. Se o pregador não é um homem de Deus, se vive uma vida misturada com o mundo, se é um pregador sem piedade, será uma pedra de tropeço, e não um exemplo para a sua igreja.

Hipocrisia sempre repele. Um pregador impuro não permanece por muito tempo no ministério sem ser desmascarado. Um pregador jamais será uma pessoa neutra. Ele é uma bênção ou uma maldição!

A falta de piedade é uma coisa terrível, especialmente na vida dos ministros do evangelho. Outro perigo insidioso é a ortodoxia sem piedade. Há muitos pastores pregando sermões bíblicos, doutrinas ortodoxas, mas seus sermões estão secos e sem vida. E. M. Bounds diz que a pregação que mata pode ser, e em geral é, dogmática e inviolavelmente ortodoxa. A ortodoxia é boa. Ela é a melhor. Mas nada é tão morto como a ortodoxia morta.[319]

> Geralmente os pregadores fecham-se em seus escritórios de estudo e tornam-se peritos fazedores de sermões. Isso é bom e necessário, mas preparação intelectual sem piedade dá ao

pregador uma boa atuação, mas não poder espiritual. Pregação sem santidade não pode transformar vidas; não pode produzir o crescimento da igreja. "Sem oração, o pregador cria morte, não vida."[320]

Richard Baxter escreve:

> Não se contente em apenas estar em estado de graça, mas também seja cuidadoso para que essa graça seja guardada em vigoroso e vivo exercício em sua vida. Pregue para você mesmo o sermão que você estuda, antes de pregá-lo para os outros. Faça isso por amor a você mesmo e por amor à igreja. Quando sua mente estiver embebida com as coisas santas e celestiais, seu povo usufruirá esses frutos. Suas orações, louvores e doutrina serão doces e celestiais para eles. Seu povo saberá quando você gastou muito tempo com Deus. Então, aquilo que deleitou seu coração também deleitará os seus ouvidos.[321]

Infelizmente, muitos ministros têm somente a aparência de piedade. Professam uma fé ortodoxa, mas vivem uma pobre vida espiritual. Não têm vida devocional. Não têm vida de oração. Apenas fazem orações rituais e profissionais. Contudo, orações profissionais ajudam apenas a pregação a realizar o seu trabalho de morte. Orações profissionais, diz E. M. Bounds, "insensibilizam e matam tanto a pregação quanto a própria oração".[322] É triste dizer que poucos ministros têm algum hábito devocional sistemático e pessoal.[323] O pastor é o que fica de joelhos em secreto diante do Deus Todo-poderoso, nada mais.

Piedade também não é matéria de imitação. Cada pregador deve cultivar seu próprio relacionamento com o Senhor. O pregador não deve copiar outros pregadores. Cada um deve desenvolver a sua própria relação de intimidade com Deus e seu próprio estilo de pregação. William Evans corretamente comenta:

Se o seu nome é Davi e você foi chamado para matar o seu Golias, então não cobice a armadura de Saul, mas pegue a sua própria funda com as pedras e, pela ajuda de Deus, o altivo gigante cairá e beijará o pó. O pregador deve ser ele mesmo. Deve apresentar o melhor de si mesmo. Deve consagrar o melhor de si mesmo. Fazendo assim, demonstrará sua sinceridade, honrará o seu Deus e se tornará um instrumento de bênção para o povo a que ministra.[324]

Certamente piedade é a conseqüência da vida devocional. Erroll Hulse, comentando sobre a vida de Lutero, diz que sua piedade pode ser comparada a um fogo, um fogo de devoção diante de Deus.[325] Hulse declara que a piedade de João Calvino e seu relacionamento pessoal com o Senhor Jesus Cristo foram sua linha de defesa contra as pressões do ministério.[326] A pregação que fracassa hoje fracassa porque não está enraizada em uma vida devocional profunda por parte dos pregadores.[327] O pregador deveria ir geralmente da presença de Deus para a presença dos homens.

Semelhantemente, E. M. Bounds diz que, "uma vida santa não é vivida em secreto, mas ela não subsistirá sem oração em secreto".[328] Antes de estar diante dos homens, o pregador deve viver na presença de Deus. Antes de alimentar o povo de Deus, o pregador deve alimentar o seu próprio coração. Antes de pregar ao povo de Deus, o pregador deve aplicar a Palavra à sua própria vida. A parte mais importante do sermão é o homem atrás dele. E. M. Bounds escreve:

O homem, o homem todo, está atrás do sermão. Pregação não é atuação de uma hora. Ao contrário, é o produto de uma vida. Leva-se vinte anos para fazer um sermão, porque se gastam vinte anos para fazer um homem. O verdadeiro sermão é algo vivo. O sermão cresce porque o homem cresce. O sermão é vigoroso porque o homem é vigoroso. O sermão é santo porque o homem é santo. O sermão é cheio da unção divina porque o homem é cheio da unção divina.[329]

Spurgeon declara que nós somos, em certo sentido, as nossas próprias ferramentas e, portanto, devemos guardar-nos em ordem. Nosso espírito, alma, corpo e vida interior são as nossas mais íntimas ferramentas para o serviço sagrado.[330] A chave para uma robusta pregação poderosa é uma robusta piedade pessoal. A pregação poderosa não acontece no vácuo. Ela sempre tem lugar na vida de uma pessoa piedosa e santa. Spurgeon cita John Owen: "Ninguém prega um sermão bem para os outros, se não prega primeiro para o seu próprio coração".[331] "Não lute para ser um tipo de pregador. Lute para ser um tipo de pessoa."[332]

Martyn Lloyd-Jones comenta sobre Robert Murray McCheyne, um pregador da Escócia do século XIX:

> O comentário geral é que, quando aparecia no púlpito, mesmo antes de dizer uma única palavra, o povo já começava a chorar silenciosamente. Por quê? Por causa desse elemento de seriedade. Todos tinham a absoluta convicção de que ele subia ao púlpito vindo da presença de Deus e trazia a eles uma palavra da parte de Deus.[333]

O próprio Robert Murray McCheyne resume este tópico nestas palavras: "Não é a grandes talentos que Deus abençoa de forma especial, mas à grande semelhança com Jesus. Um ministro santo é uma poderosa e tremenda arma nas mãos de Deus".[334]

FOME POR DEUS

O pregador deve ser prioritariamente um homem de oração e jejum. O relacionamento do pregador com Deus é a insígnia e a credencial do seu ministério público. "Os pregadores que prevalecem com Deus na vida pessoal de oração são os mais eficazes em seus púlpitos".[335]

Oração

A oração precisa ser prioridade tanto na vida do pregador quanto na agenda da igreja. A profundidade de um ministério é medida não pelo *sucesso* diante dos homens, mas pela *intimidade* com Deus. A grandeza de uma igreja é medida não pela beleza de seu edifício ou pela pujança de seu orçamento, mas pelo seu poder espiritual através da oração. No século XIX Charles Haddon Spurgeon disse que em muitas igrejas a reunião de oração era apenas o esqueleto de uma reunião, em que as pessoas não mais compareciam. Ele concluiu que, "se uma igreja não ora, ela está morta".[336]

Infelizmente, muitos pregadores e igrejas abandonaram o alto privilégio de uma vida abundante de oração. Hoje, gastamos mais tempo com reuniões de planejamento do que com oração. Dependemos mais dos recursos dos homens que dos de Deus. Confiamos mais no preparo humano que na capacitação divina. Conseqüentemente, observamos muitos pregadores eruditos no púlpito, mas ouvimos uma imensidão de mensagens fracas.

Muitos pregadores pregam sermões eruditos, porém sem o poder do Espírito Santo. Eles têm luz em sua mente, contudo não têm fogo no coração.[337] Têm erudição, mas não têm poder. Têm fome de livros, mas não de Deus. Eles amam o conhecimento, mas não buscam a intimidade com Deus. Pregam para a mente, não para o coração. Eles têm uma boa atuação diante dos homens, mas não diante de Deus. Gastam muito tempo preparando os sermões, mas não preparando o coração. Sua confiança está firmada na sabedoria humana, não no poder de Deus.

Homens secos pregam sermões secos e sermões secos não produzem vida. Como escreve E. M. Bounds, "homens mortos pregam sermões mortos, e sermões mortos matam".[338] Sem oração não existe pregação poderosa. Charles Spurgeon diz que "toda a nossa biblioteca e estudo são um mero vazio comparado com a nossa sala de oração. Crescemos, lutamos e prevalecemos na oração 'em secreto'".[339]

Arturo Azurdia cita Edward Payson, afirmando que "é no lugar secreto de oração que a batalha é perdida ou ganha".[340] A oração tem importância transcendente, porque ela é o mais poderoso instrumento para pro-mover a Palavra de Deus.[341] É mais importante ensinar um estudante a orar do que a pregar.[342]

Se desejamos ver a manifestação do poder de Deus, se desejamos ver vidas sendo transformadas, se desejamos ver um saudável crescimento da igreja, então devemos orar de forma sincera e poderosa, com regularidade e em secreto. O profeta Isaías diz que a nossa oração deve ser perseverante, expectante, confiante, ininterrupta, importuna e vitoriosa (Is 62.6,7).

O inferno treme quando uma igreja se dobra diante do Senhor Todo-poderoso para orar. A oração move a mão onipotente de Deus. Quando a igreja ora, os céus se movem, o inferno treme e coisas novas acontecem na terra; "quando nós trabalhamos, *nós* trabalhamos; mas, quando nós oramos, *Deus* trabalha".[343] A oração não é o oposto de trabalho; ela não paralisa a atividade. Em vez disso, oração é, em si mesma, o maior trabalho; ela trabalha poderosamente, deságua em atividade, estimula o desejo e o esforço. Oração não é um ópio, mas um tônico; não é um calmante para o sono, mas o despertamento para uma nova ação. Um homem preguiçoso não ora e não pode orar, porque a oração demanda energia. O apóstolo Paulo considera a oração como uma luta e uma luta agônica (Rm 15.30). Para Jacó, a oração foi uma luta com o Senhor. A mulher siro-fenícia também lutou com o Senhor por meio da oração até que saiu vitoriosa.

Antes de falar aos homens, o pregador precisa viver diante de Deus. A oração é o oxigênio do ministério. "A vida de oração do ministro e da igreja são o fundamento da pregação eficaz."[344]

A oração traz poder e refrigério à pregação e tem mais poder para tocar o coração das pessoas do que milhares de palavras eloqüentes. Como pregadores, devemos ser uma voz que fala em nome de Deus, tal qual João Batista (Mt 3.3), que pregou não no templo, não em uma cátedra ilustre, não nos salões adornados dos reis, mas no deserto; e grandes multidões iam até lá só para ouvi-lo, sendo confrontadas pela sua poderosa mensagem (Mt 3.510; Lc 3.7-14).

Não basta ser um eco, é preciso ser uma voz. Não basta pregar, precisamos ser a boca de Deus. O profeta Elias viveu na presença de Deus (1Rs 17.1; 18.15); orou intensa, persistente e vitoriosamente (Tg 7.17,18). Por conseqüência, experimentou a intervenção de Deus em sua vida e em seu ministério. A viúva de Sarepta testificou a respeito dele: "Nisto conheço agora que tu és homem de Deus e que a palavra do Senhor na tua boca é verdade" (1Rs 17.24). Muitos ministros pregam a Palavra de Deus, mas não são a boca de Deus. Falam sobre o poder, mas não têm poder em suas vidas. Pregam sobre vida abundante, mas não têm vida abundante. Suas vidas contradizem a mensagem que apregoam.

David Eby, comentando sobre a importância da oração na vida do pastor, diz que a "oração é a estrada de Deus para ensinar o pastor a depender do poder de Deus, é a avenida de Deus para que o pastor receba graça, ousadia, sabedoria e amor para ministrar a Palavra".[345]

Muitos pregadores crêem na eficácia da oração, mas poucos pregadores oram. Muitos ministros pregam sobre a necessidade da oração, mas poucos ministros oram. Eles lêem muitos livros sobre oração, mas não oram. Têm bons postulados teológicos sobre oração, mas não têm fome por Deus.[346] Em muitas igrejas as reuniões de oração estão agonizando.[347] As pessoas estão muito ocupadas para orar. Elas têm tempo para viajar, trabalhar, ler, descansar, ver televisão, falar sobre política, esportes e teologia, mas não gastam tempo orando. Conseqüentemente temos, às vezes, gigantes do conhecimento no púlpito que são pigmeus no lugar secreto de oração. Tais pregadores conhecem muito *a respeito* de Deus, mas muito pouco a Deus.

Pregação sem oração não provoca impacto. Sermão sem oração é sermão morto. Não estaremos preparados para pregar enquanto não orarmos. Lutero tinha um moto: "Aquele que orou bem, estudou bem".[348] David Larsen cita Karl Barth: "Se não há grande agonia em nosso coração, não haverá grandes palavras em nossos lábios".[349]

O que precisamos fazer? Nossa primeira e maior prioridade no ministério é voltarmo-nos para Deus em fervente oração. A obra de Deus não é a nossa prioridade, mas sim o Deus da obra.[350] Jerry Vines escreve:

> O pregador muitas vezes gasta grande parte do seu tempo lidando com as coisas de Deus; lê a Bíblia para preparar sermões; estuda comentários; lidera as reuniões e os grupos de oração. Está constantemente falando a linguagem de Sião. Contudo, a acumulação dessa obra santa pode endurecer a consciência da necessidade de estar a sós com Deus em sua própria vida pessoal.[351]

Realizar a obra de Deus sem oração é presunção. Novos métodos, planos e organizações para levar a igreja ao crescimento saudável, sem oração, não são os métodos de Deus. "A igreja está buscando melhores métodos; Deus está buscando melhores homens".[352] E. M. Bounds corretamente comenta:

> O que a igreja precisa hoje não é de mais ou melhores mecanismos, nem de nova organização nem de mais e novos métodos. A igreja precisa de homens que o Espírito Santo possa usar, homens de oração, homens poderosos em oração. O Espírito Santo não flui através de métodos, mas através de homens. Ele não vem sobre mecanismos, mas sobre homens. Ele não unge planos, mas homens. Homens de oração![353]

Quando a igreja cessa de orar, deixa de crescer.[354] O diabo trabalha continuamente para impedir a igreja de orar. Ele tem muitas estratégias e chegou a usar três estratégias para neutralizar o crescimento da igreja apostólica em Jerusalém: perseguição (At 4), infiltração (At 5) e distração (At 6). Mas os apóstolos enfrentaram todos esses ataques com oração. Eles entenderam que a oração e a Palavra de Deus devem caminhar juntas. "A oração e o ministério da Palavra permanecerão de pé ou cairão juntos".[355] Os apóstolos decidiram: "quanto a nós, consagrar-nos-emos à oração e ao ministério da Palavra" (At 6.4).

Sobre esse texto Charles Bridges afirmou: "Oração é a metade do nosso ministério; e ela dá à outra metade todo o seu poder e sucesso".[356] Oração e palavra são os maiores princípios do crescimento da igreja no livro de Atos. Oração e pregação são os instrumentos providenciados por Deus para conduzir sua própria igreja ao crescimento. David Eby interpreta muito bem quando diz o seguinte: "O manual de Deus sobre o crescimento da igreja vincula pregação e oração como aliados inseparáveis".[357] Portanto, oração vem primeiro, porque pregação sem oração não tem vida nem pode produzir vida. A pregação poderosa requer oração. A pregação ungida e o crescimento da igreja requerem oração.

> Pastor, você deve orar. Orar muito. Orar de forma intensa e séria, zelosa e entusiástica, com propósito e com determinação. Orar pelo ministério da Palavra em meio a seu rebanho e em sua comunidade. Orar por sua própria pregação. Mobilize e recrute seu povo para orar pela sua pregação. Pregação poderosa não acontecerá à parte da sua própria oração. Exige-se oração freqüente, objetiva, intensa e abundante. A pregação torna-se poderosa quando um povo fraco ora humildemente. Esta é a grande mensagem do livro de Atos. O tipo de pregação que produz o crescimento da igreja vem pela oração. Pastor, dedique-se à oração. Continue em oração. Persista em oração por amor da glória de Deus no crescimento da igreja — David Eby.[358]

Todos os pregadores usados por Deus foram homens de oração: Moisés, Samuel, Elias, os apóstolos e, acima de tudo, Jesus, nosso supremo exemplo. Lucas escreveu seu evangelho aos gentios mostrando Jesus como o homem perfeito. Lucas, mais do que qualquer outro evangelista, registrou a intensa vida de oração de Jesus. No rio Jordão Jesus orou, e o céu se abriu. O Pai confirmou o seu ministério, e o Espírito Santo desceu sobre ele (Lc 3.21,22). Cheio do Espírito Santo, Jesus retornou do Jordão e foi conduzido ao deserto, onde, por quarenta dias, jejuou e orou, triunfando sobre as tentações do diabo (Lc 4.1-13).

Para Jesus, a oração era mais importante do que o sucesso no ministério. Quando a multidão veio ouvi-lo pregar, foi para um lugar tranqüilo e solitário para orar (Lc 5.15-17). "Diferentemente de alguns pregadores hoje, Jesus maravilhosamente entendeu que a oração deveria ocupar um lugar prioritário em seu ministério e em sua agenda."[359] Jesus escolheu os seus discípulos depois de uma noite inteira de oração (Lc 6.12-16). Foi preparado para enfrentar a cruz através da oração (Lc 9.28-31). Jesus orou no jardim do Getsêmani, derramando seu próprio sangue para realizar a vontade de Deus (Lc 22.39-46). Orou também sobre a cruz, abrindo a porta do céu para o penitente e arrependido malfeitor crucificado ao seu lado direito (Lc 23.34-43). Jesus está orando em favor do seu povo junto ao trono de Deus e intercederá por ele até sua segunda vinda (Rm 8.34; Hb 7.25). A vida de Jesus é o supremo exemplo que temos sobre oração.

O mesmo Espírito de oração que estava sobre Jesus foi derramado sobre os discípulos na festa de Pentecostes. A seguir, eles passaram a orar continuamente. James Rosscup comenta:

> A oração foi um dos quatro princípios básicos dos cristãos (At 2.42). [...] Os crentes oraram de forma regular e sistemática (At 3.1; 10.9), e também nos momentos de urgência. Pedro e João foram modelos de oração. Eles foram o canal que Deus usou para a cura do homem paralítico (At. 3.7-10). Mais tarde, oraram com outros irmãos para que Deus lhes desse poder para testemunhar

com ousadia (At 4.29-31); uma oração que Deus respondeu capacitando-os a enfrentar com galhardia seus inimigos. Eles foram revestidos de poder, tornaram-se profundamente unidos e se dispuseram a dar a própria vida pelo evangelho. Mais tarde, os apóstolos revelaram a grande prioridade de suas vidas, quando decidiram: "quanto a nós, nos consagraremos à oração e ao ministério da Palavra".[360]

Os maiores e mais conhecidos pregadores da história foram homens de oração. João Crisóstomo, Agostinho, Martinho Lutero, João Calvino, João Knox, Richard Baxter, Jonathan Edwards e muitos outros. Charles Simeon, um reavivalista inglês, devotava quatro horas por dia a Deus em oração. John Wesley gastava duas horas por dia em oração. John Fletcher, clérigo e escritor inglês, marcava as paredes de seu quarto com o hálito das suas orações. Algumas vezes, passava a noite toda em oração. Lutero dizia, "se eu fracassar em investir duas horas em oração todas as manhãs, o diabo terá vitória durante o dia".[361] David Brainerd dizia: "Eu amo estar só em minha cabana, onde eu posso gastar muito tempo em oração".[362]

John Wesley fala-nos em seu jornal sobre o poder da oração comentar ao sobre o dia solene de oração e jejum a que o rei da Inglaterra convocou a nação em razão da ameaça de invasão da França:

> O dia de jejum foi um dia glorioso, tal como Londres raramente tinha visto desde a Restauração. Todas as igrejas da cidade estavam superlotadas. Havia em cada rosto um senso de profunda reverência. Certamente Deus ouviu nossas orações e deu-nos vitória e segurança contra os inimigos.[363]

Uma nota de rodapé foi acrescentada mais tarde, "o quebrantamento e humildade do povo diante de Deus transformou-se em regozijo nacional, visto que a ameaça da invasão pela França fora afastada".[364]

Charles Finney dedicou-se a vigílias especiais de oração e jejum. Pregando depois de muita oração, viu Deus trazer grandes bênçãos ao seu ministério. Ele estava profundamente convencido sobre a importância da oração.

> Sem oração, você será tão fraco quanto a própria fraqueza. Se perder o seu espírito de oração, você não poderá fazer nada ou quase nada, embora tenha o dom intelectual de um anjo.[365]

Charles Spurgeon diz que ninguém está mais preparado para pregar aos homens do que aqueles que lutam com Deus em favor dos homens. Se não prevalecemos com os homens em nome de Deus, devemos prevalecer com Deus em favor dos homens.[366]

Spurgeon via as reuniões de oração das segundas-feiras no Tabernáculo Metropolitano de Londres como o termômetro da igreja. Por vários anos, uma grande parte do auditório principal e primeira galeria estavam completamente cheias nas reuniões de oração. Na concepção de Spurgeon, a reunião de oração era "a mais importante reunião da semana".[367] Ele atribuiu o sinal da bênção de Deus sobre o seu ministério em Londres à fidelidade das pessoas que oravam por ele.[368]

Dwight L. Moody, fundador do Instituto Bíblico Moody, normalmente via Deus agindo com grande poder quando outras pessoas oravam por suas reuniões na América e além-mar. A. R. Torrey pregou em muitos países e viu grandes manifestações do poder de Deus. Ele disse: "Ore por grandes coisas, espere grandes coisas, trabalhe por grandes coisas, mas, acima de tudo, ore".[369] A oração é a chave que abre todos os tesouros da graça infinita e do poder de Deus.

Robert Murray McCheyne, grande pregador escocês, exortava sempre o povo a que se voltasse para a Bíblia e para a oração. Como resultado, mais de trinta reuniões de oração aconteciam semanalmente na igreja de Dundee, Escócia, cinco das quais eram reuniões de oração das crianças.[370]

No ano de 1997, juntamente com oitenta pastores brasileiros, visitamos a Coréia do Sul, para fazer uma pesquisa sobre o crescimento da igreja. Visitamos onze grandes igrejas em Seul – igrejas locais entre 10 mil e 700 mil membros. Em todas essas igrejas testificamos que a principal causa do crescimento fora a intensa vida de oração.

Nenhuma igreja evangélica pode ser organizada naquele país sem que antes haja uma reunião diária de oração pela madrugada. O seminarista que faltar a duas reuniões de oração de madrugada durante o ano, exceto por motivo justificado, não serve para ser pastor. Quando perguntei a um pastor presbiteriano por que eles oravam de madrugada, ele me respondeu que em todos os lugares do mundo as pessoas levantam-se de madrugada para ganhar dinheiro e cuidar dos seus interesses. Eles levantam-se de madrugada para orar porque Deus é prioridade na vida deles. Visitamos a Igreja Presbiteriana Myong Song, a maior igreja presbiteriana de Seul, com mais de 55 mil membros. Aquela igreja tem quatro reuniões diárias de oração pela manhã. Em todas elas o templo fica repleto de pessoas sedentas de Deus. A sensação que tivemos em uma dessas reuniões foi de que o céu havia descido à terra.

John Piper comenta sobre a igreja coreana:

> Nos últimos anos do século XX, jejum e oração quase se tornaram sinônimo das igrejas da Coréia do Sul. E há uma boa razão para isto. A primeira igreja protestante foi plantada na Coréia em 1884. Cem anos depois, havia 30 mil igrejas na Coréia. Uma média de trezentas novas igrejas foram plantadas a cada ano nestes cem anos. No final do século XX, os evangélicos já representam cerca de 30% da população. Deus usa muitos meios para realizar essa grande obra. No entanto, os meios mais usados por Deus são a oração e o jejum.[371]

Thom Rainer fez uma pesquisa em 576 igrejas batistas dos Estados Unidos e concluiu que a oração é apontada como o fator mais importante depois da pregação para o crescimento da igreja.

Aproximadamente de 70% das igrejas apontaram a oração como um dos principais fatores para o êxito evangelístico. Exceto as igrejas com cerda de 700 a 999 membros, pelo menos 70% das igrejas de todos os tamanhos identificaram a oração como o principal fator de crescimento da igreja.[372]

Jejum

As Escrituras enfatizam também o jejum como importante exercício espiritual. Se nós desejamos pregar com poder, o jejum não pode ser esquecido em nossa vida devocional.[373] O jejum está presente tanto no Antigo quanto no Novo Testamento. Os profetas, os apóstolos, Jesus e muitos homens de Deus, como Agostinho, Lutero, Calvino, John Knox, Wesley, Charles Finney, Moody e outros mais, experimentaram, ao longo da história cristã, bênçãos espirituais por intermédio do jejum. Erroll Hulse, citando Martyn Lloyd-Jones, diz que "os santos de Deus em todos os tempos e em todos os lugares não somente creram no jejum, como também o praticaram".[374]

Há um apetite por Deus em nossas almas. Deus colocou a eternidade em nosso coração e somente ele pode satisfazer essa nossa necessidade. Se você não sente um forte desejo pela manifestação da glória de Deus, não é por que você bebeu profundamente dos mananciais de Deus e está satisfeito. Ao contrário, é porque você busca saciar a sua alma nos banquetes do mundo.[375]

John Piper define jejum como fome de Deus.[376] De acordo com Piper, o maior inimigo da fome de Deus não é o veneno mortífero, mas uma torta de maçã. O maior adversário do amor de Deus não são seus inimigos, mas seus dons. E os mais mortíferos apetites não são pelos venenos do mal, mas pelos simples prazeres da terra (Lc 8.14; Mc 4.19). "Os prazeres desta vida" e "os desejos por outras coisas" não são um mal em si mesmos. Não são vícios. São dons de Deus. No entanto, todas elas podem tornar-se substitutos mortíferos do próprio Deus em nossa vida. O jejum revela o grau de domínio que o alimento tem sobre nós.[377] O jejum cristão é um teste para conhecermos qual é o desejo que nos controla. Richard Foster afirma:

> Mais do que qualquer outra disciplina, o jejum revela as coisas que nos controlam. O jejum é um maravilhoso benefício para o verdadeiro discípulo que deseja ser transformado na imagem de Jesus Cristo. Muitas vezes, encobrimos o que está dentro de nós com comida e outras coisas.[378]

Martyn Lloyd-Jones, na mesma linha de pensamento, ensina que o jejum não pode ser entendido apenas como abstinência de alimento e bebida. Segundo ele, o jejum também deve incluir abstinência de qualquer coisa que é legítima em si mesma, por amor de algum propósito espiritual.[379]

O propósito do jejum não é obter o favor de Deus ou mudar a sua vontade (Is. 58.1-12). Tampouco impressionar os outros com uma espiritualidade farisaica (Mc 6.16-18). Nem é para proclamar a nossa própria espiritualidade diante dos homens. Jejum significa amor a Deus. Jejuar para ser admirado pelos homens é ter uma motivação errada para fazê-lo. Jejum é fome pelo próprio Deus, não por aplausos humanos (Lc 18.12). É para nos humilharmos diante de Deus (Dn 10.1-12), para suplicarmos a sua ajuda (2Cr 20.3; Ed 4.16) e para voltarmo-nos para Deus com o todo o nosso coração (Jl 2.12,13). É para reconhecermos a nossa total dependência da proteção divina (Ed 8.21-23). O jejum é um instrumento para fortalecer-nos com o poder divino, em face dos ataques do inferno (Mc 9.28,29).

Deus tem realizado grandes intervenções na História através da oração e do jejum de seu povo. Quando deu a lei ao seu povo, Moisés dedicou quarenta dias à oração e ao jejum no monte Sinai. Deus libertou Josafá das mãos dos seus inimigos quando ele e seu povo se humilharam diante do Senhor em oração e jejum (2Cr. 20.3,4,14,15,20,21). Deus libertou o seu povo da morte por causa da oração e do jejum da rainha Ester e do povo judeu (Es 4.16). Deus usou Neemias para restaurar Jerusalém quando este orou e jejuou (Ne 1.4). Deus usou Paulo e Barnabé para plantar igrejas no Império Romano quando eles se devotaram à oração e ao jejum (At.13.1-4).

John Piper comenta que a oração e o jejum resultaram em um movimento de missões que, em dois séculos e meio, arrancou o cristianismo da obscuridade para ser a religião dominante do Império Romano; e, hoje, calcula-se que temos cerca de 1,3 bilhões de seguidores da religião cristã, com cristãos testemunhando em praticamentemente todos os países do mundo.[380] Infelizmente, o jejum é um grande tesouro espiritual negligenciado por grande parte dos cristãos contemporâneos.

Os homens amam os dons de Deus mais do que ao próprio Deus. Eles têm mais fome dos dons de Deus do que de Deus. Jejum não é fome das bênçãos de Deus, mas é fome do próprio Deus. John Piper diz que o jejum cristão nasce exatamente da saudade de Deus.[381] Ele escreve,

> Nós glorificamos a Deus quando o preferimos acima dos seus dons. [...] Enganamo-nos a nós mesmos ao dizermos que amamos a Deus, mas, se somos testados, revelamos o nosso amor apenas por palavras, não por sacrifício. [...] Eu realmente tenho fome de Deus? Realmente sinto saudade de Deus? Ou estou satisfeito apenas com os dons de Deus?[382]

Devemos comer e jejuar para a glória de Deus (1Co. 10.31). Quando nós comemos, saboreamos o emblema do nosso alimento celestial, o Pão da Vida. E quando jejuamos, dizemos: "Amo a realidade acima do emblema".[383] O alimento é bom, mas Deus é melhor. "Nem só de pão viverá o homem, mas de toda palavra que procede da boca de Deus" (Mt. 4.4). Jesus disse: "Tenho algo para comer que vocês não conhecem" (Jo. 4.32). Em Samaria, Jesus satisfez-se não com o pão da terra, mas com o pão do céu. Deus mesmo foi o seu alimento. Isto é jejum: intimidade com Deus. A comunhão com Deus deve ser a nossa mais urgente e apetitosa refeição.

Assim sintetiza John Piper esta gloriosa realidade:

> Quanto mais profundamente você anda com Cristo, mais faminto você se torna dEle... mais saudade você tem do céu... mais deseja a plenitude de Deus em sua vida... mais anseia pela vinda do noivo... mais aspira que a igreja seja reavivada e seja revestida com a beleza de Jesus. Mais você anseia por um profundo despertamento da realidade de Deus em nossas cidades... mais deseja ver a luz do evangelho da glória de Cristo penetrar as trevas dos povos ainda não alcançados... mais deseja ver as falsas filosofias do mundo serem vencidas pela verdade... mais deseja ver a dor ser vencida; as lágrimas, enxugadas; a morte, destruída... mais anseia ver as coisas erradas serem feitas corretamente, e a justiça e a graça de Deus encherem a terra como as águas cobrem o mar.[384]

Nós vivemos em uma geração cujo deus é o estômago (Fp 3.19). Muitas pessoas deleitam-se apenas nas bênçãos de Deus, não no Deus das bênçãos. O homem tornou-se o centro de todas as coisas. Todas as coisas são feitas e preparadas para o prazer do homem. No entanto, o homem não é o centro do Universo, Deus o é. Todas as coisas devem ser feitas para a glória de Deus. Deus deve ser a nossa maior satisfação. Quem jejua tem mais pressa em desfrutar a intimidade com Deus do que em alimentar-se. Quem jejua tem mais fome do pão do céu do que do pão da terra. Quem jejua tem mais saudade do Pai do que de suas bênçãos. Quem jejua está mais confiado no poder que vem do céu do que nos recursos da terra. Quem jejua está mais confiante nos recursos de Deus do que na sabedoria humana. Verdadeiramente, se desejamos ver poder no púlpito, se desejamos ver pregações ungidas e cheias de vigor, se ansiamos ver o despertamento da igreja e seu crescimento numérico, precisamos, de pregadores que sejam homens santos e piedosos, homens de oração e jejum.

Fome pela palavra de Deus — o estudo do pregador

É impossível ser um pregador bíblico eficaz sem que haja uma profunda dedicação aos estudos. "O pregador deve ser um estudante."[385] John MacArthur diz que um pregador expositivo deve ser um diligente estudante da Escritura,[386] o que João Calvino reforça ao dizer que o pregador precisa ser um pesquisador.[387] C.H. Spurgeon escreveu que, "aquele que cessa de aprender cessa de ensinar. Aquele que não semeia nos estudos, não colhe no púlpito".[388] Todavia, o pregador que estuda sempre terá sermões cheios de verdor para pregar. Charles Koller afirma que "um pregador jamais manterá o interesse do seu povo se ele pregar somente da plenitude do seu coração e do vazio da sua cabeça".[389]

O pregador enfrenta o constante perigo da preguiça dentro das quatro paredes de seu escritório.[390] A ordem do apóstolo é sumamente pertinente: "Procure apresentar-se a Deus aprovado, como obreiro que não tem do que se envergonhar e que maneja corretamente a palavra da verdade" (2Tm 2.15). A Bíblia é o grande e inesgotável reservatório da verdade cristã, uma imensa e infindável mina de ouro.[391] John Wesley revelou o seu compromisso com a Escritura, ao dizer: "Oh! dá-me o livro. Por qualquer preço, dá-me o livro de Deus! Nele há conhecimento o bastante para mim. Deixe-me ser o homem de um só livro!"[392] Spurgeon comentou a respeito de John Bunyan:

> Corte-o em qualquer lugar e você descobrirá que o seu sangue é cheio de Bíblia. A própria essência da Bíblia fluirá dele. Ele não pode falar sem citar um texto, pois sua alma está repleta da Palavra de Deus.[393]

O pregador precisa ler não apenas a Palavra, como também o mundo ao seu redor; precisa ler o texto antigo e a nova sociedade à sua volta. John Stott comenta que "nós devemos estudar tanto o texto antigo quanto a cena moderna, tanto a Escritura quanto a cultura, tanto a Palavra quanto o mundo".[394]

Martyn Lloyd-Jones recomenda que cada pregador deve ler toda a Bíblia pelo menos uma vez por ano.[395] Ao mesmo tempo, ele aconselha:

> Não leia a Bíblia apenas para encontrar textos para sermões, mas leia-a porque é o próprio alimento que Deus providenciou para a sua alma, leia-a porque é a Palavra de Deus, porque é o meio pelo qual você conhece a Deus. Leia-a porque é o pão da vida e o maná providenciado para alimentar a sua alma bem como todo o seu ser.[396]

Além da Bíblia, todo pregador deve ser um sério estudante de teologia enquanto viver. Deve também estudar história da igreja, biografias, apologética, bem como outros tipos de leituras.[397] O pregador deve inteirar-se da história da igreja, porque a História é a grande intérprete da providência e da Escritura.[398]

W. A. Criswell, um dos maiores pregadores expositivos da atualidade, pastor da Primeira Igreja Batista de Dallas, uma igreja com mais de 20 mil membros, diz que o púlpito requer estudo constante, sem o que nenhum pregador pode atender às necessidades do seu povo. Nenhum homem pode atender às demandas de um púlpito se ele não estuda constante e seriamente.[399] Como um pregador que expôs toda a Bíblia, de Gênesis a Apocalipse em sua igreja, Criswell alerta que o ministro deve ser um estudante em todo lugar. Ele deve consagrar uma parte específica de cada dia para dedicar-se severa e sistematicamente ao estudo privativo. O pregador precisa estar cheio da verdade de Deus, porque, se a mensagem tem um pequeno custo para o pregador, ela também terá um pequeno valor para a congregação.[400] Criswell assim avalia a pregação contemporânea:

A VIDA DO PREGADOR

Não há dúvida de que a maioria dos sermões é ralo como uma sopa feita dos mesmos ossos durante o ano inteiro. Muitos pregadores usam clichês vazios de sentido. A mensagem de muitos púlpitos é banal e comum. Muitos pregadores estão cansados da sua própria maneira de pregar, visto que eles mesmos não têm fogo, nem entusiasmo, nem zelo, nem expectativa. Nossa pregação precisa alcançar continuamente nova profundidade em graça e em verdade e nova altitude de frescor em conteúdo. Sem essa firme e consistente apresentação do ensino da Santa Palavra de Deus, nosso povo cairá em toda sorte de erro, em muitas conhecidas heresias, tornando-se presa fácil de qualquer demagogia eclesiástica que flutue no mercado religioso.[401]

Deus mesmo prometeu dar pastores à sua igreja: "Eu lhes darei governantes [pastores] conforme a minha vontade, que os dirigirão com sabedoria e com entendimento" (Jr. 3.15). Se os pastores não forem homens de conhecimento, jamais poderão realizar o ministério de ensino e instrução ao povo de Deus. O conhecimento de que fala o profeta Jeremias refere-se tanto ao conhecimento da mente como o conhecimento do coração. É o conhecimento da verdade cristã aliado à experiência cristã.

É impossível ter graça no coração sem luz na mente. É impossível ter experiências gloriosas sem o conhecimento das Escrituras. O conhecimento do coração sem o conhecimento da mente não faz sentido. O conhecimento apenas da mente sem a piedade produz aridez. A experiência sem conhecimento produz emocionalismo e misticismo. Como fogo sem calor, isso é inútil. John Shaw declara que:

> Os ministros segundo o coração de Deus, em vários aspectos, são aqueles que têm a mente cheia de conhecimento e o coração cheio de graça. Para um ministro alimentar os seus ouvintes com conhecimento e inteligência sem ser ele mesmo um homem com

conhecimento e inteligência, seria tão impossível como ver sem os olhos ou ouvir sem os ouvidos.[402]

Infelizmente, há muitos pregadores despreparados no púlpito. Jay Adams comenta:

> Boa pregação exige trabalho árduo. De tanto ouvir sermões e falar com centenas de pregadores sobre pregação, estou convencido de que a principal responsabilidade pela pregação pobre dos nossos dias é do fracasso dos pregadores em dedicar tempo adequado e mais empenho e energia na preparação do seus sermões. Muitos pregadores, talvez até mesmo a maioria deles, simplesmente não investe tempo suficiente em seus sermões.[403]

Vivemos em um tempo de pregação pobre, aguada e mal preparada.[404] O pregador não pode viver se alimentando de leite magro durante a semana e querer pregar "leite tipo A" no domingo.[405]

Muitos pregadores não lidam corretamente com a Palavra de Deus. Muitos, até mesmo, distorcem a mensagem de Deus. Outros ainda mercadejam as Escrituras. Não poucos furtam a própria Palavra de Deus e pregam filosofias humanas, doutrinas de homens, visões e sonhos de seu próprio coração.[406] Muitos pregadores dão pedra ao povo de Deus, em vez de pão. Outros dão palha, em vez de pastos suculentos para o rebanho de Cristo. Há ainda aqueles que dão ao povo de Deus veneno, não alimento; serpentes, não peixes para suas refeições espirituais.

O Brasil experimentou um explosivo crescimento das igrejas evangélicas, especialmente as neo-pentecostais.[407] Embora muitas pessoas sejam alcançadas, a maioria delas não recebe um ensino fiel e consistente das Escrituras.[408] Vemos o sincretismo religioso prevalecer em muitos púlpitos evangélicos.[409] O misticismo prospera largamente em solo brasileiro. Como resultado, observamos uma geração analfabeta no quesito Bíblia.

Muitas pessoas procuram milagres e coisas extraordinárias, mas não o conhecimento da Palavra de Deus. Elas buscam experiência, mas não conhecimento. Estão obcecadas por prosperidade e cura, mas não pela salvação. Estão à procura da luz interior, mas não da verdade. As pessoas hoje desejam sentir-se bem, mas não ser confrontadas pela Palavra de Deus.[410] Infelizmente, muitos pregadores que brandem a espada do Espírito não sabem usá-la com destreza. Carregam a Bíblia, mas desconhecem o seu conteúdo. Pregam-na, mas distorcem a sua mensagem. Eles lêem a Bíblia, mas não a interpretam com acuidade. Tais pregadores ensinam a Bíblia, mas apenas para reforçar seus interesses inconfessos. Usam-na contra ela mesma. Assim, pregam não a Bíblia, mas os pensamentos enganosos de seu próprio coração.

Por outro lado, há também pregadores liberais. O liberalismo, fruto do racionalismo e do iluminismo, entra nos seminários, sob às cátedras das escolas de teologia e conduz milhares de estudantes à apostasia. Estes, arrotando uma falsa erudição, sobem ao púlpito, mas seus lábios destilam veneno mortífero. Eles sonegam a Palavra de Deus ao povo e julgam-se acima dela. Dão mais valor à tresloucada sabedoria humana do que à verdade eterna de Deus.

O liberalismo nega a inerrância, a infalibilidade e a suficiência das Escrituras. O liberalismo é um veneno mortífero. Aonde ele chega, destrói a igreja. O liberalismo mata muitas igrejas ao redor do mundo.[411] O liberalismo fechou muitas igrejas, como nos Estados Unidos, no Canadá e em vários países da Europa, onde o rebanho de Deus foi disperso por causa do liberalismo teológico. O pernicioso ensino do liberalismo dispersa o rebanho de Deus aonde quer ele chegue. Onde prevalece o liberalismo, a igreja morre. Nós devemos rejeitar e combater o liberalismo com todas as nossas forças. Tanto o misticismo quanto o liberalismo são perniciosos. Ambos devem ser confrontados com a Palavra de Deus. Ambos se desviaram das Escrituras. Ambos são um estorvo para o crescimento saudável da igreja.

Mais do que nunca, estamos precisando retornar ao princípio *Sola Scriptura* da Reforma. Os ministros precisam estudar as Escrituras com mais intensidade e acuidade. O pregador precisa ter fome da Palavra de Deus (Am 8.11). Somente a pregação da Palavra de Deus pode levar a igreja à maturidade e pode produzir os frutos que glorificam a Deus.

A Palavra de Deus é eterna, não muda, não se torna ultrapassada nem desatualizada. Ela foi o instrumento que Deus usou para trazer grandes reavivamentos na História. A Palavra de Deus produziu a reforma nos dias do rei Josias. Semelhantemente, a Palavra de Deus trouxe vida a Israel quando a nação era como um vale de ossos secos. A Palavra de Deus produziu uma grande restauração nos dias de Esdras e Neemias. Em Jerusalém, o reavivamento espalhou-se quando a Palavra de Deus foi proclamada com o poder do Espírito Santo. Quando a Palavra de Deus foi proclamada pelos crentes, o reavivamento espalhou-se para além das fronteiras de Jerusalém (At 8.1-4). O reavivamento de Éfeso foi o resultado do crescimento da Palavra de Deus (At 19.20).

Em Tessalônica, o grande despertamento ocorreu como resultado da proclamação da Palavra de Deus (1Ts 1.5-8). A Reforma do século XVI foi um retorno às Escrituras. Os grandes reavivamentos foram o resultado da restauração da centralidade das Escrituras.[412] O cristianismo é a religião de um único livro. A sublime, mais importante e urgente tarefa do pregador é devotar-se ele mesmo ao estudo, à observância e à pregação da Palavra de Deus (Ed 7.10).

Infelizmente, a tendência contemporânea está inclinada a remover a centralidade da Palavra de Deus em favor da liturgia.[413] O culto está sendo transformado em um festival musical, em que o som e as cores tomaram o lugar do púlpito; os cantores, o lugar do pregador, e a atuação, o lugar da unção. A falta de atenção à pregação da Palavra é um sinal da superficialidade da religião em nossos dias. "Sermõezinhos geram cristãozinhos."[414] "Um cristianismo de sermões pequenos é um cristianismo de fibra pequena."[415] Devemos orar para que os pregadores sejam homens da Palavra! Os pregadores precisam desesperadamente retornar à Palavra de Deus. Todo pregador precisa ter paixão pela Palavra de Deus. Ele deve lê-la, conhecê-la, obedecer a ela e pregá-la com autoridade, no poder do Espírito Santo.

Unção — a ação do Espírito Santo

Sem a presença, a obra, o poder e a unção do Espírito Santo, a igreja será como um vale de ossos secos. Sem a obra do Espírito Santo, não haverá pregação, não haverá pessoas convertidas tampouco crescimento saudável da igreja. A obra do Espírito Santo é tão importante quanto a obra da redenção que Cristo realizou na cruz. Somente o Espírito Santo pode aplicar a obra de Deus no coração do homem. Somente o Espírito Santo pode transformar corações e produzir vida espiritual. "Nenhuma eloqüência ou retórica humana poderia convencer homens mortos em seus delitos e pecados acerca da verdade de Deus."[416] Charles Spurgeon declara:

> Se eu me esforçasse para ensinar um tigre a respeito das vantagens de uma vida vegetariana, teria mais esperança em meu esforço do que tentar convencer um homem que ainda não nasceu de novo acerca das verdades reveladas de Deus concernentes ao pecado, à justiça e ao juízo vindouro. Essas verdades espirituais são repugnantes aos homens carnais, e uma mente carnal não pode receber as coisas de Deus.[417]

Sem a unção do Espírito Santo, nossos sermões tornar-se-ão sem vida e sem poder. É o Espírito quem aplica a Palavra, e ela não opera à parte do Espírito.[418] Na mesma linha de raciocínio, Spurgeon dá seu conselho aos pregadores: "Nós devemos depender do Espírito em nossa pregação".[419] Spurgeon sempre subia os quinze degraus do púlpito dizendo: "Eu creio no Espírito Santo".[420] Jay Adams diz que o

Espírito Santo transforma tanto o pregador quanto a sua pregação.[421] Arturo Azudia sabiamente declara:

> O alvo da pregação é diferente de qualquer outro discurso público. O sermão tem objetivos mais profundos. Ele pode, mediante o poder do Espírito, renovar e purificar os corações. Se ele falhar nesse intento, terá fracassado completamente. E ele sempre falhará se não for acompanhado do poder do alto. A renovação da alma é o que nenhum homem com toda a sua riqueza de aprendizado, erudição e poder de comunicação pode fazer. Essa obra não é feita nem por força, nem por poder, mas pelo Espírito de Deus.[422]

Conhecimento é importante, mas não é suficiente. Conhecimento, embora seja vital, nada pode fazer sem a unção do Espírito Santo. Você pode ter conhecimento e pode ser meticuloso em sua preparação, mas se não tiver a unção do Espírito, não terá poder e sua pregação não será eficaz.[423]

A unção é resultado de uma vida de oração. Outras coisas preciosas são dadas ao pregador pela oração e por outras coisas, mas a unção vem somente de uma vida de oração. Nada revela tanto a pobreza das nossas orações em secreto quanto a ausência da unção do Espírito em nossa vida e pregação. Uma pregação bonita, retoricamente bem elaborada, exegeticamente meticulosa, teologicamente coerente em geral revela a erudição e a capacidade do pregador, mas somente a unção do Espírito Santo revela a presença de Deus.[424] À parte da capacitação do Espírito Santo no ato da proclamação, a melhor técnica retórica fracassará totalmente no objetivo de transformar aqueles a quem nós pregamos.[425]

Todas as coisas no ministério de pregação dependem da presença, do poder e da plenitude do Espírito. A eloquência pode ser aprendida, mas a unção precisa ser recebida do alto. Os seminários podem ensinar os estudantes a ser grandes oradores, mas somente o Espírito Santo pode capacitá-los a ser pregadores cheios de poder. Livros de homilética podem ajudar os pregadores a preparar melhor os seus sermões, mas somente o Espírito Santo pode preparar eficazmente os pregadores. "Unção não se aprende com a retórica. Ela não é conseguida através da imitação de outros pregadores. Somente o Espírito Santo pode conceder unção ao pregador."[426]

Unção representa a efusão do Espírito, o que não é idêntico à mera animação. Toda paixão do pregador não constitui unção.[427] Assim como os santos sentimentos sugerem uma obra interior do Espírito, a unção enfatiza a manifestação externa do revestimento de poder.[428] A unção é a descida do Espírito Santo sobre o pregador de forma especial, capacitando-o com poder, de tal maneira que ele realize a obra da pregação de forma tão elevada, que passa a ser usado pelo Espírito e se transforma no canal através do qual o Espírito Santo opera.[429]

Não é bastante pregar sobre o poder, é preciso experimentá-lo. Não é suficiente falar acerca das coisas extraordinárias, é necessário viver uma vida extraordinária. Não é suficiente pregar aos ouvidos, é necessário também pregar aos olhos. Os ouvintes têm ouvido dos pregadores grandes sermões, mas não têm visto grandes obras em sua vida. Pregar sobre o poder do Espírito Santo é uma coisa, viver poderosamente sob a unção do Espírito é outra completamente diferente. Uma coisa é ter o Espírito como residente, outra é tê-lo como presidente. Uma coisa é possuir o Espírito, outra é ser possuído por ele. Uma coisa é ser habitado pelo Espírito Santo, outra é ser cheio do Espírito. Quando o Espírito Santo foi derramado em Pentecostes, os discípulos receberam poder para testemunhar (At. 1.8). Sem poder não há testemunho. Um poderoso testemunho demonstra evidências. Jesus enviou esta mensagem a João Batista, quando este estava assaltado por dúvidas na prisão:

Jesus respondeu: "Voltem e anunciem a João o que vocês estão ouvindo e vendo: os cegos vêem, os mancos andam, os leprosos são purificados, os surdos ouvem, os mortos são ressuscitados, e as boas-novas são pregadas aos pobres" (Mt 11.4,5).

Deus fez grandes coisas por meio de Filipe em Samaria. Filipe pregou aos ouvidos e também aos olhos. O povo não apenas ouviu, mas também viu as maravilhas que Deus realizara por Filipe. O evangelista Lucas relata:

> Indo Filipe para uma cidade de Samaria, ali lhes anunciava o Cristo. Quando a multidão ouviu Filipe e viu os sinais miraculosos que ele realizava, deu unânime atenção ao que ele dizia. Os espíritos imundos saíam de muitos, dando gritos, e muitos paralíticos e mancos foram curados. Assim, houve grande alegria naquela cidade (At 8.5-8).

Semelhantemente, o apóstolo Paulo pregou sob a influência e poder do Espírito Santo. Ele mesmo testemunha, "porque o nosso evangelho não chegou a vocês somente em palavra, mas também em poder, no Espírito Santo e em plena convicção. Vocês sabem como procedemos entre vocês, em seu favor" (1Ts 1.5). À igreja de Corinto, Paulo diz, "Minha mensagem e minha pregação não consistiram em palavras persuasivas de sabedoria, mas consistiram em demonstração do poder do Espírito" (1Co 2.4).

Jesus dependeu do Espírito Santo desde a sua concepção e nascimento (Lc 1.35) até a sua morte na cruz (Hb 9.14) e durante todo o seu ministério (At 10.38). Ele admoestou os discípulos a não começar o ministério até que fossem primeiramente revestidos com o poder do alto (Lc 24.49). A igreja até o capítulo 1 de Atos é a igreja de portas fechadas. A descrição daquela igreja é bem parecida com a maioria das igrejas hoje: gostam da comunhão, das orações, do estudo da Palavra, da eleição de oficiais. No entanto, quando o Espírito Santo desceu sobre os crentes no dia de Pentecostes, as portas foram abertas e a igreja de Deus começou a impactar a cidade e o mundo.[430]

As Escrituras repetidamente revelam a estreita conexão entre a vinda do Espírito Santo e a subseqüente proclamação da Palavra de Deus (Nm 11.29; 2Sm 23.2; 2Cr 24.20; Ne 9.30; Ez 11.5). No livro de Atos, Lucas menciona o poder do Espírito Santo em conexão com o testemunho do evangelho pelos discípulos (1.8; 2.1-14; 4.8; 4.31; 6.3,8,10; 8.4-8; 9.17-22; 11.24-26; 13.1-5,9-12).

Muitos pregadores e igrejas perderam a unção do Espírito Santo. Muitas igrejas têm influência política, riqueza, erudição, boa organização, belos templos, tecnologia sofisticada, pastores eruditos, mas não têm poder. A obra de Deus não é realizada através da força e da inteligência humana, mas através do poder do Espírito Santo (Zc 4.6).

Os pregadores geralmente se recusam a admitir que estão vazios do poder de Deus. Contudo, como eles querem impressionar as pessoas, buscam substitutos para esse poder, comprando um novo sistema de som para a igreja, modificando a liturgia do culto para provocar impressões mais fortes no auditório, introduzindo novos programas para substituir a ineficácia da pregação, pregando sermões mais curtos, dando maior ênfase à *performance* dos grupos musicais.[431] Alex Montoya comenta que essas coisas não substituem a falta da presença e da operação do Espírito Santo em nossas vidas.

Elementos artificiais não podem dar vida a um sermão morto pregado por um pregador destituído do Espírito.[432] Se quisermos alcançar os ouvidos dos santos e dos pecadores, o que mais necessitamos em nosso ministério é da unção do Espírito Santo.[433] Nada supera a importância da unção do Espírito na vida do pregador. "Cuidadosa preparação e a unção do Espírito Santo jamais devem ser consideradas alternativas, mas duas coisas absolutamente necessárias, que se completam uma à outra."[434]

O grande evangelista Dwight Moody recebeu uma unção especial para pregar a Palavra de Deus depois que duas humildes mulheres metodistas oraram por ele em Chicago. Elas lhe disseram: "Você precisa do poder do Espírito Santo". Então ele pediu às mulheres para orarem com ele, não simplesmente por ele. Pouco tempo depois as orações daquelas mulheres foram respondidas, quando Moody estava em Nova York. O próprio Moody relata a sua experiência:

> Eu estava clamando o tempo todo para que Deus me ungisse com o seu Espírito. Bem, um dia, na cidade de Nova York – oh, que dia! Eu não posso descrevê-lo... Eu posso somente dizer que Deus revelou-se a mim e tive tal experiência do seu amor que precisei pedir-lhe para suspender a sua mão de sobre mim. Depois desse dia, continuei pregando. Os sermões não eram diferentes; eu não preguei nenhuma nova verdade, mas centenas de pessoas eram convertidas.
>
> Se alguém me oferecesse o mundo inteiro para eu voltar a viver do mesmo jeito que vivi antes dessa abençoada experiência, desprezaria essa proposta e a consideraria apenas como pó em uma balança.[435]

O que Deus fez na vida de muitos pregadores no passado como Lutero, Calvino, Hugh Latimer, John Bradford, George Whitefield, John Wesley, Howel Harris, Daniel Howland, Jonathan Edwards, Dwight Moody e outros, ele pode fazer novamente. Martyn Lloyd-Jones escreve sobre a urgente necessidade de procurarmos o Espírito Santo e o seu poder. Ele diz:

> O que nós faremos diante dessas coisas? Só existe uma conclusão óbvia. Procuremos o Espírito Santo! Procuremo-lo! O que nós poderíamos fazer sem ele? Procuremo-lo! Procuremo-lo sempre. Mas devemos ir além de procurá-lo; devemos esperá-lo... A unção

do Espírito é a nossa suprema necessidade. Procuremo-la até a encontrarmos. Não se contente com nada menos do que a unção do Espírito. Prossiga até você poder dizer, "a minha palavra e a minha pregação não consistiram em linguagem persuasiva de sabedoria, mas em demonstração do Espírito e de poder". Deus é e sempre será poderoso para fazer infinitamente mais do que pedimos ou pensamos conforme o seu poder que opera em nós.[436]

LÓGICA EM FOGO — PAIXÃO

Pregação é lógica em fogo! Pregação é razão eloqüente! Pregação é teologia em fogo, é teologia vinda por meio de um homem que está em fogo.[437] John Stott comenta que Martyn Lloyd-Jones colocou o dedo num ponto crucial. Para que a pregação tenha fogo, o pregador precisa ter fogo, e esse fogo só pode vir do Espírito Santo. Os nossos sermões jamais pegarão fogo a menos que o fogo do Espírito Santo queime em nosso próprio coração.[438] "Quando estivermos apaixonados por Deus, nossa pregação será cheia de paixão."[439] A luz e o fogo, a verdade e a paixão devem andar juntos. Quando Jesus expôs a verdade aos discípulos no caminho de Emaús, o coração deles foi inflamado e começou a arder (Lc 24.32).

Nenhum homem pode ser um grande pregador sem grandes sentimentos.[440] O biógrafo John Pollock, escrevendo sobre a vida de George Whitefield, diz que ele raramente pregava um sermão sem lágrimas nos olhos.[441] Do mesmo modo, Moody raramente falava a uma alma perdida sem lágrimas nos olhos.[442] O pregador deve ser um homem de coração quebrantado que fala a homens de corações quebrantados. Richard Baxter entendeu a pregação como uma apaixonante e urgente tarefa. Dizia ele: "Eu prego como se jamais fosse pregar novamente; prego como se estivesse morrendo, para homens que estão morrendo".[443] É impossível pregar efetiva e eficazmente a Palavra de Deus sem paixão. "Pregação sem paixão não é pregação."[444]

PREGAÇÃO EXPOSITIVA
SUA IMPORTÂNCIA PARA O CRESCIMENTO DA IGREJA

Um pregador, certa feita, perguntou a Macready Garrick, um grande ator inglês, como ele poderia atrair grandes multidões para assistir a uma ficção enquanto ele estava pregando a verdade e não ajuntava grandes multidões para ouvi-lo. O ator respondeu: "Isto é simples. E posso explicar-lhe a diferença que existe entre nós. É que apresento a minha ficção como se fosse verdade; e você apresenta a sua verdade como se fosse ficção".[445] John Etter comenta:

> Entendemos a realidade da nossa pregação – pecado e salvação, céu e inferno, imortalidade e responsabilidade humana? O jurista, o legislador e o homem de Estado não têm tais temas; no entanto eles são geralmente mais eloqüentes que nós. O púlpito é envergonhado com a eloqüência superior das barras dos tribunais.[446]

Como pregadores, precisamos pregar com profunda convicção e paixão. Devemos crer profundamente na mensagem que pregamos. Devemos pôr o coração em nossa pregação. As pessoas podem até rejeitar a nossa pregação, mas jamais duvidar da nossa sinceridade. John Stott comenta o seguinte fato:

> David Hume era um filósofo deísta, britânico do século XVIII, que rejeitou o cristianismo histórico. Certa feita um amigo encontrou-o apressado caminhando pelas ruas de Londres e perguntou-lhe aonde estava indo. Hume respondeu que estava indo ouvir George Whitefield pregar. "Mas certamente", seu amigo perguntou atônito, "você não crê no que George Whitefield prega, crê?" "Não, eu não creio", respondeu Hume, "mas ele crê".[447]

A pregação apaixonada deve ser feita com o coração em chamas, pois não é um ensaio lido para um auditório desatento. A pregação é uma confrontação em nome do próprio Deus Todo-poderoso. Ela precisa ser anunciada com a alma em chamas, na autoridade do Espírito Santo. A.W. Criswell cita JohnWesley: "Ponha fogo no seu sermão, ou ponha o seu sermão no fogo".[448]

Somente um pregador revestido com paixão pode ser um poderoso instrumento nas mãos de Deus para produzir impacto nos corações. John Stott cita Chad Wash: "A verdadeira função do pregador é incomodar as pessoas que estão acomodadas e acomodar as que estão incomodadas".[449] John Nilton disse que "o propósito da pregação é quebrar os corações duros e curar os corações quebrados".[450] O pregador deve ser filho do trovão e filho da consolação e, geralmente, ambos no mesmo sermão.[451]

Geoffrey Thomas diz que um dos grandes perigos que os pregadores enfrentam na fé reformada é o problema do hiperintelectualismo.[452] Mas é preciso enfatizar que uma pregação intelectual não é uma pregação sem paixão. Na verdade, uma pregação intelectual e bem elaborada torna a verdade simples.[453] Montoya observa com muita clareza que:

> Nós necessitamos de paixão em nossa pregação. O pregador bíblico e conservador precisa estar absolutamente consciente da necessidade de equilíbrio entre a sólida exposição e a apaixonada apresentação da exposição. *Como* pregamos o sermão é tão importante quanto *o que* pregamos.[454]

Um pregador sem paixão cria uma audiência sem paixão. A falta de paixão e de vida nos sermões põe o povo para dormir, em vez de despertá-lo. Montoya ilustra:

> Um pregador olhando para o auditório durante sua prédica observou que um senhor idoso estava dormindo enquanto ele pregava. Então, disse para o jovem garoto que estava sentado perto do ancião sonolento: "Menino, você poderia fazer a

gentileza de acordar o seu avô que está dormindo ao seu lado?"
O menino prontamente respondeu: "Por que o senhor mesmo
não o acorda já que foi o senhor quem o pôs para dormir?"[455]

É chegado o tempo de restaurarmos a pregação ao lugar de absoluta
primazia. Deus requer uma pregação ungida, apaixonada, inflamada
pelo fogo do Espírito. O mundo carece desesperadamente de pregações
cheias de vigor e paixão. Não há espaço no púlpito para pregadores
frios, sem vida e sem paixão. O púlpito sem poder endurece o coração
dos ouvintes. Um pregador sem paixão é uma contradição de termos.
O pregador sem o calor do Espírito deveria recolher-se ao silêncio até
que as chamas voltassem a arder em seu coração. Quando perguntaram
a Moody como começar um reavivamento na igreja, ele respondeu:
"Acenda uma fogueira no púlpito". O pregador pode ser uma bênção
na igreja ou uma maldição. Neutro ele não pode ser. Devemos
glorificar a Deus por meio de uma pregação bíblica, fiel, ungida, cheia
de paixão, com maior senso de urgência para a salvação dos perdidos
e para a edificação dos santos. Finalizando, veja a ilustração de Charles
Spurgeon:

> Um homem foi soterrado acidentalmente por uma barreira que
> desabou, e muitos estavam cavando energicamente para libertá-
> lo. No local, estava alguém indiferente, apenas contemplando
> o drama, quando foi informado: "É seu irmão quem está lá
> embaixo". Essas palavras operaram nele uma imediata mudança;
> no mesmo instante pôs-se a trabalhar febrilmente para resgatá-lo.
> Se realmente desejamos salvar nossos ouvintes da ira vindoura,
> é preciso que sintamos empatia, compaixão e ansiedade; em
> uma frase: paixão e amor ardente. Que Deus nos conceda tais
> sentimentos.[456]

Capítulo 7

O RESULTADO DA PREGAÇÃO EXPOSITIVA

COMO JÁ VIMOS, a pregação expositiva está firmemente arraigada no solo da Escritura. Ela é largamente praticada ao longo da história da igreja. É um dos melhores instrumentos para levar uma igreja ao crescimento. Existem outros métodos, mas a pregação expositiva é o mais eficaz para levar as pessoas a Deus e promover o crescimento da igreja.

De acordo com o que ficou demonstrado, a pregação expositiva foi o principal estilo de pregação dos apóstolos, dos mais famosos pais da igreja, dos reformadores, dos puritanos e dos pregadores mais conhecidos da história cristã. A maioria dos grandes despertamentos, quando muitos compareciam às reuniões da igreja, era conduzida por meio de pregação expositiva poderosa. Os principais pregadores foram, sem dúvida, expositivos, como Pedro, Paulo, João Crisóstomo, Agostinho, Lutero, Calvino, Richard Baxter, Jonathan Edwards, Henry Ward Beecher, John Broadus, Alexander MaClaren, F.B. Meyer, Archibald Thomas Robertson, James S. Stewart, George Campbell Morgan e Martyn Lloyd-Jones, entre outros. Existe um grande número de pregadores expositivos hoje. Os mais conhecidos são: W.A. Criswell, Charles Swindoll, Warren W. Wiersbe, John MacArthur Jr., John Stott, John Piper, entre outros. A maioria de suas igrejas experimentou forte crescimento.

Neste último capítulo, tratarei dos resultados da pregação expositiva. A Palavra de Deus é poderosa. Ela cumpre os propósitos de Deus. A Palavra de Deus é viva e eficaz (Hb 4.12). Quando a Palavra de Deus é abraçada fiel e poderosamente, ela produz resultados tremendos. Um crescimento saudável da igreja é resultado direto da pregação poderosa (1Co 3.6-7). Deus honra a sua Palavra. Ela não volta para ele vazia (Is 55.11). Na igreja primitiva, Deus usou a pregação como um dos métodos mais importantes para salvar milhares de pessoas (At 2.14-41; 4.4; 5.42—6.1-7; 8.4-8). Os apóstolos foram, acima de tudo, pregadores (At 6.4). Todos os crentes tornaram-se pregadores (At 8.4). A Palavra de Deus foi propagada e muitos foram salvos.

Só Deus pode acrescentar pessoas à igreja (At 2.47; 1Co 3.6). Só ele promove o crescimento da igreja. Só o Espírito Santo tem poder para mudar vidas (Jo 3.5; Tt 3.5). A regeneração é uma obra exclusiva do Espírito Santo. Mediante a pregação, Deus chama os eleitos para a salvação (Jo 17.20; Rm 8.30; 10.17). Deus decidiu salvar as pessoas mediante a loucura da pregação (1Co 1.21). O evangelho é o poder de Deus para a salvação de todo aquele que crê (Rm 1.16). Além disso, o crescimento da igreja pode ser chamado de crescimento da Escritura (At 6.7; 12.24; 19.20). Quando a Palavra de Deus é pregada, Deus opera através dela para atrair a todos que escolheu para a salvação antes da fundação do mundo (Rm 8.29,30).

No século XX, porém, o Movimento de Crescimento da Igreja exerceu grande influência e trouxe algumas ênfases completamente opostas ao grande princípio da igreja apostólica de orientar o crescimento da igreja, segundo Atos 6.4. Assim, é quase impossível explicar o crescimento da igreja sem alguns comentários sobre o Movimento de Crescimento da Igreja. Algumas ligações devem ser examinadas. Explicarei algumas virtudes e algumas fraquezas desse movimento, fazendo uma avaliação crítica.

O CRESCIMENTO SAUDÁVEL DA IGREJA EM UM CONTEXTO INFLUENCIADO PELO MOVIMENTO DE CRESCIMENTO DA IGREJA

Duas forças contrárias à pregação expositiva e ao crescimento da igreja alcançaram fama no século XX. A primeira é o liberalismo teológico. "Esse movimento, que nega a infalibilidade da Escritura, entrou nos seminários, subiu aos púlpitos e se espalhou pela igreja como gás venenoso, enfraquecendo e até matando muitas igrejas".[457,] [458] A segunda força foi o ecumenismo. Esse movimento procurou pôr todos os tipos de fé e práticas religiosas sob o mesmo guarda-chuva, produzindo um grande sincretismo religioso.

Essas duas forças, hostis ao verdadeiro evangelho, exerceram forte influência negativa sobre a igreja no século XX. Primeiro, sufocaram o impulso missionário da igreja. "Se todas as igrejas são iguais, se o pluralismo religioso é verdadeiro e se todas as pessoas se acham na mesma condição, o evangelismo perde o seu propósito e certamente alcança uma conotação de proselitismo religioso".[459] Segundo, elas influenciaram os seminários para que excluíssem do currículo os programas de evangelismo e missões. Nesse contexto marcado pelo liberalismo e o ecumenismo, a pregação expositiva perde também a a prioridade no púlpito. George Hunter sugere que a *School of World Mission* em Fuller, fundada por MacGavran, "influenciou grandemente a reversão dessa tendência". David Smith afirma: "O movimento de crescimento da igreja foi uma revolta consciente contra a forma de cristianismo que fugiu dos princípios bíblicos".[460]

O Movimento de Crescimento da Igreja teve sua origem em 1930, quando Donald McGavran decidiu deixar sua posição administrativa na *United Christian Missionary Society* na Índia e passou dezessete anos plantando igrejas. Durante esse período, ele começou a se perguntar por que algumas igrejas alcançavam as pessoas e cresciam, enquanto outras declinavam. Refletiu sobre a questão: "Qual é o motivo que faz uma igreja crescer?" Descobrir a resposta para essa pergunta tornou-se a sua obsessão. Durante vinte anos, ele estudou igrejas na Índia, no México, nas Filipinas, na Tailândia, na Jamaica, em Porto Rico, na África Ocidental, no Norte da África e em outras terras.

Em 1955, o nome de McGavran tornou-se conhecido nas missões cristãs com a publicação do livro, *Bridges of God* (Pontes de Deus). Peter Wagner referiu-se a esse livro como "o volume notável que inaugurou o movimento de crescimento da igreja". Com a publicação do livro, McGavran tornou-se reconhecido na comunidade missionária e além dela, como o "pai do movimento de crescimento da igreja". *Undestanding Church Growth* (Compreendendo o crescimento da igreja) estabeleceu McGavran como o principal estrategista missionário estrangeiro.

Em 1961, McGavran teve a visão de criar um instituto para treinar pastores e missionários com a filosofia do crescimento da igreja. Com o crescimento e ampliação do Instituto, uma nova solução surgiu em 1965, quando o Seminário Teológico Fuller em Pasadena, Califórnia, convidou o instituto para transferir-se de Eugene, Oregon, para o Seminário e receber *status* acadêmico, como escola de missão mundial. Desde essa época, o Instituto de Crescimento da Igreja aumentou explosivamente no século XX, a ponto de Mulholland comentar: "Ninguém provavelmente influenciou tanto as missões evangélicas neste século quanto ele".[461]

McGavran compreendeu que a falta de crescimento da igreja está grandemente condicionada por pensamentos defensivos, por racionalizações teológicas e acomodação espiritual. Ele enfrentou vigorosamente todas essas racionalizações, desejando não só crescimento biológico ou de transferência, mas também, e sobretudo, um crescimento por conversão. Para ele, a falta de crescimento da igreja é uma enfermidade grave que precisa ser tratada.

Embora o Movimento de Crescimento da Igreja tenha feito contribuições importantes, ele possui também algumas fraquezas.[462] Uma das deficiências mais conhecidas desse movimento é a sua obsessão com números. A igreja saudável cresce normalmente, mas nem toda igreja que cresce é saudável. A "Catedral da Esperança" em Dallas, Texas, que recebe mais de 1,6 mil pessoas nos cultos da manhã de domingo, é um centro espiritual de "cristãos" homossexuais e lésbicas. Muitas seitas heréticas e denominações não-bíblicas cresceram explosivamente.

Não podemos medir verdadeiramente o sucesso de um ministério ou igreja apenas por seu aspecto numérico. Muitos profetas do Antigo Testamento não viram os resultados de suas obras, como Isaías (Is 53.1) e Jeremias (Jr 11.19-23; 12.6; 37.13,14). Jesus deixou claro que não tentou impressionar as multidões que queriam segui-lo com motivações erradas (Jo 6.60-71). É bem conhecido na história que alguns missionários trabalharam fielmente; todavia, eles não viram grandes resultados em seus ministérios.[463]

Os cristãos precisam buscar o crescimento numérico da igreja, mas não a qualquer custo. Os métodos utilizados para alcançar o crescimento numérico precisam passar pelo filtro da Escritura. Não podemos deixar-nos seduzir pelo pragmatismo, que não busca a verdade, mas apenas o que funciona.[464]

David Eby fez uma das críticas mais sólidas ao Movimento de Crescimento da Igreja em seu livro, *Power Preaching for Church Growth* (Pregação Poderosa para o Crescimento da Igreja). Eby mostrou que a base do crescimento da igreja apostólica, registrada no livro de Atos, era oração e pregação (At 6.4), enquanto o Movimento de Crescimento da Igreja não dá ênfase prática alguma a esses fatores primordiais.

O surpreendente não é que os pastores estejam interessados no crescimento da igreja ou que no Instituto de Crescimento da Igreja houve cerca de 334 livros escritos sobre o assunto desde 1972. O que espanta é que os livros sobre crescimento da igreja falam tão pouco sobre pregação. Todo pregador deveria ficar perplexo com essa omissão, todo líder de igreja deveria ficar intrigado com essa ostensiva exclusão.[465] David Eby pesquisou mais de cem livros do Movimento e 377 teses dos alunos do Instituto de Crescimento da Igreja do programa de doutorado do Seminário Fuller e só encontrou uma tese que enfatizava a pregação como um fator de crescimento. Na verdade, o lugar para começar a estudar o crescimento da igreja não é nos livros do século XX, mas no manual de Deus, o livro de Atos. Atos não é apenas um livro didático geral sobre o crescimento da igreja, mas também um manual específico para os pregadores sobre como pregar para obter o crescimento da igreja.[466]

Allison A. Trites, escrevendo a respeito do crescimento da igreja no livro de Atos, afirmou que Lucas identificou pelo menos três tipos de crescimento da igreja: numérico, geográfico e espiritual. Lucas descreve o crescimento fenomenal da igreja primitiva. Ela começou em Jerusalém (At 2.47; 4.4; 6.1-7), espalhou-se pela Judéia e Samaria (9.31; 12.24) e até os confins da terra, isto é, a missão aos gentios (16.5; 19.20). A igreja cresceu numérica, geográfica e transculturalmente.

Alguns aspectos do Movimento de Crescimento da Igreja esqueceram dos ensinamentos bíblicos. Martin Murphy diz que o pragmatismo é uma das filosofias básicas do movimento de crescimento da igreja. A frase: "se funciona, adote", capta o espírito do pragmatismo.[467] A visão pragmática tenta manter os sermões curtos, simples e pessoalmente inspiradores. Os tópicos são cuidadosamente escolhidos para enfatizar o pessoal em detrimento do doutrinário, e o relacional em detrimento do abstrato.[468] Por amor daqueles que buscam o elemento sensorial, a pregação permanece superficial, com milhares de cristãos confessos recebendo apenas uma leve dieta semanal de evangelismo.[469] Os cristãos, especialmente hoje, são consumidores, mas Deus não é um produto. Michael Horton afirma que "não estamos vendendo um artigo a um consumidor, mas proclamando o Salvador a um pecador". O Movimento de Crescimento da Igreja ensina que o *marketing* é necessário para que a igreja cresça. Martyn Murphy comenta:

> Vender Jesus é uma arte para os especialistas no crescimento da igreja. O evangelismo não é mais centrado em Deus, mas no cliente. Os cantores tentam deslumbrar o público com uma música que impressiona. Os pregadores pregam para atender às "necessidades aparentes", usando aforismos populares, expondo raramente a Palavra infalível de Deus ou usando habilidades exegéticas e hermenêuticas eficientes.[470]

O verdadeiro crescimento da igreja, tanto quantitativo quanto qualitativo, não surge mediante a ciência da pesquisa social e das técnicas de *marketing*, mas por meio da pregação, reavivamento e reforma.[471] Muitos pregadores na atualidade, infelizmente, pensam que a igreja, como a rede de lanchonetes McDonald's, deve descobrir o que torna as pessoas felizes e oferecer isso sem considerar as implicações teológicas. As mensagens são mantidas deliberadamente leves e simples, cheias de humor e anedotas, a fim de prender os ouvintes, que nunca se tornam uma congregação.

Uma pesquisa recente feita por Thom Rainer em 576 igrejas batistas que evangelizam com maior eficiência nos Estados Unidos indica dez surpresas que contradizem alguns conceitos popularizados pelo Movimento de Crescimento da Igreja. Rainer afirma que as igrejas mais eficientes em alcançar os perdidos são aquelas que se concentraram no que é básico: pregação bíblica, oração, testemunho deliberado, missões e treinamento bíblico na escola dominical.[472]

Todo pastor anseia pelo crescimento da igreja. Todo pregador deve buscar o crescimento da igreja. Jesus, o mestre supremo, veio buscar e salvar o perdido. "A Bíblia não considera o evangelismo uma opção pastoral, mas um mandado pastoral".[473] Fazer discípulos de todas as nações é o mandamento urgente e imutável de Jesus para a sua igreja. Não podemos satisfazer-nos com a esterilidade da igreja. Um corpo sadio deve crescer. Portanto, devemos trabalhar e orar sinceramente pelo crescimento da igreja. Horatius Boner proclama a absoluta necessidade do crescimento da igreja mediante o ministério cristão:

> Temos por certo que o objeto do ministério cristão é converter pecadores e edificar o corpo de Cristo. Nenhum ministro fiel pode recusar-se a isso. Aplauso, fama, popularidade, honra e riqueza — tudo isso é vaidade. Se as almas não forem ganhas, se os santos não amadurecerem, nosso ministério em si é vão.[474]

A PREGAÇÃO EXPOSITIVA COMO UM DOS FATORES MAIS IMPORTANTES NO CRESCIMENTO DA IGREJA

A noção de que o crescimento da igreja pode ocorrer sem a pregação bíblica pode ser popular, mas é estranha à Escritura. Joe Hardin afirma corretamente:

> Observo que as igrejas em que os pastores deram alta prioridade à pregação tenderam a ser igrejas que crescem. Onde a mensagem foi tediosa, sem vida, mal organizada e transmitida ineficazmente, parecia haver uma atmosfera de derrota e desespero, seguida de perto pelo declínio na freqüência e membresia.[475]

Roger Greenway afirma: "Toda igreja em crescimento, sem exceção, tem um ministério do púlpito melhor do que a média". Peter Wagner corrobora: "Nos Estados Unidos, o principal fator catalítico para o crescimento em uma igreja local é o pastor". Joe Harding comenta sobre essa realidade:

> Estudos sobre o crescimento da igreja, como a pesquisa conduzida por Win Arn do *Institute for American Church Growth*, indicam que apenas de 8% a 12% dos 4 mil convertidos entrevistados começaram a freqüentar a igreja porque o pastor os atraiu. Infelizmente,

> esses dados foram interpretados por alguns como significando que a liderança do púlpito não tem grande importância. Essa conclusão parece mais reforçada quando aprendemos que pesquisa após pesquisa indica que 70% a 80% dos novos convertidos foram pessoalmente convidados por parentes e amigos. É também importante compreender o que os estudos não medem. Ou seja, o papel da pregação dinâmica, entusiasta, bem preparada e bíblica e sua relação com o crescimento da igreja. Os leigos não são simplesmente motivados a convidar amigos, parentes e colegas de trabalho para um culto que seja entediante ou lhes cause sonolência, ou para uma mensagem que não faça sentido para a vida.[476]

A pesquisa de Thom Rainer concluiu que entre todos os fatores possíveis que levam a igreja ao crescimento evangelístico, a pregação era claramente o elemento mais importante. Mais de 90% dos que responderam à pesquisa indicaram a pregação como um fator predominante na eficácia evangelística de sua igreja. A pesquisa de Thom Rainer revelou também que a pregação expositiva é o estilo mais usado por aqueles pastores e um dos melhores estilos para pregar eficazmente a Palavra de Deus.

Do mesmo modo, Song Woo Hong analisou mil pastores e mil líderes leigos da Igreja Evangélica Coreana em toda a República da Coréia em 1982 e 1983, chegando a importantes conclusões sobre a influência da pregação no crescimento da igreja. 98% dos pastores e leigos consideraram a pregação "importantíssima" para o crescimento da igreja e 45,8% consideraram a pregação como o fator "mais importante" no crescimento da igreja. Mais de 30% consideraram a pregação expositiva como "o estilo favorito de pregação".

A oração e a pregação são os grandes instrumentos usados por Deus para proporcionar o crescimento da igreja na Coréia do Sul. Um dos movimentos religiosos que mais crescem no mundo hoje é a igreja evangélica da Coréia do Sul. Cerca de um milhão de pessoas convertem-se ao cristianismo todos os anos. Jejum e oração acompanham a pregação. Mais de 5 mil "montanhas de oração" foram estabelecidas — retiros nas montanhas em que os cristãos passam dias ou semanas em oração. Não é de admirar que um terço da população coreana passasse a fazer parte de uma igreja cristã.

Segundo o Novo Testamento e, especialmente, o livro de Atos, não podemos ter crescimento na igreja sem pregação. Não havendo pregação, a igreja não cresce."A pregação é o coração, o sangue, todo o sistema circulatório da vida e do crescimento da igreja".[477] "Proclamar a mensagem redentora do evangelho para os pecadores e expor a Palavra para os santos deve ser o centro de todo o ministério da igreja".[478]

David Eby analisa a profunda relação entre a pregação bíblica e o crescimento da igreja no livro de Atos. De acordo com ele, Lucas tem três mensagens para os pregadores: (1) sua igreja crescerá mediante a pregação; (2) sua pregação deve conformar seu conteúdo ao que foi pregado pelos apóstolos; e (3) sua pregação deve conformar-se também em maneira e método à pregação da igreja da nova aliança capacitada pelo Espírito. Como demonstrado no capítulo dois, a pregação apostólica foi fundamentalmente expositiva. Portanto, o livro de Atos é uma demonstração viva da eficácia desse tipo de pregação para produzir o crescimento da igreja.

O crescimento numérico da igreja primitiva está ligado à pregação apostólica. Crescimento da igreja é crescimento da pregação (At 2.42; 6.7; 12.24; 13.49; 19.20). David Eby comenta:

> A igreja cresce à medida que a Palavra cresce. A igreja aumenta quando a Palavra se multiplica, espalha-se e prevalece — apesar de oposição, perseguição e barreiras culturais. A definição de crescimento da igreja dada por Lucas é crescimento da Palavra e crescimento da Palavra é crescimento da pregação. Crescimento da igreja é Deus levando o povo para ouvir a pregação e obedecer a ela.[479]

O crescimento da igreja resulta da pregação. Pedro pregou o seu primeiro sermão em Pentecostes e quase 3 mil pessoas se arrependeram e creram em Jesus. "Então os que lhe aceitaram a palavra foram batizados, havendo um acréscimo naquele dia de quase 3 mil pessoas" (At 2.41). O crescimento da igreja de Jerusalém começou com a pregação. Embora o evento de Pentecostes tivesse sido marcado por enormes milagres, só a exposição da Palavra de Deus havia levado as pessoas a crer em Jesus. Os milagres abriram a porta para reunir as pessoas, mas só a Escritura pregada no poder do Espírito Santo havia levado o povo à salvação em Jesus.

> Os sinais e prodígios ocorreram e tinham de ocorrer para dar credibilidade aos profetas e à era da nova aliança; no entanto, a ênfase principal de Lucas não estava nos eventos poderosos mas sim, no poder da pregação. Lucas foca a Palavra do Senhor e seu poder para aumentar, multiplicar, penetrar e transformar.[480]

Como resultado do segundo sermão de Pedro, a igreja recebeu mais de 2 mil pessoas. "Muitos, porém, dos que ouviram a palavra, a aceitaram, subindo o número de homens a quase 5 mil" (At 4.4). Por meio do poderoso testemunho da igreja, mais pessoas foram salvas. "E crescia mais e mais a multidão de crentes, tanto homens como mulheres, agregados ao Senhor" (5.14). Lucas registra o crescimento contínuo da igreja. "Naqueles dias, multiplicando-se o número de discípulos..." (At 6.1).

Em conseqüência desse crescimento, os apóstolos resolveram consagrar-se unicamente à oração e ao ministério da Palavra (At 6.4). "Atos 6.4 é a principal declaração no manual de Deus sobre crescimento da igreja".[481] O primeiro motivo da falta de poder da pregação, segundo o texto, é a negligência na oração e na pregação. O crescimento da igreja depende do poder da pregação e este depende dos pastores que fazem da pregação e da oração sua maior prioridade. Como resultado da decisão dos apóstolos, a igreja continuou a crescer. "Crescia a palavra de Deus, e, em Jerusalém, se multiplicava o número dos discípulos, também muitíssimos sacerdotes obedeciam à fé" (At 6.7).

O crescimento da igreja mudou dos membros para novas comunidades. Lucas relata:

> A igreja, na verdade, tinha paz por toda a Judéia, Galiléia e Samaria, edificando-se e caminhando no temor do Senhor, e no conforto do Espírito Santo, crescia em número (At 9.31).

Lucas revela a manifestação do poder de Deus ao curar Enéias por meio de Pedro e salvar duas cidades inteiras. "Viram-no todos os habitantes de Lida e Sarona, os quais se converteram ao Senhor" (At 9.35). Em Jope, Pedro foi usado por Deus para ressuscitar Dorcas. O resultado foi o crescimento da igreja. "Isto se tornou conhecido por toda Jope, e muitos creram no Senhor" (At 9.42).

Os cristãos dispersos pela perseguição em Jerusalém pregaram aos judeus e gregos (At 11.19,20) e o resultado foi tremendo. "A mão do Senhor estava com eles e muitos, crendo, se convertiam ao Senhor" (At 11.21). Muitos foram convertidos ao Senhor mediante o ministério de Barnabé em Antioquia."E muita gente se uniu ao Senhor" (At 11.24).

Mesmo perseguida por Herodes, a igreja continuou a crescer. Herodes morreu, e a Palavra de Deus predominou. O crescimento da igreja é representado pelo crescimento da Palavra: "Entretanto, a palavra do Senhor crescia e se multiplicava" (At 12.24). Na primeira viagem missionária de Paulo e Barnabé, muitos creram em Jesus mediante a pregação da Palavra de Deus. Lucas registra:

> Os gentios, ouvindo isso, regozijaram-se e glorificaram a palavra do Senhor e creram todos os que haviam sido destinados para a vida eterna. E divulgava-se a palavra do Senhor por toda aquela região (At 13.48,49).

A pregação poderosa produziu grandes resultados em Icônio. "Em Icônio, Paulo e Barnabé entraram juntos na sinagoga judaica e falaram de tal modo, que veio a crer grande multidão, tanto de judeus como de gregos" (At 14.1). Lucas descreve o fortalecimento das igrejas e o seu crescimento diário. "Assim, as igrejas eram fortalecidas na fé e, dia a dia, aumentavam em número" (At 16.5).

Em conseqüência da exposição das Escrituras em Tessalônica, muitos foram salvos. "Alguns deles foram persuadidos e unidos a Paulo e Silas, bem como numerosa multidão de gregos piedosos, e muitas distintas mulheres" (At 17.4). Melhores resultados foram colhidos em Beréia em conseqüência da exposição das Escrituras:

> Ora, estes de Beréia eram mais nobres que os de Tessalônica. Pois receberam a palavra com toda a avidez, examinando as Escrituras todos os dias para ver se as coisas eram de fato, assim. Com isso, muitos deles creram, mulheres gregas de alta posição e não poucos homens (At 17.11,12).

Em Corinto, Paulo colheu uma grande safra como resultado da sua pregação. "Mas Crispo, o principal da sinagoga, creu no Senhor, com toda a sua casa; também muitos dos coríntios ouvindo, criam e eram batizados" (At 18.8). Em Éfeso, a Palavra de Deus prevaleceu mediante o ministério de Paulo. "Assim, a palavra do Senhor crescia e prevalecia poderosamente" (At 19.20).

David Eby, em seu livro *Pregação poderosa para o crescimento da igreja*, descreve três princípios vitais relativos às expectativas de crescimento da igreja no livro de Atos. A primeira é que os ministérios fiéis podem produzir colheitas diferentes. Em Jerusalém, os resultados foram abundantes (2.41), mas em Roma não o foram (28.24). Quando o povo ouviu a Pedro, milhares tornaram-se cristãos (2.37,41), mas, quando o Conselho do Sinédrio ouviu o corajoso testemunho de Pedro, seus membros se enfureceram e queriam matar os apóstolos (5.33). Quando

Estêvão pregou seu sermão, os ouvintes o mataram, em vez de arrepender-se dos seus pecados. Alguns respondem positivamente à mensagem; outros, negativamente.

O segundo princípio essencial é: Deus é soberano no que se refere ao crescimento da igreja. Alguns ministérios fiéis, nos propósitos soberanos de Deus, podem resultar em pouco crescimento, nenhum crescimento ou crescimento retardado. No caso de qualquer pastor que esteja recebendo muito fruto de seu trabalho, o antídoto eficaz contra o orgulho é a lembrança de que os crentes não são levados à fé por meio da pregação brilhante, da personalidade atraente ou de programas magnéticos, mas pela graça de Deus (18.27).

O terceiro princípio cardeal é que o tamanho e índices de crescimento da igreja variam muito. Isto é especialmente importante em uma cultura que idolatra a megaigreja como a quintessência do sucesso. A igreja em Jerusalém tinha milhares de membros. A de Cesaréia começou com uma família (At 10), e a de Chipre, com um crente (13.12). As igrejas de Antioquia (11.21,15), Antioquia da Pisídia (13.44-49), Icônio (14.11), Derbe (14.21), Tessalônica (17.4), Beréia (17.12), Corinto (18.8) e Éfeso (19.10,18-20) foram descritas por Lucas como igrejas grandes que começaram com colheitas abundantes.

No entanto, as igrejas de Listra (14.20), Filipos (16.14,15,34), Atenas (17.34) e Roma (28.15,24) começaram ou são descritas em termos pouco promissores. Qual a razão da diferença? Por que algumas igrejas são pequenas e outras grandes? Por que Lucas retrata algumas igrejas com um início pequeno e, provavelmente, crescendo de forma lenta, enquanto outras começam grandes e parecem continuar crescendo rapidamente? Devemos nos curvar com humildade diante desses fatos do crescimento da igreja e admitir que são expressões do eterno propósito de Deus, segundo o conselho da sua vontade, por meio do qual para a sua glória preordenou tudo que haverá de acontecer.

A mesma realidade vista no livro de Atos pode ser confirmada no ministério de João Calvino. Ele era, acima de tudo, expositor da Escritura. Sua pregação era o mais importante instrumento para transformar Genebra. Ronald Wallace comenta:

> Calvino ficou convencido de que é preciso permitir que o desafio e poder do evangelho purifiquem, regenerem e dirijam não só o coração humano, mas também todo e qualquer aspecto da vida social terra na — assuntos familiares, educação, finanças e política. Cristo não buscou apenas um altar no coração humano para o seu ministério sacerdotal, mas também um trono no centro de toda vida humana para o seu ministério real.[482]

Um milagre além da concepção humana teve lugar em Genebra. Quando o chamaram para que voltasse a ser o seu pastor, o Conselho lhe escreveu: "Oramos sinceramente para que se transfira para cá e volte ao seu antigo cargo e ministério; esperamos também, com a ajuda de Deus, que isso venha a ser benéfico e produtivo para o aumento do santo evangelho".[483] A maioria deles viveu para ver isso acontecer.

Depois de menos de vinte anos de esforços, planejamento, oração, pregação, conflito, mal-entendidos, sofrimento, colaboração, educação, obras benevolentes, conselhos políticos e ajuda, Genebra tornou-se o que J. S. Neale descreveu como "uma sociedade piedosa em ordem real de funcionamento" e o que John Knox, ecoando a opinião de muitos outros, chamou de "principal e mais perfeita escola de Cristo desde os apóstolos".

De Genebra, João Calvino influenciou o mundo cristão mais amplamente de várias formas. Ele quase sempre pregava continuamente vários livros da Bíblia em uma série de sermões. Muitos desses se expandiram e tornaram-se comentários práticos sobre o texto da Escritura. Depois foram impressos para maior circulação. As pessoas procuravam-no em Genebra para aconselhar-se, e a cidade tornou-se um abrigo para refugiados da perseguição em outras partes. Alunos vinham de todas as partes do mundo para estudar e ser treinados para o ministério do evangelho.

O crescimento da igreja e a pregação expositiva eficaz são inseparáveis. A maioria dos pastores das igrejas que experimentaram um crescimento saudável e equilibrado adotou a pregação expositiva. Martyn Lloyd-Jones foi um grande referencial da pregação expositiva na Capela de Westminster em Londres durante muitos anos, até sua morte em 1981. Milhares de pessoas o ouviam todos os domingos e milhares de pastores em todo o mundo sentem o poder de Deus nos sermões de Lloyd-Jones: em audio ou impressos.

W.A. Criswell é outro exemplo do glorioso resultado da pregação expositiva. Sob sua liderança guiada pelo Espírito, a Primeira Igreja Batista de Dallas continua crescendo. A membresia excedeu em muito as 20 mil pessoas e continua aumentando a cada semana. "Em nossa Primeira Igreja Batista em Dallas, passei dezessete anos e oito meses pregando de Gênesis a Apocalipse. Foi uma bênção incomparável para mim e para as pessoas".[484]

Bob Russell é também um bom exemplo do resultado da pregação expositiva. Desde 1966, a Southeast Christian Church aumentou de 125 mil a mais de 13,5 mil pessoas nos cultos. Russell revela a importância capital da pregação expositiva para levar a igreja ao crescimento:

> A pregação é um chamado poderoso. Precisamos desesperadamente de igrejas com pregadores e professores que creiam na Palavra de Deus, ensinem a Palavra de Deus e apliquem a Palavra de Deus à vida diária dos ouvintes. Deus é fiel em usar essa convicção para aumentar a congregação do seu povo.[485]

John MacArthur Jr. é um dos mais conhecidos expositores bíblicos e conhecido palestrante da América do Norte, autor de *best-sellers*. Ele é pastor titular da Grace Community Church em Sun Valley, Califórnia.

Sua igreja foi fundada há mais de trinta anos e experimentou enorme crescimento em quase toda a sua história. Em um domingo típico, cerca de 10 mil pessoas comparecem aos cultos. A pregação expositiva é essencial no ministério de MacArthur. Ele compreende que a filosofia que combina a técnica de *marketing* com a teoria do crescimento da igreja resulta em má teologia:

> A filosofia que combina a técnica de *marketing* com o crescimento da igreja está arraigada no arminianismo, que considera a conversão nada mais que um ato da vontade humana. Seu alvo é uma decisão humana instantânea, em vez de uma transformação radical do coração, operada pelo Deus Todo-poderoso mediante a obra persuasiva do Espírito Santo e a verdade da sua Palavra. Uma crença sincera na soberania de Deus na salvação eliminaria grande parte da insensatez que acontece na igreja.[486]

Timothy Keller é um dos mais fortes exemplos da eficácia da pregação expositiva para levar a igreja ao crescimento. Ele começou uma nova igreja no coração de Manhattan em 1989. Como pastor titular, pregou durante doze anos para uma elite de novaiorquinos. Sua pregação é expositiva. Os resultados são espetaculares. A Igreja Presbiteriana Redeemer não tem templo e reúne-se atualmente em dois locais em três horários diferentes. Enquanto isso, a média de freqüência da Redeemer, em um domingo comum, é de cerca de 3,5 mil pessoas, embora fosse mais exato dizer que há cerca do dobro desse número que freqüenta regularmente a igreja.

Existem centenas de outros exemplos que poderiam ser mencionados para confirmar que a pregação expositiva é essencial para revitalizar a igreja e levá-la a crescer. Com esse propósito, todo pastor e toda igreja devem voltar à Escritura e aprender também sobre sua história, restaurando a pregação expositiva ao verdadeiro lugar. Se quisermos realmente um crescimento saudável da igreja, a pregação expositiva não deve ser considerada um apêndice, mas a tarefa mais nobre e preciosa da igreja, o fator mais importante que produz o crescimento.

A pregação expositiva é um instrumento vital para o crescimento da igreja no Brasil

As igrejas evangélicas crescem rapidamente na América Latina e, especialmente, no Brasil. Calcula-se que a comunidade protestante em toda a América Latina está crescendo 10% ao ano, o que significa que ela dobra a cada oito anos.[487]

Um estudo confidencial empreendido pelos bispos católico-romanos brasileiros e enviado ao Vaticano, à véspera da viagem do papa João Paulo II ao Brasil, em 1991, calculou que a igreja católica brasileira estava perdendo 600 mil membros por ano para as denominações protestantes e outros grupos religiosos. As estatísticas revelam que os católicos brasileiros que realmente praticam a sua fé eram em menor número do que os evangélicos praticantes.[488]

Está acontecendo um crescimento explosivo da igreja pentecostal na América Latina e especialmente no Brasil. Em 1969, 63,3% entre os protestantes na América Latina eram pentecostais de um ou outro tipo. Essa proporção aumentou desde 1969, e, em 1973, eles tinham alcançado mais de dois terços.[489]

As igrejas protestantes históricas, embora tenham entrado no Brasil antes das pentecostais, não experimentaram o mesmo nível de crescimento numérico.

Nos últimos cinco anos, a Igreja Presbiteriana do Brasil vem experimentando um nível mais elevado de crescimento do que nas duas décadas anteriores. Em 2000, ela alcançou 448.583 membros. Isto significa que o índice de crescimento de 1996 a 2000 revela uma elevação substancial de 2% a 5,5% ao ano.

Não obstante, quando comparamos a taxa de crescimento da Igreja Presbiteriana do Brasil com algumas igrejas locais, concluímos que a pregação expositiva faz uma grande diferença. A maioria das igrejas cujos pastores são expositores experimentam níveis qualitativos e quantitativos de crescimento mais altos. A fim de esclarecermos esse ponto seguem-se alguns exemplos.

Um exemplo é a Oitava Igreja Presbiteriana de Belo Horizonte, Minas Gerais. O reverendo Jeremias Pereira da Silva, pastor auxiliar de 1982 a 1987, tornou-se pastor titular dessa igreja em 1988, quando ela tinha 350 membros. Em doze anos, a Oitava Igreja Presbiteriana de Belo Horizonte construiu um novo e amplo templo e tem cerca de 2,6 mil membros. A igreja expandiu o seu ministério local, plantou novas igrejas e influenciou a cidade e a nação. O reverendo Jeremias é um dos pregadores expositivos mais conhecidos da igreja presbiteriana. O crescimento rápido e volumoso dessa igreja está ligado de perto com a pregação expositiva poderosa.

Outro grande exemplo da eficácia da pregação expositiva pode ser observado no ministério do saudoso reverendo Wilson de Souza Lopes, conhecido expositor bíblico, da Igreja Presbiteriana de Ribeirão Preto, São Paulo. A partir de 1981 até 1989, o reverendo Wilson, mediante a exposição das Escrituras, desafiou a igreja antiga a plantar outras igrejas. Ao iniciar seu ministério nessa igreja, em 1981, havia 220 membros. Quando a deixou, oito anos mais tarde, o número subira para 880 membros e haviam sido plantadas mais de dez novas igrejas com 80 a 100 membros em cada uma. Segundo o testemunho do reverendo Wilson, o grande incremento dessa igreja resultou do despertamento produzido pela exposição das Escrituras. A maioria dos pregadores comprometidos com a pregação expositiva experimenta níveis diferentes no crescimento de igreja — qualitativo ou quantitativo.

O CRESCIMENTO NUMÉRICO NÃO É UM FIM EM SI MESMO

A sociedade atual está sempre ávida por resultados. O sucesso é medido por resultados. O número de membros é a medida da grandeza de uma igreja. É claro que o número é importante, o crescimento numérico é necessário. Não podemos associar fidelidade à esterilidade. Os números, porém, não bastam. Uma igreja pode ser grande e continuar divergindo do propósito de Deus. Uma grande multidão dentro da igreja nem sempre é um sinal da aprovação de Deus.

Muitas igrejas sacrificaram seu compromisso com a Palavra de Deus para "ganhar mais membros". Outras igrejas obedeceram às leis do mercado, em vez de observar os mandamentos de Deus. Existem igualmente igrejas que mudaram a mensagem para atrair pessoas aos seus templos. Elas pregam outro evangelho; proclamam o que as pessoas *querem* ouvir, não o que elas *precisam* ouvir. Deturpam a mensagem, adulteram o evangelho e violam os princípios de Deus para alcançar sucesso.

Vi no Brasil e em outros países várias igrejas que proclamam milagres sobrenaturais em nome de Deus e pregam uma mensagem sensacionalista, fazendo várias promessas às pessoas sobre o que Deus não prometeu nas Escrituras. São muitos os pregadores que anunciam em nome de Deus o que ele não disse (Jr 23.25-32).

Esses pregadores sabem que as pessoas têm interesse em ver milagres e contemplar coisas extraordinárias (Mt 12.38; Lc 23.8; 1Co 1.22). Em conseqüência, fazem promessas irreais. Várias profecias, visões e milagres anunciados ao povo como realidade não são verdadeiros. Eles acreditam erradamente que tudo que é proclamado como obra de Deus é executado por Deus. Contudo usar o nome de Deus e prometer em nome dele algo que ele não garantiu, é um falso testemunho contra Deus (Jr 23.30,31).

Desse modo, quando vemos grandes multidões nas igrejas que adulteraram o evangelho, essa não é uma representação genuína de crescimento da igreja. O verdadeiro crescimento da igreja ultrapassa o crescimento numérico. Deus espera mais do que membros em sua igreja. O alvo da igreja não deve ser apenas o crescimento numérico como também um crescimento sadio. Os números não são o único critério para medir o sucesso da igreja.

Deus busca indivíduos convertidos, verdadeiros discípulos de Jesus. O crescimento da igreja não pode ser alcançado à custa da fidelidade às Escrituras. A verdade não pode ser sacrificada para atrair mais pessoas para a igreja. Jesus não mudou seus métodos ou a sua mensagem quando a multidão o abandonou (Jo 6.66-69). A porta do céu é estreita. O caminho para o céu é estreito. Sem arrependimento e fé, sem um novo nascimento realizado pelo Espírito Santo, ninguém pode ver o Reino de Deus. O crescimento da igreja é claramente uma expressão da vontade divina, mas os números não bastam. Precisamos usar a Palavra de Deus, os princípios, os métodos e o poder de Deus para guiar as igrejas ao crescimento. Muitos pregadores fazem uso hoje de metodologias seculares com a finalidade de levar pessoas à igreja. As leis do pragmatismo são bastante populares. Embora pareçam funcionar, não funcionam aos olhos de Deus. O que é um sucesso para o homem pode ser um completo fracasso na perspectiva divina. A avaliação de Deus é muito diferente daquela do homem. A igreja de Laodicéia considerava-se rica e poderosa, mas Jesus considerou-a pobre e miserável (Ap 3.17). Sardes julgou ser uma igreja viva, mas, aos olhos de Jesus, ela estava morta (Ap 3.1). Devemos observar os princípios de Deus para guiar uma igreja ao crescimento, em vez de observar as leis do pragmatismo. Deus não quer apenas números, mas também números que representem um povo transformado, salvo por Jesus e selado pelo Espírito Santo para uma vida nova e poderosa.

O crescimento numérico da igreja é da vontade de Deus. O céu regozija-se com cada pecador salvo (Lc 15.10). Deus tem prazer na salvação dos perdidos (Ez 33.11). Jesus veio para salvar os perdidos (Lc 19.10). Existem abundantes dados estatísticos sobre o crescimento numérico da igreja primitiva. Ele é retratado em diferentes ângulos: crescimento numérico, multiplicação de igrejas e predomínio da Palavra.

Ao observar os princípios da Escritura, podemos concluir que há crescimento numérico da igreja sem pregação, mas é impossível ter um crescimento saudável e espiritual sem uma pregação bíblica forte e espiritual.[490] Existem, evidentemente, outros fatores que promovem o crescimento, como oração, discipulado, escola bíblica, grupos pequenos, comunhão e outros. A pregação, porém, especialmente a expositiva, tem a primazia entre outras causas.

Quando a igreja alcança um índice elevado de crescimento saudável a pregação tem sempre grande ênfase. Durante os eventos mais importantes da história da igreja, como reforma e reavivamentos, a pregação ocupou uma posição destacada. Se, por um lado, a pregação poderosa marcou os momentos culminantes da história da igreja, por outro as crises mais profundas da igreja foram causadas pelo fracasso na pregação. A fraqueza da igreja é resultado da pregação débil. A falta de crescimento da igreja é um diagnóstico da falta de pregação poderosa. Quando o púlpito falha, a igreja deixa de crescer. Quando há reavivamento no púlpito, há aumento do número de bancos. A ligação entre púlpito e crescimento da igreja é muito estreita.

A grande avalanche do liberalismo, misticismo e pragmatismo que influenciou muitas igrejas hoje produziu morte em algumas delas e um falso crescimento em outras.[491] Todavia, a pregação expositiva está viva e triunfa sobre todas as dificuldades, alcançando resultados gloriosos no crescimento da igreja para a glória de Deus.

CONCLUSÕES E RECOMENDAÇÕES

As OBRAS ACADÊMICAS são por vezes divorciadas do trabalho prático do ministério. Depois de examinar centenas de livros homiléticos e investigar muitas obras clássicas sobre o assunto, a conclusão é que a pregação expositiva não é só relevante e necessária para a igreja contemporânea, mas também vital e indispensável.

Descobri dois extremos na igreja evangélica: a explosão das comunidades neopentecostais com seu experiencialismo e a influência letal do liberalismo. Nenhum deles tem um compromisso profundo com a Palavra de Deus. As denominações neopentecostais dão geralmente mais ênfase às experiências do que às Escrituras; e o liberalismo enfatiza mais a razão humana, em detrimento da Escritura, negando a inspiração da Palavra de Deus. Embora as igrejas neopentecostais tenham experimentado crescimento numérico explosivo, o liberalismo matou muitas igrejas no mundo, dispersando o rebanho de Deus. O liberalismo produz apostasia, enquanto o misticismo produz superficialidade.

Se alguém quiser uma solução para esse problema, deve voltar à Escritura. O âmago da pregação apostólica era a Escritura propriamente dita. A Reforma foi uma volta à Palavra de Deus. A maneira de corrigir as distorções neopentecostais e liberais é redescobrir a primazia da pregação expositiva. A Palavra de Deus deve ser pregada de forma fiel e integral. O remédio de Deus para a igreja contemporânea é a sua Palavra.

O crescimento numérico não é um fim em si mesmo. Deus espera mais do que números. Deus quer que o crescimento saudável da sua igreja seja tanto espiritual e numérico, quanto qualitativo e quantitativo.

É possível para uma igreja crescer numericamente sem a pregação expositiva. Todavia, é impossível que cresça espiritualmente sem a exposição da Palavra de Deus. Sem a Escritura não há crescimento sadio da igreja. Em conseqüência, a pregação expositiva deve ocupar o centro do programa da igreja contemporânea.

Conclusões

Depois de analisar este tema fundamental nesta obra, cheguei a várias conclusões que confirmaram a relevância e o papel vital da pregação expositiva para a igreja contemporânea.

Em primeiro lugar: *Há uma correlação entre o compromisso com a absoluta supremacia da Escritura, a primazia da pregação e o crescimento sadio da igreja.* Conclui-se que:

(1) A pregação expositiva guia a igreja para um crescimento saudável por estar comprometida com a supremacia da Escritura. A pregação expositiva fiel não pode ser sustentada sem a absoluta infalibilidade, inerrância e suficiência da Escritura.

(2) A pregação expositiva é vital para a igreja contemporânea, porque a primazia da pregação é a tarefa mais importante de todo pastor evangélico que deseja ser fiel na proclamação da Palavra de Deus. Em conseqüência disso, ele deve dar prioridade à pregação em seu ministério, reorganizando sua agenda a fim de consagrar-se principalmente à exposição da Palavra de Deus.

(3) A pregação expositiva é vital para a igreja contemporânea porque cultiva o compromisso mais profundo dos crentes com a Palavra de Deus, preparando-os para vencer as filosofias mundanas e heresias teológicas que ameaçam constantemente as igrejas.

Em segundo lugar: *Há uma correlação entre o propósito bíblico da pregação e o crescimento saudável da igreja.* A pregação expositiva que promove o crescimento da igreja não deve desviar-se do seu propósito final, isto é, a glória de Deus. A Bíblia afirma claramente: "Fazei tudo para a glória de Deus" (1Co 10.31). Desse modo, o propósito supremo da pregação é glorificar o Deus triúno. Isso está intrinsecamente relacionado à salvação dos perdidos e à edificação dos crentes. A pregação expositiva glorifica a Deus, exaltando Jesus Cristo mediante o poder manifesto do Espírito Santo. Em outras palavras, ela é a pregação centrada em Deus. A glória da Santíssima Trindade é o centro da pregação bíblica. Quando Deus é glorificado mediante a exposição fiel da sua santa Palavra, seu povo rejubila-se nele e cresce.

Em terceiro lugar: *Existe uma ligação entre o estilo de pregação e o crescimento saudável da igreja.* As conclusões foram as seguintes:

(1) Há um argumento bíblico — a pregação expositiva é vital para a igreja contemporânea por estar firmemente apoiada na Escritura, e só nela, sendo o seu estilo identificado nos sermões encontrados tanto no Antigo como no Novo Testamento.

(2) Há um argumento histórico — a pregação expositiva é essencial para a igreja contemporânea porque no passado esse estilo de pregação foi o meio pelo qual a igreja manteve o seu equilíbrio, no que diz respeito a seu crescimento. Os pregadores mais notáveis depois da era apostólica, tais como João Crisóstomo e Agostinho, usaram o método expositivo. A Reforma restaurou a centralidade da Escritura sob a bandeira da *Sola Scriptura*. Todos os reformadores foram pregadores expositivos. Assim também os puritanos, representando a mais intelectual e piedosa geração em toda a história da igreja, foram igualmente pregadores expositivos poderosos. A maioria dos pregadores conhecidos

da era moderna também fez uso da pregação expositiva. Todos, como uma nuvem de testemunhas, passaram o bastão da pregação expositiva à geração contemporânea. Pregar de maneira expositiva, portanto, não é uma inovação, mas uma volta à herança bíblica e histórica.

(3) O argumento prático — a pregação expositiva é vital para a igreja contemporânea por causa dos benefícios que confere ao pregador e à congregação. É a melhor maneira de pregar as Escrituras — todo o conselho de Deus — integral, fiel e completamente. Esse estilo oferece uma dieta balanceada para o povo de Deus, mediante entendimento bíblico, pensamento crítico e uma escala mais ampla de aplicações práticas da Escritura para a maturidade espiritual dos ouvintes.

Em quarto lugar: *Existe uma correlação entre o grau espiritualidade do pregador e o dos membros da igreja e seu crescimento sadio.*

As conclusões são:

(1) A vida do pregador é a vida do seu ministério. A pregação expositiva não requer apenas exegese sólida, teologia ortodoxa e explicação fiel da Palavra de Deus; mas, acima de tudo, um pregador piedoso no púlpito. A vida do pregador pode ser um canal ou um obstáculo para o crescimento saudável da igreja.

(2) O pregador piedoso tem sede de Deus, cultivando uma vida devocional intensa. Tal pregador combina estudo e oração, erudição e piedade, conhecimento e paixão, preparação intensiva e dependência do poder do Espírito Santo.

Em quinto lugar: *Há uma correlação entre a prática da pregação expositiva e o crescimento qualitativo e quantitativo da igreja.* Minhas conclusões foram:

(1) A pregação expositiva é vital para a igreja contemporânea por ser um fator-chave para o crescimento saudável. Deus é, sem dúvida, o causador do verdadeiro crescimento da igreja (At 2.47; 1Co 3.6). Mas Deus, em sua soberana vontade, decretou salvar os pecadores mediante a loucura da pregação (1Co 1.21). Deus, portanto, salva os perdidos e edifica a sua igreja por meio da exposição da sua Palavra.

(2) A pregação expositiva é essencial para a igreja contemporânea porque as intervenções soberanas de Deus em toda a história da sua igreja sempre aconteceram através da pregação. Pentecostes, Reforma, os avivamentos históricos, estes são apenas alguns exemplos de crescimento em que a oração e a exposição da Escritura foram elementos comuns.

Recomendações

Uma vez que a exposição fiel da Palavra Sagrada de Deus é indispensável para dar glória a ele e alegria a seu povo, estou convencido de que a pregação expositiva é essencial para o crescimento das igrejas evangélicas, não só no Brasil, mas também ao redor do mundo. Infelizmente, o número de pregadores dedicados à pregação expositiva é pequeno. Essa situação precisa mudar. Embora esse estilo de pregação exija preparo espiritual mais profundo, estudo, investigação, exegese correta e interpretação confiável, os benefícios desses esforços servem para abençoar e transformar a igreja.

(1) As instituições teológicas da igreja evangélica brasileira devem rever o seu currículo, a fim de ajustá-lo a uma abordagem mais expositiva. Isso beneficiará a formação de futuros pastores e professores leigos; os quais, por sua vez, fortalecerão o crescimento saudável das congregações locais. Por outro lado, os professores de homilética devem melhorar o seu currículo, fazendo cursos periódicos sobre pregação expositiva a fim de aperfeiçoar sua formação acadêmica. Isso aperfeiçoará tanto suas habilidades no que se refere a esse assunto vital, como também influenciará a futura geração de pregadores expositivos.

(2) Uma boa biblioteca pessoal é um investimento que nenhum pastor pode negligenciar. A pregação expositiva requer preparo cuidadoso e criterioso. Portanto, como estudante interessado, o pastor deve investir recursos financeiros e tempo para adquirir uma biblioteca adequada sobre o assunto. Isso inclui a mudança da teologia do ministério do

pastor, uso do tempo, hábitos de estudo e reorganização de sua vida para cumprir seu chamado principal: expor a Palavra de Deus ao povo de Deus, para a glória de Deus.

(3) A liderança das igrejas locais deve investir na educação contínua de seu pastor. Isso pode ser feito alocando recursos financeiros para a educação continuada dos seus ministros. Esses recursos orçamentários permitiriam que os pastores pudessem adquirir literatura sobre pregação expositiva, comparecessem a seminários e simpósios, para serem mais bem treinados.

(4) Os pregadores brasileiros experientes deveriam investir mais tempo compartilhando suas experiências de aprendizado, contribuindo com as novas gerações de pregadores expositivos. Além disso, existem vários livros excelentes sobre pregação expositiva que poderiam ser traduzidos para o português. Nesse ponto, as editoras evangélicas do Brasil são agentes indispensáveis na implementação de tais produções.

(5) Os seminários e os simpósios são outro caminho a ser explorado para ajudar os pregadores em sua educação contínua, a fim de aperfeiçoar suas habilidades expositivas. Os pesquisadores em pregação expositiva poderiam desempenhar um papel decisivo nesses contextos. Lembre-se, todavia, que o melhor preparo intelectual sem a unção e o poder do Espírito Santo será inútil.

Referências bibliográficas

ADAMS, Jay E. "Editorial: Good Preaching is Hard Word", *The Journal of Pastoral Practice*. 4, n. 2, p. 1, 1980.

_____. *Preaching with Purpose: The Urgent Task of Homiletics*. Grand Rapids, Michigan: Zondervan Publishing House, 1982.

_____. *Truth Applied.* Grand Rapids: Zondervan Publishing House, 1990.

_____. *Preaching According to the Holy Spirit.* Woodruff, South Caroline: Timeless Text, 2000.

ALEXANDER, James W. *Thoughts on Preaching*. London: The Banner of Truth Trust, 1975.

ALLEN, Jr. Roland., "Topical Preaching", In: *Concise Encyclopedia of Preaching*, ed. William H. Willimon & Richard Lischer. Louisville, Kentucky: Westminster John Knox Press, 1995, p. 492-3.

ANDERSON, Gerald H. *Biographical Dictionary of Christian Missions*. Grand Rapids, Michigan: William B. Eerdmans Publishing Company, 1998.

ANDERSON, Gerald H. et al. *Missions Legacies: Biographical Studies of Leaders of the Modern Missionary Movement*. New York: Orbis Books, 1998.

ANDERSON, Leith. *A Church for the Twenty-first Century*. Minneapolis, Minnesota: Bethany House, 1992.

AUGUSTINE. *Teaching Christianity: De Doctrina Christiana*, ed. John E. Rotelle. Hyde Park, NY: New City Press, 1996.

AZURDIA III, Arturo G. *Spirit. Empowered Preaching: Involving the Holy Spirit in Your Ministry*. Fearn, Great Britain: Mentor,1998.

BARKER, Kenneth & John R. Kohlemberger. *Zondervan NIV Bible Commentary*, Grand Rapids, Michigan: *Zondervan Publishing House 1994. v. 2*.

BARNHOUSE, Donald Grey. *Power in Expository Preaching*, ed. Farris D. Whitesell. Old Tappan, New Jersey: Revell, 1963.

BAXTER, Richard. *Poetical Fragments*. London, *Gregg International Publishers*, 1971.

_____. *The Reformed Pastor*. Edinburgh, Pennsylvania: The Banner of Truth Trust, 1999.

BEGG, Alistair. *Preaching for God's Glory*. Wheaton, Illinois: Crossway Books, 1999.

BELCHER, Richard P. *Preaching the Gospel: A Theological Perspective and a Personal Method*. Columbia, South Carolina: Richbarry Press, 1986.

BETTLER, John F. "Application". In: *The Preacher and Preaching: Reviving the Art in the Twentieth Century*, ed. Samuel Logan Jr. Phillipsburg, New Jersey: *Presbyterian and Reformed Publishing Company*, 1986, p. 331-49.

BICKEL, R. Bruce. *Light and Heat: The Puritan View of the Pulpit*. Morgan, Pennsylvania: Soli Deo Gloria Publications, 1999.

BIRD, Brian. "Biblical Exposition: Becoming a Lost Art?", *Christianity Today*. 30, n. p. 7, 18th April, 1986: 34.

BLACKWOOD, Andrew W. *Preaching from the Bible*. New York: Abingdon, 1941.

_____. *The Preparation of Sermons*. Church Book Room Press, 1951.

BONAR, Andrew A. *Memoirs of McCheyne*. Chicago, Illinois: Moody Press, 1978.

BONAR, Horatius. *Words to Winner of Souls*. Wheaton, Illinois: World Wide Publication, 1994.

BOUNDS, E. M. "Purpose in Prayer". In: *E. M. Bounds on Prayer*. New Kensington, Pennsylvania: Whitaker House, 1997, p. 11-104.

_____. "Power Through Prayer". In: *E. M. Bounds on Prayer*. New Kensington, Pennsylvania: Whitaker House, 1997, p. 467-521.

BOYCE, Greer G. "A Plea for Expository Preaching". *Canadian Journal of Theology*. v. 8, p.12-21, Jan. 1962.

BRIDGES, Charles. *The Christian Ministry With an Inquiry into the Causes of its Inefficiency*. Carlisle, Pennsylvania: The Banner of Truth Trust, 1991.

BRIGHT, John. *The Authority of the Old Testament*. Nashville, Tennessee.: Abingdon, 1967.

BROADUS, John A. *The History of Preaching*. New York: A.C. Armstrong & Son, 1889.

_____. *On the Preparation and Delivery of Sermons*. Quarta Edição. New York, New York: Harper San Francisco, 1979.

BROOKS, George. *201 Sermon Outlines*. Grand Rapids, Michigan: Baker Book House, 1966.

BROOKS, Philip. *Lectures on Preaching*. London: Griffith, Farran, Okeden & Welsh, 1886.

BROWN, H.C. et al. *Steps to the Sermon*. Nashville, Tennessee: Broadman & Holman Publishers, 1996.

BRYSON, Harold T. *Expository Preaching: The Art of Preaching Through a Book of the Bible*. Nashville, Tennessee: Broadman & Holman Publishers, 1995.

BRYSON, Harold T. James L. Taylor. *Building Sermons to Meet People Needs*. Nashville, Tennessee: Broadman Press, 1980.

BUGG, Charles. "Back to the Bible: Toward a New Description of Expository Preaching". *Review and Expositor*. v. 90, p. 413-21, 1993.

BULTMANN, Rudolf. *Jesus Christ and Mythology.* New York: Scribner's, 1958.

BUTTRICK, David. *Homiletic.* Philadelphia: Fortress Press, 1987.

CALVINO, João. *Institutes of the Christian Religion.* Westminster, Philadelphia: The Library of Christian Classics,1960. v.2.

_____. *The Gospel According Saint John.* Grand Rapids, Mich: Williams Eerdmans Publishing Company, 1974. v.2.

CARDEN, Allen. *Puritan Christianity in America.* Grand Rapids, Michigan: Baker Book House Company, 1990.

CARROL, Thomas K. *Preaching two Words: Message of the Fathers of the Church.* Wilmington, Delaware: Michael Glazier, 1984.

CARSON, Donald A. "Accept No Substitutes: 6 Reasons not to Abandon Expository Preaching". *Leadership Journal.* v., 17 p. 87-8, Summer, 1996.

_____. *The Gagging of God: Christianity Confronts Pluralism.* Grand Rapids, Michigan: Zondervan Publishing House, 1996.

CHAPELL, Bryan. *Christ-Centered Preaching.* Grand Rapids, Michigan: Baker Book House, 1994.

_____. "Components of Expository Preaching". *Preaching,* May-Jun. 1995. p. 4-11.

CLOWNEY, Edmund P. "Preaching Christ from All the Scriptures". In: *The Preacher and Preaching: Reviving the Art in the Twentieth Century,* ed. Por Samuel T. Logan. New Jersey: Presbyterian and Reformed Publishing Company, 1986, p. 163-91.

COLSON, Charles. *The Body.* Waco, TX: Word Press, 1992.

COLVIN, Fred. *Principled Growth.* 2001, p. 1-11.

COMFORT, Earl V. "Is the Pulpit a Factor in Church Growth?", em *Bibliotheca Sacra,* v. p. 140 64-70, jan - mar. 1983.

CRAGG, Gerald R. *Puritanism in the Period of the Great Persecution* 1660-1688. London: Cambridge, The University Press, 1957.

COSTELLA, Dennis. "The Church Growth Movement: An Analysis of Rick Warren's Purpose Driven Church Growth Strategy". *Foundation Magazine,* Mar-Apr. 1998 p. 1 –14.

CRISWELL, W.A. *Criswell's Guidebook for Pastors*. Nashville, Tennessee: Broadman Press, 1980.

DABNEY, R. L. *Evangelical Eloquence: A Course of Lectures on Preaching*. Pennsylvania: The Banner of the Truth Trust, 1999.

DANIEL-ROPS, Henri. *What Is the Bible?* Garden City, New York: Image Books, 1968.

DARGAN, Edwin Charles. *A History of Preaching*. New York, Burt Franklin, 1968. v.1.

DORIANI, Daniel M. *Putting the Truth to Work: The Theory and Practice of Biblical Application*. Phillipsburg, New Jersey: P&R Publishing, 2001.

DAVIES, Horton. "Expository Preaching: Charles Haddon Spurgeon". *Foundations*, v.6, p.14-25, Jan. 1963.

_____. *Varieties of English Preaching 1900-1960*. S. C. M. e Prentice-Hall, 1963.

_____. *The Worship of the English Puritans*. Morgan, Pennsylvania: *Soli Deo Gloria*, 1997.

DUEWEL, Wesley L. *Em chamas para Deus*. São Paulo: Editora Candeia, 1996.

_____. *Mighty Prevailing Prayer*. Grand Rapids, Michigan: Zondervan/ Frances Asbury, 1990.

EBY, David. "The Role of Preaching in Growing Churches". *The Journal of Biblical Counseling*, v. 15, n.3, Spring, 1997. p.42-46.

_____. *Pregação poderosa para o crescimento da igreja*. São Paulo. Editora Candeia, 2001.

EDWARDS, O. C. "History of Preaching". In: *Concise Encyclopedia of Preaching*, ed. William H. Willimon & Richard Lischer. Louisville, Kentucky: Westminster John Knox Press, 1995, p. 184-227.

ETTER, John W. *The Preacher and His Sermon: A Treatise on Homiletics*. Dayton, Ohio: United Brethren Publishing House, 1893.

EVANS, William. *How to Prepare Sermons*. Chicago, Illinois: Moody Press, 1964.

FANT, Cleyde E. *Bonhoefffer: Worldly Preaching*. Nelson: inclui *Bonhoeffer's Finkenwalde Lecture on Homiletics*, 1975.

_____. "Dietrich Bonhoeffer". In: *Concise Encyclopedia of Preaching*, ed. William H. Willimon & Richard Lischer. Louisville, Kentucky: Westminster John Knox Press, 1995, p. 38-9.

FERGUSON, Sinclair B. "Exegesis". In: *The Preacher and Preaching: Reviving the Art in the Twentieth Century*, ed. Samuel T. Logan Jr. Phillipsburg, New Jersey: Presbyterian and Reformed Publishing Company, 1986, p. 192-211.

FORSYTH, P.T. *Positive Preaching and the Modern Mind*. Grand Rapids, Michigan: Williams B. Eerdmans, 1907.

_____. *Positive Preaching and the Modern Mind*. Grand Rapids, Michigan: Williams B. Eerdmans, 1964.

FOSTER, Richard. *The Celebration of Discipline*. New York: Harper & Row Publishers, 1978. [Celebração da disciplina. São Paulo: Vida, 1997, 2008]

FRAME, John M. *Worship in Spirit and Truth: A Refreshing Study of the Principles and Practice of Biblical Worship*. Phillipsburg, New Jersey: P&R Publishing, 1996.

GEOFREY, Thomas. "Powerful Preaching". In: *The Preacher and Preaching: Reviving the Art in the Twentieth Century*, ed. por Samuel T. Logan, Jr. Phillipsburg, New Jersey: Presbyterian and Reformed Publishing Company, 1986, p. 369-96.

GIBBON, Edward. *The Decline and Fall of the Roman Empire*. (J.B. Bury Edition of 1909), v. 20, p. 6, 1909.

GOLDSWORTHY, Graeme. *Preaching the Whole Bible as Christian Scripture*. Grand Rapids, Michigan: William B. Eerdmans Publishing Company, 2000.

GOOCH, Brad. *Divine Design*. v. 32, p. 65-70, Oct. 1996.

GOODELL, Charles L. *Pastor and Evangelist*. New York: George Doran, 1922.

GREENWAY, Roger S. *The Pastor-Evangelist*. Grand Rapids, Michigan: Baker Book House, 1987.

GREIDANUS, Sidney. *Preaching Christ from the Old Testament: A Contemporary Hermeneutical Method.* Grand Rapids, Michigan: William Eerdmans Publishing House, 1999.

GRITSCH, Eric W. "Martin Luther". In: *Concise Encyclopedia of Preaching*, ed. William H. Willimon & Richard Lischer. Louisville, Kentucky: Westminster John Knox Press, 1995.

GROGAN, Geoffrey W. "Isaiah". In: *Zondervan NIV Bible Commentary.* Grand Rapids, Michigan: Zondervan Publishing House, 1994, p. 1041-148. v. 1.

HARDING, Dr. Joe A. *Have I Told You Lately...? Preaching to Help People and Churches Grow.* California: Church Growth Press, 1982.

HASTINGS, Adrian. *A World History of Christianity.* Grand Rapids, Michigan: William B. Eerdmans Publishing Company, 1999.

HASTINGS, James. *The Great Texts of the Bible: – 1 Corinthians.* Grand Rapids, Michigan:William B. Eerdmans Publishing Company, s.d. v.15.

HONG, Song Woo. *An Analysis of Korea Evangelical Church Preaching: Relative to Church Growth.* Dissertação para o Corpo Docente do Fuller Theological Seminary, 1983.

HORNE, Chevis F. *Crisis in the Pulpit.* Grand Rapids, Michigan: Baker Book House, 1975.

_____. *Dynamic Preaching.* Nashville, Tennessee: Bordman.

HORTON, Michael. *Made in America.* Grand Rapids, Michigan: Baker Book House, 1983.

HOWINGTON, Nolan P. "Expository Preaching". *Review and Expositor,* v. 56, p. 56-65, Jan. 1959.

HUGHES, R. Kent. *Colossians and Philemon: The Supremacy of Christ in Preaching the Word.* Westcheser, Illinois: Crossway Books, 1989.

HULL, Bill. *The Disciple Making Pastor.* Grand Rapids, Michigan: Fleming H. Revell, 1998.

HULSE, Erroll. "The Preacher and Piety". In: *The Preacher and Preaching: Reviving the Art in the Twentieth Century,* ed. Samuel T. Logan Jr.,

Phillipsburg, New Jersey: Presbyterian and Reformed Publishing Company, 1986, p. 62-90.

_____. *Give Him No Rest.* Darlington, England: Evangelical Press, 1991.

HUNT, Josh. *10 Marks of Great Teaching*, 2001.

_____. *Four Reasons Why Multiple Services Can Help Your Church Growth*, 2001, p. 1-6.

HUNTER, George G. "The Legacy of Donald A. McGavran", *International Bulletin of Missionary Research*, p. 158-62, Oct. 1992.

HYBELS, Bill. *Too Busy Not to Pray.* Downers Grove, Illinois: InterVarsity Press, 1998. [*Ocupado demais para orar.* São Paulo: United Press / Hagnos,]

JAMIESON, Robert et at. *Jamieson, Fausset & Brown's Commentary on the Whole Bible.* Grand Rapids, Michigan: Zondervan Publishing House, 1961.

JENSEN, Irving L. *Enjoy Your Bible.* Chicago, Illinois: Moody Press, 1969.

JETER JR. Joseph R. "G. Campbell Morgan". In: *Concise Encyclopedia of Preaching,* ed. William H. Willimon & Richard Lischer. Louisville, Kentucky: Westminster John Knox Press, 1995, p. 339-40.

JOWETT, John H. *The Preacher: His Life and Word.* Grand Rapids, Michigan: Baker Book House, 1968.

JUSSELY, David H. *The Puritans Use of the Lectio Continua in Sermon Invention* (1640-1700). Dissertação na University of Southern Mississippi, 1997.

KAISE, JR. Walter C. *Toward an Exegetical Theology.* Grand Rapids, Michigan: Baker Book House, 1981.

_____. "The Crises in Expository Preaching Today". *Preaching,* v. p., Sep. Oct. 1995. 11:4-12.

KANE, J. Herbert. *Concise History of the Christian World Mission.* Grand Rapids, Michigan: Baker Book House, 1998.

KELLER, Timothy. *The History of Redeemer Church.* www.redeemer.com, 2001.

KENNEDY, Gerald. *His Word Through Preaching.* New York: Harper & Brothers Publishers, 1947.

KERR, David W. "Augustine of Hipo". In: *Inspiration and Interpretation,* ed. John Walvoord. Grand Rapids, Michigan: William Eerdmans Publishing House, 1957.

KITTEL, Gerhard. *Theological Dictionary of the New Testament.* Grand Rapids, Michigan: William Eerdmans Publishing Company, 1964. v: V.

KOLLER, Charles W. *How to Preach Without Notes.* Grand Rapids, Michigan: Baker Book House, 2001.

KRUPP, R. A. *Shepherding the Flock of God: The Pastoral Theology of John Crysostom.* New York: Peter Lang, 1991.

LANE, Denis. *Preach the Word.* Darlington, England: Evangelical Press, 1986.

LARSEN, David L. *A anatomia da pregação: Identificando os aspectos relevantes para a pregação de hoje.* São Paulo: Vida, 2005.

_____. *Telling the Old Old Story: The Art of Narrative Preaching.* Wheaton, Illinois: Crossway Books, 1995.

_____. *The Company of the Preachers: A History of Biblical Preaching from the Old Testament to the Modern Era.* Grand Rapids, Michigan: Kregel Publications, 1998.

LANGE, John Peter. *The Gospel According to Matthew.* Grand Rapids, Michigan: Zondervan Pulishing House, 1960.

LAWLESS, George. "Augustine of Hippo". In: *Concise Encyclopedia of Preaching,* ed. William H. Willimon & Richard Lischer. Louisville, Kentucky: Westminster John Knox Press, 1995, p. 19-21.

LEE, Jun Young. *Korean Preaching: An Interpretation.* Nashville, Tennessee.: Abingdon Press, 1997.

LEITH, John H. "Calvin's Doctrine of the Proclamation of the Word and its Significance of Today in the Light of Recent Research". *Review and Expositor,* v. 86, p. 32-4, 1989.

_____. "John Calvin". In: *Concise Encyclopedia of Preaching,* ed. & William

H. Willimon & Richard Lischer. Louisville, Kentucky: Westminister John Knox Press, 1995, p. 60-64.

LEWIS, Peter. *The Genius of Puritanism*. Morgan, Pennsylvania: Soli Deo Gloria, 1995.

LEWIS, Ralph L. "William Edwin Sangster". In: *Concise Encyclopedia of Preaching*, ed. de William H. Willimon & Richard Lischer. Louisville, Kentucky: Westminster John Knox Press, 1995, p. 423-425.

LIEFELD, Walter L. *New Testament Exposition From Text to Sermon*. Carlisle, United Kingdom: Paternoster Press, 1984.

LINTS, Richard. *The Fabric of Theology: A Prolegomenon to Evangelical Theology*. Grand Rapids, Michigan: William Eerdmans Publishing Company, 1993.

LLOYD-JONES, *Studies in the Sermon on the Mount*. Grand Rapids, Michigan: William B. Eerdmans Publishing Company, 1960. v.2.

_____. *Preaching & Preachers*. Grand Rapids, Michigan: Zondervan Publishing House, 1971.

_____. *Darkness and Light: An Exposition of Ephesians 4:17—5:17*. Grand Rapids, Michigan: Baker Book House, 1982.

_____. *The Puritans: Their Origins and Successors*. Edimburg, Pennsylvania: The Banner of Truth Trust, 1987.

_____. *Spiritual Depression*. Grand Rapids, Michigan: W. Eerdmans Publishing Company, 2000.

LOGAN JR., Samuel T. *The Preacher and Preaching*. Phillipsburg, New Jersey: Presbyterian and Reformed Publishing Company, 1986.

LOPES, Augustus. *"Paulo, plantador de igrejas: repensando fundamentos bíblicos da obra missionária." Fides Reformata* 2/2 p. 5-21, 1997.

LOPES, Hernandes Dias. *Batismo com Fogo*. Belo Horizonte: Betânia, 1993.

_____. *Avivamento urgente*. Belo Horizonte: Betânia, 1994.

_____. *A poderosa voz de Deus*. São Paulo: Hagnos, 2002.

_____. *Quando Deus intervem* (When God Works). São Paulo: Candeia, 2000.

LOSCALZO, Craig A. *Apologetic Preaching*. Downers Grove, Ill: InterVarsity Press, 2000.

LOVELACE, Richard F. "The Surprising Works of God". *Christianity Today*. 11 de setembro, p. 29ss, 1995.

MACARTHUR JR., John "The Mandate of Biblical Inerrancy: Expository Preaching". *Master's Seminary Journal*, v. 1, p. 3-15, Spring, 1990.

_____. *Rediscovering Expository Preaching*. Dallas, Texas: Worldly Publishing, 1992.

_____. *But Does It Work?* http://www.biblebb.com/files/MAC/pragmatism.htm, 2001.

MACARTNEY, Clarence E. *Great Sermons of the World*. Peabody, Massachusets: Hendrickson Publishers, 1997.

MACLEOD, Donald. *The Problem of Preaching*. Philadelphia: Fortress Press, 1975.

MARCEL, Pierre. *The Relevance of Preaching*. New York: Westminster Publishing House, 2000.

MARKQUART, Edward F. *Quest for Better Preaching Today: Resourcer for Renewal in the Pulpit*. Minneapolis, Minnesota: Augsburg Publishing House, 1985.

MARTIN, A.N. *What's Wrong With Preaching Today?* Edimburg, Pennsylvania: The Banner of Truth Trust, 1992.

MARTIN, R.P. *Worship in the Early Church*. London: Marshal, Morgan & Scott, 1964.

MARTIN, Roger. *Torrey, R.A. Apostle of Certainty*. Murfreesboro, Tennessee: Sword of the Lord, 1976.

MAYHUE, Richard L. "Rediscovering Expository Preaching". In: *Rediscovering Expository Preaching*, ed. John MacArthur Jr. Dallas. Texas: Word Publishing, 1992, p. 3-21.

MCCLURE, John S. "Expository Preaching". In: *Concise Encyclopedia of Preaching*, ed. William H. Willimon & Richard Lischer. Louisville, Kentucky: Westminster John Knox Press, 1995, p. 130-2.

McGRAVAN, Donald A. "The Institute of Church Growth". *International Review of Mission.* v. 50, p. 430-4, Oct. 1961.

_____. "Church Growth Strategy Continued" *International Review of Missions,* v. 57, p. 335-43, Jul 1968.

_____. *Understanding Church Growth.* Grand Rapids: Michigan: Eerdmans Publishing Company, 1990.

McGRATH, Alister E. "The Challenge of Pluralism for the Contemporary Church". *Journal of the Evangelical Theological Society,* v. 35 p. 366, 1992.

MEETER, John E. *Selected Shorter Writings of Benjamin B. Warfield.* New Jersey: Presbyterian and Reformed Publishing Company, 1970. v.1

MEYER, F.B. *Expository Preaching: Plans and Methods.* London: Hodder and Stoughton, 1912.

MILLER, Donald G. *The Way to Biblical Preaching.* Nashville, Tennessee: Abingdon Press, 1997.

MONTOYA, Alex. *Preaching with Passion.* Grand Rapids, Michigan: Kregel Publications, 2000.

MORGAN, George Campbell. *Preaching.* New York: Revell, 1937.

_____. In: *Power in Expository Preaching,* ed. Farris D. Whitesel. Old Tappan, New Jersey: Revell, 1963.

_____. *Preaching.* Grand Rapids, Michigan: Baker Book House, 1974.

MORGAN, Irvonwy. *Puritan Spirituality.* London: Epworth Press, 1973.

MORRIS, Edward D. *Theology of the Westminster Symbols.* Columbus, Ohio, 1900.

MULHOLLAND, Kenneth. "Donald McGavran's Legacy to Evangelical Missions". *Evangelical Missions Quarterly,* v. 27, p. 64-70, Jan. 1991.

MURPHY, Martin. *The God of the Church Growth Movement.* York, Alabama: The Puritan Academy Press, 1995.

MURRAY, John. *Collected Works,* Edimburg, Pennsylvania: The Banner of Truth Trust, 1982. v.3.

NEILL, Stephen. *Chrysostom and His Message.* London: Lutterworth, 1962.

NETTLES, Tom. "A Better Way: Church Growth Through Revival and Reformation". In: *Power Religion: The Selling Out of the Evangelical Church*, ed. Michael Horton. Chicago, Illinois: Moody Press, 1992, p. 161-87.

NIEBUHR, H. R. D. D. Williams & S. F. Ahlstrom. *The Ministry in Historical Perspective*. San Francisco: Harper and Row, 1983.

NIXON, Lerony. *John Calvin, Expository Preacher*. Grand Rapids, Michigan: William Eerdmans Publishing Company, 1950.

OLD, H.O. *The Patristic Roots of Reformed Worship*. Zurich, Switzerland: Theologischer Verlag Zurich, 1976.

_____. *Guides to the Reformed Tradition: Worship*. Atlanta, Georgia: John Knox Press, 1984.

OLFORD, David L. *A Passion for Preaching*. Nashville, Tennessee: Thomas Nelson Publishers, 1989.

OLFORD, Stephen F. *Preaching the Word of God*. Memphis, Tennessee: Institute for Biblical Preaching, 1985.

_____. *Anointed Expository Preaching*. Nashville, Tennessee: Broadman & Holman Publishers, 1998.

OWEN, John. *The Holy Spirit*. Edimburg, Pensylvania: The Banner of Truth Trust, 1998.

PACKER, J.I. "Expository Preaching: Charles Simeon and Ourselves", *Church Journal*, v. p. 74, Apr-Jul. 1960.

_____. *Keep in Step with the Spirit*. Old Tappan, New Jersey: Fleming H. Revell Company, 1984.

_____. "Introduction: Why Preach?": In *The Preacher and Preaching: Reviving the Twentieth Century*, ed. Samuel T. Logan. New Jersey: Presbyterian and Reformed Publishing Company, 1986, p. 1-29.

PAGE, Joseph A. *The Brazilians*. Boston, Mass.: Perseus Books, 1995.

PALAU, Luis. "Preaching the Evangelistic Message". *Preaching*, 1993, p. 41-43, May-Jun. 1993.

PARKER, T. H. L. *Calvin's Preaching*. Louisville, Kentucky: Westminster John Knox Press, 1992.

PARKHURST, L. G. *Charles G.Finney's Answers to Prayer*. Minneapolis, Minnesota: Bethany, 1983.

PATTISON, T. Harword. *The History of Christian Preaching*. Philadelphia: American Baptist Publication Society, 1903.

PERKINS, William. *The Art of Prophesying*. Edimburg, Pennsylvania: The Banner of Truth Trust, 1982.

PETERSON, Eugene. *Answering God*. São Francisco, California: Harper Collins, 1989.

PIERSON, Arthur T. *The Divine Art of Preaching*. New York: Baker and Taylor, 1982.

PIPER, John. *The Supremacy of God in Preaching*. Grand Rapids, Michigan: Baker Book House, 1990.

_____. *Let the Nations be Glad: The Supremacy of God in Missions*. Grand Rapids: Michigan: Baker Book House, 1993.

_____. *A Hunger for God: Desiring God Through Fasting and Prayer*. Wheaton, Illinois: Crossway Books, 1997.

POLLOCK, John C. *George Whitefield and the Great Awakening*. London: Hodder & Stoughton, 1973.

_____. *Amazing Grace*. London: Hodder & Stoughton, 1981.

RAINER, Thom. *Effective Evangelist Churches*. Nashville, Tennessee: Broadman & Holman Publishers, 1996.

RAY, Jefferson D. *Expository Preaching*. Grand Rapids, Michigan: Zondervan, 1940.

RIDDERBOS, J. *Deuteronomy in the Bible Student's Commentary*. Grand Rapids, Michigan: Zondervan, 1984.

ROBINSON, Haddon. *Biblical Preaching: The Development and Delivery of Expository Messages*. Grand Rapids, Michigan: Baker Book House, 1980.

_____. "The Heresy of Application". *Leadership*. p. 21-27, Autumn, 1997.

ROSS, Michael Frederick. *Preaching for Revitalization*. Dissertação submetida ao Corpo Docente da Faculty Reformed Theological Seminary, Jackson, 1997.

ROSSCUP, James E. "The Priority of Prayer and Expository Preaching". In: *Rediscovering Expository Preaching*, ed. John MacArthur Jr. Dallas. Texas: Word Publishing, 1992.

RUSSELL, Bob. *When God Builds a Church: 10 Principles for Growing a Dynamic Church.* West Monroe, Louisiana: Howard Publishing Company, 2000.

ROTELLE, John E. *Teaching Christianity: De Doctrina Christiana.* New York: New City Press, 1996.

RYKEN, Leland. *Worldly Saints: The Puritans as They Really Were.* Grand Rapids, Michigan: Academic Books, 1986.

SAARNIVAARA, Uuras. *Can the Bible Be Trusted?* Minneapolis, Minnesota: Osterhus Publishing House, 1983.

SANDERS, Carl J. "A Vision for the Church". *United Methodist Reporter*, Dallas: UMR Communiocations, v. 11, p. 2, Jan. 1974.

SANGSTER, W. E. *The Craft of Sermon.* London: Epworth, 1954.

_____. 1958. *Power in Preaching.* Nashville, Tennessee: Abingdon Press.

SARGENT, Tony. *The Sacred Anointing: The Preaching of Dr. Martyn Lloyd-Jones.* Wheaton, Illinois: Crossway Books, 1994.

SCHAFF, Philip. *A Selected Library of the Nicene and Post-Nicene Fathers.* Grand Rapids, Michigan: William Eerdmans Publishing Company, 1983.

SCHWARZ, Christian A. *Natural Church Development: Guide to Eight Essential Qualities of Healthy Churches.* Carol Stream, Illinois: Church Smart Resources, 1996.

SHAW, Wayne E. "Andrew W. Blackwood". In: *Concise Encyclopedia of Preaching*, ed. William H. Willimon & Richard Lischer. Louisville, Kentucky: Westminster John Knox Press, 1995.

SHELLEY, Bruce L. In: *The Big Idea of Biblical Preaching*, ed. Keith Willhite & Scott M. Gibson. Grand Rapids, Michigan: Baker Book House, 1998.

SIBBES, Richard. *Works of Richard Sibbes.* Carlisle, Pennsylvania: The Banner of Truth Trust, 1978. v. 7.

SIMÕES, Ulisses Horta. *Encontro, G-12 e Igreja em células*. Belo Horizonte: Seminário Teológico Presbiteriano Denoel Nicodemos Eller, 2000.

SMITH, David. "The Church Growth Principles of Donald McGavran". *Transformation*, v. 2, p. 25-30, Apr-Jun. 1985.

SPROUL, R.C. *The Holiness of God*. Wheaton, Illinois: Tyndale, 1985.

_____. *Lifeviews*. Old Tappan, New Jersey: Fleming H. Revell Company, 1986.

SPURGEON, Charles H. *Christ Precious to Believers: The New Park Street Pulpit*. London: Passmore and Alabaster, 1860.

_____. *An All-Round Ministry: A Collection of Addresses to Ministers and Students*. London: Banner of Truth Trust, 1960.

_____. *Gems from Spurgeon*, ed. James Alexander Stewart. Ashville, North Carolina: Revival Literature, 1966.

_____. *Lectures to My Students*. Grand Rapids, Michigan: Associated Publishers and Authors, 1971.

_____. *An All-Round Ministry*. Carlisle, Pennsylvania: The Banner of Truth Trust, 1986.

STEDMAN, Ray. *A Passion for Preaching*, ed. David L. Olford. Nashville, Tennessee: Thomas Nelson Publishers, 1989.

STEWART, James. *Heralds of God*. Grand Rapids, Michigan: Baker Book House, 1972.

STIBB, Anan M. *Expounding God's Word: Some Principles and Methods*. Grand Rapids, Michigan: William B. Eerdmans Publishing Company, 1961.

STITZINGER, James F. "The History of Expository Preaching". In: *Discovering Expository Preaching*, ed. John MacArthur Jr. Dallas, Texas: Word Publishing, 1992, p. 36-60.

STOTT, John R.W. *The Preacher's Portrait*. Grand Rapids, Michigan: William B. Eerdmans Publishing Company, 1961.

_____. *I Believe in Preaching: The Preacher as a Person*. London: Hodder & Stoughton, 1982.

_____. *Between Two Words: The Art of Preaching in the Twentieth Century*.

Grand Rapids, Michigan: William Eerdmans Publishing Company, 1999.

SWANK, J. Grant Jr. "Excitement About Expository Preaching", em *Preaching*, v. 9, p. 11, Jul-Aug. 1990.

SHAW, John. *The Character of a Pastor According to God's Heart Considered*. Morgan, Pennsylvania: Soli Deo Gloria Publications, 1998.

THAYER, Joseph Henry. *Greek-English Lexicon on the New Testament.* Grand Rapids, Michigan: Zondervan Publishing House, 1963.

THIELICKE, Helmut. *Encounter with Spurgeon.* Philadelphia: Fortress Press, 1963.

THOMAS, Geoffey. "Powerful Preaching". In: *The Preacher and Preaching*, ed. Samuel Logan Jr. Phillipsburg. New Jersey: Presbyterian and Reformed Publishers, 1986.

TOWNS, Elmer & PORTER, Douglas. *The Ten Greatest Revivals Ever: From Pentecost to the Present.* Ann Harbor, Michigan: Vine Books Servant Publications, 2000.

TOZER, A. W. *The Knowledge of the Holy.* San Francisco, California: Harper and Row Publishers, 1961.

TRIGG, Joseph W. "Origen". In: *Concise Encyclopedia of Preaching*, ed. & William H.Willimon & Richard Lischer. Louisville, Kentucky: Westminster John Knox Press, 1995.

TRITES, Allison A. "Church Growth in the Book of Acts". *Bibliotheca Sacra*, v.145 p.162-173, Apr-Jan. 1998.

TUCKER, Ruth. *From Jerusalem to Irian Jaya.* Grand Rapids: Michigan: Academic Books, Zondervan PublishingHouse, 1983. [*Até aos confins da terra: uma história biográfica das missões cristãs*. São Paulo: Vida Nova, 1996]

TURNBULL, Ralph G. *Jonathan Edwards the Preacher.* Grand Rapids, Michigan: Baker Book House, 1958.

UNGER, Merril. *Principles of Expository Preaching.* Grand Rapids, Michigan: Zondervan Publishing House, 1974.

VEITH, Gene Edwards Jr. *Postmodern Times.* Wheaton, Illinois: Crossway Books, 1994.

VINES, Jerry. *A Practical Guide to Sermon Preparation.* Chicago, Illinois: Moody Press, 1985.

VINES & Jim SHADDIX. *Power in the Pulpit: How to Prepare and Deliver Expository Sermons.* Chicago, Illinois: Moody Press, 1999.

WAGNER, C. Peter. *Look Out! The Pentecostals Are Coming.* Carol Stream, Illinois: Creation House, 1973.

_____. Donald A. McGavran. *Your Church Can Grow.* California: Regal Books, 1976.

_____. Donald A. McGavran. *Understanding Church Growth.* Grand Rapids, Michigan: William B. Eerdmans Publishing House, 1990.

WALDVOGEL, Luiz. s.d. *Vencedor em todas as batalhas.* Santo André, São Paulo: Casa Publicadora Brasileira, s. d.

WALLACE, Ronald S. *Calvin, Geneva & the Reformation.* Eugene, Oregon: Wipt and Stock Publishers, 1998.

WARREN, Rick. *The Purpose Driven Church.* Grand Rapids, Michigan: Zondervan Publishing House, 1995 [*Uma igreja com propósitos.* São Paulo: Vida, 1998, 2008].

WEBSTER, Douglas. *Selling Jesus.* Downers Grove, Illinois: InterVarsity Press, 1992.

WELLS, David F. *No Play for Truth: Or, Whatever Happened to Evangelical Theology?* Grand Rapids, Mich: Williams B. Eerdmans Publishing Company, 1993.

WENIG, Scott A. "Biblical Preaching that Adapts and Contextualizes". In: *The Big Idea of Biblical Preaching,* ed. Keith Willhite & Scott M. Gibson. Grand Rapids, Mich: Baker Book House, 1998.

WESLEY, John. *The Journal of Rev. John Wesley.* London: The Epworth Press, 1938.

WHITESELL, Farris D. *Power in Expository Preaching.* Old Tappan, New Jersey: Revell, 1963.

WIERSBE, Warren W. *The Dynamics of Preaching.* Grand Rapids, Mich: Baker Book House, 1999.

WILLHITE, Keith & SCOTT, M. Gibson. *The Big Idea of Biblical Preaching.* Grand Rapids, Michigan: Baker Book House, 1989.

YAMAMORI, Tetsunao & LAUSON LeRoy E. *Introduction to Church Growth.* Cincinnati, Ohio: Standard Publishing, 1975.

NOTAS

[1] LLOYD-JONES, 2000, p. 196

[2] VEITH JR., 1994, p. 209

[3] MACARTHUR, 1990

[4] RAINER, 1996, p. 52

[5] VEITH JR., 1994, p. 118-9

[6] RAINER, 1996, p. 63

[7] COMFORT, 1983, p. 67

[8] FRAME, 1996, p. 92

[9] UNGER, 1974, p. 32-33

[10] FERGUSON, 1986, p. 192

[11] WARREN, 1995, p. 16

[12] STOTT, 1999, p. 125

[13] STOTT, 1961, p. 12

[14] STOTT, 1961, p. 12

PREGAÇÃO EXPOSITIVA
SUA IMPORTÂNCIA PARA O CRESCIMENTO DA IGREJA

[15] LARSEN, 1998, p. 23

[16] LARSEN, 1998, p. 24

[17] LARSER, 1998, p. 24

[18] STITZINGER, 1992, p. 39-40

[19] DEUEL, 1991, p. 126-7

[20] WILLIAMSON, 1987, p. 70

[21] DEUEL, 1991, p. 128

[22] LARSEN, 1998, p. 34-35

[23] DEUEL, 1991, p. 136

[24] LARSEN 1998, p. 38; Azurdia, 1998, p. 84; Greidanus, 1998, p. 6

[25] LARSEN 1998, p. 38,39; Stott, 1961, p. 12

[26] LARSEN, 1998, p. 43

[27] STOTT, 1999, p. 16

[28] LARSEN, 1998, 41

[29] LARSEN, 1998, p. 43

[30] HONG, 1983, p. 6

[31] LARSEN, 1998, p. 43

[32] STOTT, 1999, p.17

[33] LARSEN, 1998, p. 55

[34] LARSEN, 1998, p. 56

[35] LARSEN, 1998, p. 61

[36] MARCEL, 2000, p. 30

[37] LLOYD-JONES, 1971, p. 95

[38] LLOYD-JONES, 1971, p. 90

[39] STOTT, 1961, p. 13-15

[40] LLOYD-JONES, 1991, p. 92

[41] ALLEN, 2001, p. 3

[42] STITZINGER, 1992, p. 42

[43] TUCKER, 1983, p. 26

[44] KANE, 1998, p. 9

[45] EBY, 1998, p. 23

[46] ADRIAN HASTINGS, 1999, p. 7

[47] GIBBON, 1909, p. 20:6

[48] LARSEN, 1998, p. 78-79

[49] STITZINGER, 1992, p. 42-3

[50] STITZINGER, 1992, p. 44

[51] STOTT, 1999, p. 18-19

[52] MARTIN, 1964, p. 69

[53] STOTT, 1999, p. 19

[54] LARSEN, 1998, 74

[55] STITZINGER, 1992, p. 44

[56] BROADUS, 1889, p. 77

[57] LARSEN, 1998, p. 80

[58] LARSEN, 1998, p. 82

[59] NEILL, 1962, p. 17

[60] CARROLL, 1984, p. 114

[61] STOTT, 1999, p. 21

[62] MACARTNEY, 1997, p. 43

[63] LAWLESS, 1995, p. 21

[64] EDWARDS, 1995, p. 192

[65] BROADUS, 1889, p. 81

[66] KERR, 1957, p. 73

[67] LARSEN, 1998, p. 88

[68] LAWLESS, 1995, p. 19

[69] HONG, 1983, p. 8

[70] PATTISON, 1903, p. 63

[71] Hastings, 1999, p. 57

[72] Larsen, 1989, p. 19

[73] Larsen 1998, p. 152-8

[74] Old, 1976, p. 194

[75] MaCartney, 1996, p. 71

[76] Stott, 1999, p. 24

[77] Edwards, 1995, p. 204

[78] Stitzinger, 1992, p. 17

[79] Parker, 1992, p. 17

[80] Parker, 1992, p. 35

[81] Parker, 1992, p. 81

[82] Parker, 1992, p. 1

[83] Nixon, 1950, p. 29

[84] Parker, 1992, p. 79

[85] Leith, 1995, p. 63

[86] MaCartney, 1995, p. 85

[87] Stott, 1999, p. 25

[88] Larsen 1998, p. 166-7

[89] Stitzinger, 1992, p. 20

[90] Wallace, 1998, p. 17

[91] Wallace, 1998, p. 28

[92] Edwards, 1995, p. 211

[93] Stitzinger, 1992, p. 51

[94] Morgan, 1973, p. 7

[95] Lloyd-Jones, 1987, p. 374

[96] Carden, 1990, p. 36

[97] Larsen, 1998, p. 256

[98] Bickel, 1999, p. 32

[99] LLOYD-JONES, 1987, p. 376-7

[100] BICKEL, 1999, p. 17

[101] DAVIES, 1997, p. 202

[102] LLOYD-JONES 1987, p. 387; Bickel, 1999, p. 17

[103] STITZINGER, 1992, p. 22

[104] RYKEN, 1986, p. 93

[105] RYKEN, 1986, p. 243

[106] RYKEN, 1986, p. 101

[107] RYKEN, 1986, p. 102

[108] TURNBULL, 1958, p. 168ss

[109] STOTT, 1999, p. 32

[110] LLOYD-JONES, 1987, p. 351

[111] LOVELACE, 1995, p. 29

[112] LARSEN, 1998, p. 374

[113] LARSEN, 1989, p. 21

[114] STOTT, 1999, p. 34

[115] STITZINGER, 1992, p. 55-56

[116] STITZINGER, 1992, p. 56

[117] STOTT, 1999, p. 40-41

[118] FANT, 1975, p. 1935-39

[119] STOTT, 1999, p. 42

[120] STOTT, 1999, p. 42

[121] SANGSTER, 1954, p. 14-15, 297

[122] BLACKWOOD, 1951, p. 13

[123] MEYER, 1912, p. 29

[124] MORGAN, 1927, p. 17-21

[125] JETER Jr., 1995, p. 339-40

[126] LARSEN, 1998, p. 777

[127] LLOYD-JONES, 1971, p. 75-6

[128] STOTT, 1999, p. 46

[129] LLOYD-JONES, 1871, p. 9, 297

[130] STOTT, 1999, p. 92

[131] STOTT, 1999, p. 125-24

[132] MACARTHUR Jr., 1992, p. 24

[133] W. A. CRISWELL 1980, p. 44

[134] LARSEN, 1998, p. 847

[135] STOTT, 1999, p. 103

[136] CHAPEL, 1994, p. 19

[137] Ryken, 1986, p. 142

[138] RYKEN, 1986, p. 142

[139] WALDVOGEL s.d., p. 53

[140] STOTT, 1992, p. 19; Lopes, 1999, p. 30

[141] WALDVOGEL, s.d., p. 151, 178

[142] OLFORD, 1989, p. 63

[143] STOTT, 1999, p. 100

[144] MORRIS, 1900, p. 66

[145] DORIANI, 2001, p. 22

[146] RYKEN, 1986, p. 154

[147] RUSSELL, 2000, p. 17

[148] WALLACE, 1998, p. 41,43

[149] CRISWELL, 1980, p. 232

[150] CARSON, 1996, p. 24

[151] VEITH, 1994, p. 209

[152] VEITH, 1994, p. 212-13

[153] VEITH, 1994, p. 211

[154] PIPER, 1990, p. 84

[155] BOUNDS, 1997, p. 476

[156] RAINER, 1996, p. 64

[157] LANE, 1986, p. 18-19

[158] VINES & SHADDIX, 1999, p. 27

[159] KOLLER, 2001, p. 15

[160] LLOYD-JONES, 1971, p. 9

[161] MARCEL, 2000, p. 18

[162] STOTT, 1982, p. 15

[163] DABNEY, 1999, p. 26

[164] BROADUS, 1979, p. 5

[165] LLOYD-JONES, 1971, p. 11

[166] ROSS, 1997, p. 32-3

[167] FRAME, 1996, p. 91

[168] BUTTRICK, 1987, p. 451-2

[169] NIEBUHR 1983, p. 285-7

[170] FREDERICK 1997, p. 19

[171] EBY, 1998, p. 105

[172] AZURDIA III, 1998, p. 105, 30-1

[173] MARKQUART, 1985, p. 21-46

[174] STOTT, 1999, p. 92

[175] ADAMS, 1982, p. x, xi

[176] VINES, 1985, p. 1-2

[177] ROSS, 1997, p. 31

[178] VEITH, 1994, p. 209

[179] Estatísticas do CE-IPB/1998 121 Doc. Número CXXI referente ano 1996

[180] HULSE, 1991, p. 105

[181] MCGRATH, 1992, p. 366

[182] HASTINGS, s.d., p. 306

[183] Piper, 1993, p. 11

[184] Piper, 1990, p. 11

[185] Piper, 1993, p. 12

[186] Piper, 1993, p. 11

[187] Piper, 1990, p. 9

[188] Tozer, 1961, p. 6-7

[189] Tozer, 1961, p. 121-22

[190] Baxter, 1999, p. 111

[191] Baxter, 1990, p. 10-11

[192] Stewart, 1972, p. 73

[193] Piper, 1990, p. 19

[194] Piper, 1990, p. 24-25

[195] Wallace, 1998, p. 63

[196] Wiersbe, 1999, p. 31-32

[197] Perkins, 1982, p. 79

[198] Stott, 1961, p. 110

[199] Eby, 1997, p. 44

[200] Stott, 1999, p. 151-52

[201] Clowney, 1986, p. 179

[202] Stott, 1999, p. 154

[203] Stott, 1999, p. 152

[204] Stott, 1999, p. 153

[205] Wiersbe, 1999, p. 36-7

[206] Piper, 1990, p. 31

[207] Azurdia III, 1998, p. 62

[208] Calvino, 1974, p. 139

[209] Spurgeon, 1860, p. 140

[210] Chapel, 1994, p. 19

[211] GREIDANUS, 1999, p. 4

[212] AZURDIA III, 1998, p. 60-1

[213] PACKER, 1984, p. 66

[214] AZURDIA III, 1998, p. 63

[215] STOTT, 1961, p. 67-8

[216] AZURDIA III, 1998, p. 14

[217] OWEN, 1998, p. 1-7

[218] PARKER, 1992, p. 29

[219] LLOYD-JONES, 1971, p. 58

[220] BOUNDS, 1997, p. 468

[221] ADAMS, 2000, p. 3-9

[222] BONAR, 1994, p. 14

[223] LLOYD-JONES, 1971, p. 92

[224] GREENWAY, 1987, p. 7

[225] GOODELL, 1922, p. 110

[226] PALAU, 1993, p. 41

[227] LLOYD-JONES, 1971, p. 86

[228] LOPES, 1997, p. 7

[229] HUNT, 2001, p. 2

[230] GREENWAY, 1987, p. 2

[231] GREENWAY, 1987, p. 11

[232] STOTT 1961, p. 95

[233] COSTELLA, 1998, p. 11

[234] BILL HULL, 1998, p. 56-57

[235] BILL HULL, 1998, p. 55

[236] BILL HULL, 1987, p. 52,59,60

[237] STOTT, 1961, p. 80-1,103

[238] MAYHUE, 1992, p. 9

PREGAÇÃO EXPOSITIVA
SUA IMPORTÂNCIA PARA O CRESCIMENTO DA IGREJA

[239] LIEFELD, 1984, p. 6

[240] STEDMAN, 1989

[241] KOLLER, 2001, p. 22

[242] MEYER, 1912, p. 33

[243] ROBINSON, 1990, p. 20

[244] BOYCE, 1962, p. 16

[245] CHAPEL, 1994, p. 23

[246] WINGREN, 1960, p. 201

[247] OLFORD, 1998, p. 69

[248] VINES, 1985, p. 5

[249] BLACKWOOD, 1941, p. 38

[250] VINES, 1985, p. 6

[251] VINES, 1985, p. 7

[252] MORGAN, 1963, p. xii

[253] RAY, 1940, p. 71

[254] MILLER, 1957, p. 26

[255] ROBINSON, 1990, p. 20

[256] STOTT, 1999, p. 135-79

[257] LANE, 1986, p. 24

[258] LANE, 1986, p. 25

[259] ALFORD, 1998, p. 71

[260] BEGG, 1999, p. 27-32

[261] CHAPELL, 1995, p. 10

[262] LIEFELD, 1984, p. 10-11

[263] BEGG, 1999, p. 33-39

[264] JUSSELY, 1997, p. 125-26

[265] HOWINGTON, 1959, p. 58

[266] LOSCALZO, 2000, p. 35-36,84-90

[267] VINES & Shaddix, 1999, p. 37-40

[268] JUSSELY, 1997, p. 129

[269] LLOYD-Jones, 1971, p. 80

[270] STOTT, 1961, p. 23-7

[271] PACKER, 1960, p. 95

[272] KAISER Jr., 1995, p. 12

[273] STOTT, 1999, p. 213

[274] JENSEN, 1969, p. 60

[275] STIBBS, 1961, p. 20

[276] JOWETT, 1968, p. 133

[277] BROOKS, 1886, p. 126

[278] ADAMS, 1982, p. 1

[279] ADAMS, 1982, p. 27-8

[280] DORIANI, 2001, p. 3-4

[281] DORIANI 2001, p. 18-19

[282] BETTLER, 1986, p. 332

[283] BROADUS, 1979, p. 165, 166

[284] BETTLER, 1986, p. 333

[285] WHITESELL, 1963, p. 91

[286] DORIANI, 2001, p. 37

[287] BETTLER, 1986, p. 347

[288] CHAPELL, 1994, p. 109

[289] LANE, 1986, p. 34

[290] PIERSON, 1982, p. 165-66

[291] VINES, 1985, p. 120-121

[292] MACARTHUR, Jr.1992, p. 86

[293] WIERSBE, 1999, p. 63

[294] STOTT, 1982, p. 265

[295] HULSE, 1986, p. 62

[296] SHAW, John. *The Character of a Pastor According to God's Heart Considered.* Morgan, Pennsylvania: Soli Deo Gloria Publications, 1998, p. 6

[297] BOUNDS, 1997, p. 499

[298] MARTIN, 1992, p. 6

[299] HULSE, 1986, p. 65

[300] DABNEY, 1999, p. 40

[301] SPURGEON, Charles Haddon. *Um Ministério Ideal.* Vol. 2. PES, São Paulo. 1990, p. 65

[302] SHAW, John. *The Character of a Pastor According to God's Heart Considered.* 1998, p. 5-6

[303] BAXTER, 1999, p. 76-7

[304] THIELICKE, 1963, p. 116

[305] EVANS, 1964, p.17-8

[306] SPURGEON, 1971, p. 13

[307] MACARTHUR Jr., 1992, p. 86

[308] VINES, 1999, p. 73-4

[309] MARTIN, 1992, p. 14

[310] MARTIN, 1992, p. 14

[311] SPURGEON, 1971, p. 14

[312] EBY, 2001, p. 11

[313] COLSON, 1992, p. 304

[314] COLSON, 1992, p. 304

[315] HULSE, 1991, p. 105

[316] BEGG, 1999, p. 19.

[317] PIPER, 1990, p. 85

[318] HULSE, 1991, p. 105

[319] BOUNDS, 1991, p. 474

[320] BOUNDS, 1997, p. 476

[321] BAXTER, 1999, p. 61

[322] BOUNDS, 1997, p. 476

[323] MARTIN, 1992, p. 8

[324] EVANS, 1964, p. 15-7

[325] HULSE, 1986, p. 65

[326] HULSE, 1986, p. 71

[327] BRYSON, & TAYLOR, 1980, p. 14

[328] BOUNDS, 1997, p. 36

[329] BOUNDS, 1997, p. 468-69

[330] SPURGEON, 1971, p. 1.282

[331] SPURGEON, 1971, p. 11

[332] PIPER, 1990, p. 60

[333] LLOYD-JONES, 1971, p. 86

[334] BONAR, 1978, p. 95

[335] BOUNDS, 1997, p. 481

[336] SPURGEON, 1966, p. 10

[337] LLOYD-JONES, 1971, p. 97

[338] BOUNDS, 1997, p. 469

[339] THIELICKE, 1963, p. 117

[340] AZURDIA III, 1998, p. 139

[341] BOUNDS, 1997, p. 57

[342] LARSEN, 1989, p. 53-54

[343] HYBELS, 1998, p. 13

[344] LEE, 1997, p. 48

[345] EBY, 2001, p. 43

[346] MARTIN, 1992, p. 11-4

[347] HULSE, 1986, p. 85

PREGAÇÃO EXPOSITIVA

SUA IMPORTÂNCIA PARA O CRESCIMENTO DA IGREJA

[348] BOUNDS, 1997, p. 486

[349] LARSEN, 1989, p. 53

[350] PIPER, 1993, p. 11

[351] VINES, 1985, p. 42

[352] BOUNDS, 1997, p. 467

[353] BOUNDS, 1997, p. 468

[354] EBY, 1997, p. 40-44

[355] EBY, 1997, p. 45

[356] BRIDGES, 1991, p. 148

[357] EBY, 1997, p. 41

[358] EBY, 1997, p. 44

[359] ROSSCUP, 1992, p. 70

[360] ROSSCUP, 1992, p. 71

[361] BOUNDS, 1997, p. 486,488

[362] BOUNDS, 1997, 488

[363] WESLEY, 1938, p. 147

[364] WESLEY, 1938, p. 147; PIPER, 1997, p. 109

[365] PARKHURST, 1983, p. 126-7

[366] THIELICKE, 1963, p. 118-9

[367] ROSSCUP, 1992, p. 84

[368] LARSEN, 1989, p. 55

[369] MARTIN, & TORREY, 1976, p. 166

[370] LARSEN, 1989, p. 54

[371] PIPER, 1997, p. 103; DUEWEL, 1990, p. 192

[372] RAINER, 1996, p. 55,67

[373] HULSE, 1986, p. 121-24

[374] HULSE, 1986, p. 123

[375] PIPER, 1997, p. 23

[376] PIPER, 1997, p. 14

[377] PIPER, 1997, p. 14-5, 20

[378] FOSTER, 1978, p. 48

[379] LLOYD-JONES, 1960, p. 38

[380] PIPER, 1997, p. 107

[381] PIPER, 1997, p. 13

[382] PIPER, 1997, p. 18-9

[383] PIPER, 1997, p. 21

[384] PIPER, 1997, p. 23

[385] VINES, 1985, p. 47

[386] MACARTHUR JR., 1992, p. 209

[387] PARKER, 1992, p. 37

[388] SPURGEON, 1960, p. 236

[389] KOLLER, 2001, p. 44

[390] VINES, 1985, p. 51

[391] KOLLER, 2001, p. 45

[392] PIPER, 1990, p. 42; STOTT, 1999, p. 32

[393] PIPER, 1997, p. 43

[394] STOTT, 1999, p. 201

[395] LLOYD-JONES, 1971, p. 172

[396] LLOYD-JONES, 1971, p. 172

[397] LLOYD-JONES, 1971, p. 177-9

[398] KOLLER, 2001, p. 46

[399] CRISWELL, 1980, p. 64

[400] CRISWELL, 1980, p. 64-65

[401] CRISWELL, 1980, p. 66

[402] SHAW, *The Character of a PastorAccording to God's Heart Considered*, p. 9

[403] ADAMS, 1980, p. 1

[404] EBY, 2001, p. 11

[405] VINES, 1985, p. 51

[406] Jeremias 23.16,28

[407] HULSE, 1986, p. 105

[408] VEITH JR., 1994, p. 209; HULSE, 1986, p. 37,105

[409] LEITH, Anderson. , 1992, p. 21

[410] VEITH JR., 1994, p. 118-9

[411] RUSSELL, 2000, p. 19

[412] HULSE, 1986, p. 16-17

[413] FRAME, 1996, p. 92

[414] STOTT, 1999, p. 7,294

[415] FORSYTH, 1907, p. 109-10

[416] AZURDIA III, 1998, p. 14

[417] SPURGEON, 1960, p. 322

[418] SIBBES, 1978, p. 199

[419] SPURGEON, 1966, p. 12

[420] STOTT, 1999, p. --- AZURDIA III, 1998, p. 112

[421] ADAMS, 2000, p. 83

[422] AZURDIA III, 1998, p. 116

[423] LLOYD-JONES, 1971, p. 308,319

[424] SANGSTER, 1958, p. 107

[425] AZURDIA III, 1998, p. 12-3

[426] DABNEY, 1999, p. 117

[427] DABNEY, 1999, p. 116

[428] OLFORD, 1998, p. 217

[429] LLOYD-JONES, 1971, p. 305

[430] WIERSBE, 1999, p. 104-5

[431] Montoya, 2000, p. 22

[432] Montoya, 2000, p. 22-3

[433] Olford, 1998, p. 227

[434] Lloyd-Jones, 1971, p. 305

[435] Duewel, Wesley L. *Ablaze for God.* Grand Rapids, Michigan: Zonderval Publishing House, 1989, p. 302-3

[436] Lloyd-Jones, 1971, p. 325

[437] Lloyd-Jones, 1971, p. 97

[438] Stott, 1999, p. 285

[439] Montoya, 2000, p. 22

[440] Alexander, 1975, p. 20

[441] Pollock, 1973, p. 263

[442] Stott, 1999, p. 276

[443] Baxter, 1971, p. 39-40; Stott, 1999, p. 277; Lloyd-Jones, p. 86

[444] Murray, 1982, p. 72

[445] Morgan, 1974, p. 36; Stott, 1971, p. 284

[446] Etter, 1893, p. 45

[447] Stott, 1971, p. 270

[448] Criswell, 1980, p. 54

[449] Stott, 1971, p. 314

[450] Pollock, 1981, p. 155

[451] Davies, 1963, p. 13; Stott, 1971, p. 315

[452] Thomas, 1986, p. 369

[453] Montoya, 2000, p. 16

[454] Montoya, 2000, p. 11

[455] Montoya, 2000, 13

[456] Spurgeon, Charles Haddon. *Um Ministério Ideal*, p. 69

[457] Russell, 2000, 19

[458] Veith, 1994, p. 191-2

[459] Veith, 1994, p. 214

[460] Smith, 1985, p. 25

[461] Mulholland, 1991, p. 64

[462] Eby, 1998, p. 97-8

[463] Eby, 1994, p. 119

[464] MacArthur, 2001, p. 3

[465] Eby, 1998, p. 10

[466] Eby, 1998, p. 18

[467] Sproul, 1986,77

[468] Webster, 1992, 75

[469] Webster, 1992, 71

[470] Murphy, 1995, 24

[471] Nettles, 1992, 161-87

[472] Rainer, 1996, 29-48

[473] Greenway, 1987, 2

[474] Bonar, 1994, 14-15

[475] Hardin, 1982, 15

[476] Hardin, 1982, 14-15

[477] Eby, 1998, 10-11

[478] MacArthur, 2001, 4

[479] Eby, 1998, 20-21

[480] Eby, 1998, 21

[481] Eby, 1998, 30

[482] Walace, 1998, 41

[483] Wallace 1998, 41

[484] Criswell, 1980, 60-61

[485] Russell, 2000, 37

[486] MacArthur, 2001, 11

[487] Kane, 1998, 150

[488] Page, 1995, 372

[489] Wagner, 1973, 26

[490] Goldworthy, 2000, 1

[491] Russell, 2000, 10,19

Sua opinião é importante para nós.
Por gentileza, envie-nos seus
comentários pelo *e-mail*
editorial@hagnos.com.br

Visite nosso *site*:
www.hagnos.com.br

Esta obra foi impressa na
Imprensa da Fé.
São Paulo, Brasil.
Outono de 2021.